ExtraOrdinarias y GranDiosas;

Heroínas de la cotidianidad

ExtraOrdinarias y GranDiosas;

heroínas de la cotidianidad

Una recopilación de historias testimoniales
sobre las vidas de mujeres adultas mayores

Miriam Mejía Campos
Graciela De la Cruz Bourdier
Venecia Pineda Blanco

Guapané
www.guapane.com
New York

ExtraOrdinarias y GranDiosas; heroínas de la cotidianidad
Miriam Mejía Campos
Graciela De la Cruz Bourdier
Venecia Pineda Blanco

ISBN 978-0-9834482-5-9

Diseño gráfico, tipografía y portada por Patricia Alvarez

Pre-edición: Luís A. Alvarez y Hortensia González
Edición a cargo de Aurora Arias

Una publicación de Guapané, www.guapane.com y Ediciones Femlibros
Impreso en los Estados Unidos de América.

www.miriammejia.com

Dedicatoria

A nuestras ancestras que con su legado han contribuido a abrir y allanar el camino de tantas otras. A todas las mujeres de hoy, muy especialmente a las ancianas y las niñas. A las mujeres que caminarán los siglos venideros.

Agradecimientos

Nuestro más profundo agradecimiento a las 25 mujeres autoras de éste libro. Ellas, de manera generosa, nos abrieron las puertas de sus hogares y el mundo sagrado de sus corazones para compartir la fuerza de su sabiduría fraguada en el crisol de sus experiencias de vida. Sin su valioso y desprendido aporte, éste libro no hubiese sido posible. A todas y cada una de ellas, todo nuestro respeto y admiración por siempre. Nuestro agradecimiento va más allá del libro mismo.

Amiga

Mujeramiga eres trillo zigzagueante
entre hierbas estremecidas de rocío,
brisa que retoza juguetona
sobre la piel del viejo río.
Mujerhermana, silabario no escrito,
re-juego de palabras reinventadas
en un instante de dolorosa tensión,
amor de cuna, pasión adulta,
ruego quedo, quejido roto
deslizándose a tientas y en soledad trémula,
por el silencio tímido de una habitación.
Cadencia de un poema
cantando a la salud y la sabiduría,
canción de arpegios púrpura en rítmico nacimiento
desde las profundidades
del cristal ambarino de un diapasón.
Noche, alba, día en sincrónica trilogía.
Eres enojo liviano, llanto y congojas compartidos.
Lluvia mustia, granizo rojo, té de bayahonda y cadillo.
Emplasto de guasábara, caricia de aloe,
jabón de cuaba, infusión de tilo,
friega y sahumerio en reposo bendecido.
Respiración sosegada recostada en la madrugada,
convocatoria silente de exorcismo cotidiano.
Mujeramigahermana, te admiro en tu quehacer,
todo fluye, todo queda, no estas sola,
nos une un brindis vigoroso
en copas de cristal rebosantes de miel
templadas en la fragua de la esperanza
y al amparo de solidaridades anaranjadas de un atardecer.

Miriam Mejía Campos
del libro: ***Aristas ancestrales***

Un canto a la amistad: a ti, a ustedes
Manantial de sonrisas en mil tonalidades.
Cálida extensión del abrazo familiar.
Dimensión sonora de musas invisibles
que emergen en canciones pendientes por cantar.
Imaginarios lienzos con rostros de rebeldes rizos.
Tantos cuentos y versos esperando en el viento sobre el mar.
Tiernos brazos se enredan en sus cuerpos buscando
las caricias del amor,
que fluye inagotable sin parar.
A ti, a ustedes: hombre y mujer que trascienden
como flor de loto, del volcán,
del enredo y la trampa patriarcal.
Hoy te canto a ti y a ustedes,
un canto de amistad.

Graciela de la Cruz Bourdier
del libro: ***Ascendiendo a la libertad***

Mi historia personal tiene un elemento vital: la amistad, y con ella definitivamente los secretos. La amistad supone una característica básica —un sello propio— que la diferencia de las relaciones de otro tipo: los secretos, los cuales no tienen que ser magnificados, pero sí íntimos, exclusivos.
Me entusiasma reflexionar acerca de la amistad. De la amistad entre mujeres y sus secretos, sobre todo, porque puedo dar testimonio de cuán sanadora es esa relación y de la importancia de su consolidación. Una relación superficial, cargada de individualismo, jamás llegaría a ser amistad.
Experimentar el sentimiento de
amistad requiere sentirse digna y, por tanto, tener permiso para la libertad.

Lidia Venecia Pineda Blanco
del ensayo: Secretos entre amigas.

Contenido

	Página
a. Prólogo - Aurora Arias	19
b. Introducción	21
I. El imaginario social de las mujeres y los aportes de la teoría feminista.	26
II. El concepto "adulta/adulto mayor".	29
III. Algunas estadísticas sobre las adultas mayores en República Dominicana.	31
IV. Las historias testimoniales de 25 mujeres adultas mayores.	32
1. Ana Antonia Almánzar "Siempre me ha gustado servir".	35
2. Manuela Agramonte "Yo conseguía dinero despegando maíz y pasándole el peine caliente a otras mujeres".	47
3. Dominga María Aracena (Chichí) "Yo relajo cuando me preguntan qué quisiera de regalo y yo respondo quiero un carro con un chofer joven para seguir paseando. Porque cuando me vaya de éste mundo me gustaría que me recuerden así como soy, una mujer alegre".	55

Página

4. Rosalía Campusano (Seita) 63
"Me casé joven, como de 15 años. La experiencia fue triste, porque no tenía experiencia de lo que era la vida de un matrimonio".

5. Josefina de la Caridad Cabral 69
"Tengo una hermana en New Jersey, que tiene 92 años y por teléfono le canto canciones románticas. Eso lo hago después que ella me dijo que cuando ella muera se las cante en el velorio y yo le dije que mejor lo hago ahora".

6. María Mercedes Castillo 75
"Para conseguir algún dinerito yo hacía sanes y rifas. Cuando me sacaba en la lotería le compraba su remúa a mis hijos".

7. Petronila Catalino (La Reverenda) 81
"Yo toco pandero y maraca. La salve lleva güira, lleva balsié, la salve de Villa Mella no lleva tambora".

8. Norma María Cid de la Cruz 91
"Yo sabía de todos los problemas por los que pasaban mis amigas en sus relaciones. Veía otras mujeres que tenían que mantener sus maridos y yo me dije si eso es así prefiero quedarme sola y nunca me casé".

9. María Ignacia De la Cruz (Nany) 97
"A mis hermanas las mandaron también donde yo aprendí a bordar y tejer para que aprendieran pero la única que se dedicó a eso fui yo. Después yo le enseñaba a otras niñas".

Página

10. Luz Patria Estévez 103

"Mi mamá fue y habló con Ercilia Pepín y sus hermanas. Ellas eran cuatro y todas vivían en un casa de dos plantas que recuerdo estaba ubicada en la Calle 27 de febrero #87 esquina 30 de marzo. Las dos mayores eran Ercilia y Angélica y luego le seguían Juana y Florita".

11. Lelia Caterina Galiotto 125

"A pesar de tener ya 60 años viviendo aquí y hablando español, todavía conservo el acento de mi lengua materna. Debo decir que me encanta la gastronomía de este país, pero jamás he podido comer plátanos".

12. Lidia Dolores Gómez (Yoyó) 135

"Puedo decir que fui feliz alfabetizando. Centenares de niñas y niños fueron alfabetizadas(os) por mí y muchos de ellas y ellos hoy son profesionales en distintas disciplinas".

13. Juana González Pichardo 143

"Recuerdo que Minerva Mirabal y yo éramos inseparables. En Ojo de Agua no había luz eléctrica, sólo había en la casa de Minerva porque la cogían de una despulpadora de café que tenía su familia."

14. Australia Mercedes Jiménez (Chicha) 159

"Sola aprendí a coser y con eso mantenía mi familia. En diciembre, cuando tenía mucho pedido me acostaba muy tarde para poder cumplir con todas las personas que querían estrenar ropas nuevas. Con las tiras sobrantes yo hacía pellizas para la casa. Cuando la

Página

costura se ponía floja, volvía a las fincas a sembrar tomates o arroz".

15. Antolina Esther Martínez Rivera 163
"En mi vida yo sólo supe afanar con mis hijas y mi hijo, bregar en la casa con todos los quehaceres domésticos y lavar y planchar montones de ropa de guardias (militares)".

16. Hilda Merán (Chinchín) 171
"Para vender yo hago roquetes, tortillas de maíz, casabe, frío empanadas y también hago queso".

17. Catalina Altagracia Ramírez Reyes (Cacán) 175
"Mi mamá preparaba la comida temprano. Ella era rezadora y partera y nunca se le murió una mujer durante el proceso de parto".

18. María Del Carmen Santana (Nena) 185
"Pelé muchos pollos, hice muchos dulces, y no me da vergüenza decirlo porque eso era para mi familia, esa era mi vida. Vendíamos de todo: arroz, aceite, bacalao, arenque, verduras, berenjena, la china, el tomate. El repollo yo lo picaba y pelaba el pollo, hacía muchos dulces como quien dice a chele".

19. Trina Santos Cordero 191
"… y le dije a mi hija, yo no estoy jugando muñeca, yo estoy buscando algo que aprender para cuando tu papá se muera tengamos de qué vivir".

Página

20. Rhina Soto viuda Castillo 199
"Nosotros vivíamos de hacer flores y de la costura. Papá no le daba nada a mi mamá. El era músico".

21. Bienvenida Diogracia Torres Cabrera 205
"Para qué volar si me cortaron un pedacito de mis alas".

22. Yaniris Antonia Urbáez 217
"Fui una niña que quería ser bruja, quizás porque crecí entre mujeres que parecían tener la mágica habilidad de revivir los muertos usando hierbas, velas y conjuros".

23. Celeste Ramona Ulloa Rodríguez 231
"Y me dije, yo tengo cuatro hijos y no los quiero exponer a que alguien los maltrate. Entonces, lo mejor que yo puedo hacer es tener una relación con otra mujer que entienda todo esto. Así de sencilla fue mi decisión. Conocí a Marilyn y por 30 años he vivido en sana paz".

24. Ramona Ureña (Ramonita) 251
"Siempre he disfrutado el buscarle el lado cómico al batallar de la vida".

25. Magaly Pineda 263
"Otra cosa que me ha dado el feminismo, y lo digo con relación a mi enfermedad, es la conciencia de que mi cuerpo es mío. De la misma manera que no se lo entregué a ningún hombre nunca, ni a mi compañero con el que ya llevo 50 años conviviendo, tampoco se lo entrego a los médicos y/o las médicas. Pienso

Página

que reviste mucha importancia esa dimensión del cuerpo como nuestro territorio, que las feministas han desarrollado, y nuestra sexualidad como una fuente de poder y placer".

c. Notas al margen: Para que no se olviden los hechos y acontecimientos relacionados directa o indirectamente con las vidas de las 25 mujeres recopiladas en éste libro. 337

d. Anexo 355

- **Formulario de consentimiento** 355
- **Cuadro 1.** Adultas mayores por lugar de nacimiento según año en que nacieron, edad al momento de ser entrevistadas y persona que realizó la entrevista. 356

e. Apéndice 358
Derechos humanos y personas de edad. Naciones Unidas.

f. Bibliografía 362

"Porque hay una historia que no está en la historia
y que sólo se puede rescatar escuchando el susurro de las mujeres"

Rosa Montero.
Narradora y periodista española.

a. Prólogo

Cuando leí por primera vez los 25 testimonios de vida reunidos en *ExtraOrdinarias y GranDiosas; heroínas de la cotidianidad* y recopilados por Miriam Mejía, Venecia Pineda y Graciela de la Cruz, supe que tenía en mis manos un libro único en su género.

En principio, muchos de los testimonios que componen este libro -especies de microcosmos íntimos cargados de la materia viva y sensible de la que se nutre la ficción-, me dejaron con la sensación de que acababa de leer una novela breve, y no cualquier novela.

No se trata, sin embargo, de ficción, sino de voces de carne y hueso que a lo largo de estas páginas nos cuentan sus trayectorias de vidas, en ocasiones de una manera tan rotunda y honesta, que no podemos evitar reflexionar, asombrarnos, entristecernos, reírnos, enojarnos, sentir nostalgia, e incluso, llorar, pero sobre todas las cosas, aprender.

Si algo tuve muy presente durante el proceso de edición de este libro fue justamente mantener intacta la "textura" y cercanía de estas voces. De ningún modo, quería matar el aliento original de cada uno de estos "Yo" plenos de sabiduría y experiencia que lo conforman.

Es este coro de voces individuales lo que hace de *ExtraOrdinarias y GranDiosas; heroínas de la cotidianidad* un testimonio colectivo de primera mano. Aquí están las costumbres de épocas pasadas; la vida cotidiana en los campos, las ciudades, y los pueblos de la República Dominicana de las últimas 7 décadas. Aquí están la música, los oficios, las relaciones hombre y mujer y mujer y mujer, las relaciones madre-hijas, hijas y padres; aquí están los miedos, los triunfos y fracasos de la vida nacional dominicana; los valores sociales; las creencias mágico religiosas; los modelos de crianza familiar; el cuerpo femenino visto como premio obligatorio a la seducción y la conquista machistas; los amores y desamores; la amistad, sororidad y solidaridad; la violencia doméstica y la discriminación ejercida contra las mujeres; los dolores, los menjurjes, las recetas, las esperanzas y las alegrías; los bailes, las fiestas, y las ilusiones de la primera juventud; el mundo escolar, las emigraciones, las luchas políticas, el activismo, las reivindicaciones feministas, la diáspora, la poesía, los partos, las rebeldías, la creatividad y los afanes de superación; el tesón contra viento y marea de una generación de dominicanas.

Aquí, revelado en primera persona, se encuentran las historias de un grupo de adultas mayores que, en su gran mayoría, nunca antes tuvieron la oportunidad de hablar públicamente de sí mismas, junto a la trayectoria de otras que desde la militancia feminista abogaron por el avance de la mujer.

ExtraOrdinarias y GranDiosas; heroínas de la cotidianidad es un homenaje a todas ellas, anónimas y conocidas. Un libro que sin lugar a dudas, merece ser asignado como lectura imprescindible para estudiantes de bachillerato, así como ser ponderado y analizado dentro de los estudios de género universitarios.

Entretanto, les invito a la lectura de *ExtraOrdinarias y GranDiosas; heroínas de la cotidianidad* como quien es testigo de una conversación de tintes confesionales, que se da al ritmo de una mecedora, bajo el aroma íntimo de una taza de café.

Aurora Arias

"En muchas ocasiones históricas "anónimo" fue una mujer".

Virginia Woolf

b. Introducción

La hermosa amistad entre tres mujeres, que durante más de tres décadas se ha mantenido saludable y briosa, es el terreno donde germinó la idea de elaborar éste libro. A Venecia, Graciela y a mí, la vida nos facilitó conocernos en los tiempos de nuestro quehacer estudiantil, quizás en un momento de una búsqueda común por encontrar respuestas a nuestras inquietudes sociales. Casi al unísono llegamos a la cátedra de la Escuela de Sociología de la Universidad Autónoma de Santo Domingo, en tiempos muy difíciles para la sociedad dominicana, la que se encontraba sumida en los nocivos remanentes de la dictadura trujillista evidenciados en la forma de gobernar del balaguerato. Allí, en esos predios universitarios pletóricos de jóvenes contestatarias(os) nuestra amistad arraigó y fue creciendo robusta y sólida.

Fuimos activas en las luchas estudiantiles y en procesos organizativos que reivindicaban el derecho a una sociedad más justa e igualitaria. Abrazamos de igual manera, las luchas de las mujeres abriéndonos a una convicción feminista que hemos ido fortaleciendo en nuestras cotidianidades.

En ese ir y venir por la vida compartiendo complicidades hemos disfrutado nuestras alegrías y compartido las penas. En el camino se han ido quedando seres que amamos y otros nuevos han llegado. Cada sentimiento originado en situaciones concretas ha contribuido con el fortalecimiento y madurez de nuestra amistad y hoy podemos decir que más que amigas hemos llegado a ser hermanas.

Con este esfuerzo de resaltar las valiosas historias de 25 mujeres tan especiales que como grandes Diosas han hecho extraordinarias sus cotidianidades y quienes ya han transitado un largo trecho de sus vidas rendimos un merecido tributo a todas y cada una de ellas y en particular a la amistad entre nosotras. Amistad imperecedera entre tres mujeres amigas que ya estamos recorriendo la senda de la tercera edad y que seguimos riéndonos a carcajadas de nosotras mismas, bailando ligeras nuestra música tropical, disfrutando las delicias de un baño en el mar y muy especialmente del ejercicio enriquecedor de nuestro quehacer literario. Nuestra amistad es en definitiva una amistad sórica.

En tal sentido, explica Marcela Lagarde que la sororidad comprende la amistad entre quienes han sido creadas en el mundo patriarcal como enemigas, es decir las mujeres, y entendiendo como mundo patriarcal el dominio de lo masculino, de los hombres y de las instituciones que reproducen dicho orden. Agrega que la sororidad está basada en una relación de amistad, pues en las amigas las mujeres encontramos a una mujer de la cual aprendemos y a la que también podemos enseñar.

Ese quehacer único entre amigas sale a relucir en varias de las historias que éste libro recoge: "Vino una amiga y me trajo unas prendas para que yo las vendiera" Ana Arias. "Y allí me encontré con mi amiga Carmen Pilarte" Lidia Gómez. "Me encontré con Niña García y me dijo que qué me pasaba, que yo estaba rara. Le dije lo que me pasaba y ella me dijo que nos tomáramos un café y habláramos. Entonces ella me dijo espérame aquí, que voy hacer una diligencia. La esperé y llegó con el dinero que yo necesitaba" Trina Santos. "Y como mi Papá no quiso comprarme los zapatos, me fui a la tienda de Los Mirabales (Familia Mirabal). Busqué a Minerva que era mi amiga y le dije que yo quería unos zapatos". Juana González. "Mujeres amigas con quienes tuve el honor de compartir una celda carcelaria" Yaniris Urbáez. "Entonces, yo reuní a mis amiguitas que siempre me apoyaban en los relajos (bromas)" Ramona Ureña. "Mi amiga se llamaba Digna y éramos inseparables. Con decirte que ella caminaba todo el trayecto desde la Arzobispo Meriño hasta la calle Mella a traerme un té caliente cuando yo me enfermaba" Luz Patria Estévez.

Para nosotras fue de suma importancia rescatar en las historias, el sentido positivo del proceso de envejecer. En términos teóricos ese aval lo encontramos en una cita de la reconocida poeta estadounidense Maya Angelou que murió a la edad de 86 años y a quien en una ocasión le preguntaron qué pensaba sobre el proceso de envejecer y ella respondió de forma categórica que era "*emocionante*". Por definición, lo emocionante causa emoción y ésta última puede evidenciarse en reacciones positivas o negativas. En suma, es una reacción subjetiva al ambiente que viene acompañada de cambios orgánicos (fisiológicos y endocrinos) de origen innato, influidos por la experiencia. En general, el proceso de envejecer está cargado de etiquetas negativas. En nuestra niñez se nos asustaba diciendo: "si no te portas bien llamo a la vieja para que te lleve". Socialmente hay una fuerte carga gerontofóbica y misógina en la cultura patriarcal. El acto de envejecer adquiere entonces una connotación repulsiva ya que se entra en contradicción directa con el modelo de belleza que se promueve a través de diferentes instancias, como son por ejemplo los medios de comunicación y la industria cosmética.

De igual manera, la escritora Jean Shinoda Bolen en su libro: Las Brujas no se quejan plantea que: "ha llegado el momento de rescatar y redefinir el término **anciana** entre el montón de palabras despectivas que se utilizan para denominar a las mujeres maduras. El convertirse en anciana tiene que ver con el desarrollo interior, y no con la apariencia externa. Una anciana es una mujer que posee sabiduría, compasión, humor, valentía y vitalidad. Ha aprendido a confiar en sí misma hasta saber lo que ya sabe. Una persona no se convierte en una anciana hecha y derecha automáticamente después de la menopausia, así como tampoco por el mero hecho de volverse vieja una se vuelve más sabia".

Todo ese saber de anciana lo sintetiza la entrevistada Dominga María Aracena (Chichí) de casi 100 años en el siguiente párrafo de su historia: "Pienso que lo más importante en nuestras vidas es aprender a no quejarse. Siempre hay que tener esperanza y fe. He llevado una vida sana. Nunca he fumado. No me trasnocho. No peleo con nadie porque eso hace daño. Dicen que quienes siempre están "peliando" (peleando) se les atrasa la vida".

Ana Almánzar dice: "Tengo mi radio en la cocina, no soy aburrida, imagínese usted una vieja aburrida, tengo mi CD y mis canciones de la iglesia y románticas, me gusta Fernandito, Camboy Estévez y Los Panchos".

Petronila Catalino refiriéndose a las cosas que ya se les han olvidado dice: "porque la memoria camina con los años". Hacer lo que produce satisfacción en cualquier edad es bueno y en la tercera edad mucho mejor, La reverenda dejó atrás el trabajo de coser, bordar y otros varios para dedicarse al canto y lo expresa así: "Mi trabajo es sólo cantar cuando aparece algo. Antes yo era modista, bordaba sábanas, pañuelos, manteles y mantillas para ir a misas. Luego me quedé sólo con el grupo".

Doña Manuela Agramonte quien ya dejó el plano terrenal compartió que: "En mi juventud bailé mucho, es verdad pero de eso hace mucho, ya ni recuerdo cómo se baila. En las Yayitas había un bar de mi hermano y allí era que yo bailaba. Recuerdo una canción que me gustaba bailar y a los hombres le gustaba sacarme a bailar, y dice así: "Se me ha perdido una muñeca, por ahí, por ahí por la ciudad, esa muñeca es la mía…". Una señora me pagaba para que bailara esa canción con su hijo".

María del Carmen Santana recomienda el esfuerzo personal y la solidaridad con la siguiente expresión: "Yo le diría a la juventud que trabajen que luchen, pero que luchen por ellos y ellas mismos(as) y que ayuden a los(las) demás que no empujen a quien poco puede, no lo echen para el saco que traten de ver cómo pueden rescatarlo(a), ayudarlo(a).

"Lo extraordinario se encuentra en el camino
de las personas comunes".

Anónima

I. El imaginario social de las mujeres y los aportes de la teoría feminista.

En cualquier diccionario podemos encontrar que la palabra "imaginario", del latín *imaginarius*, es aquello que sólo existe en la imaginación. La imaginación, por su parte, es el proceso que permite a un ser humano manipular información generada intrínsecamente (es decir, sin que sean necesarios los estímulos del ambiente) para crear una representación en la mente.

Es sin duda parte del papel fundante de la sociología moderna jugado por Emile Durkheim el haber integrado en el concepto de conciencia colectiva la explicación de los fenómenos sociales de más alto nivel de abstracción, estableciendo la existencia de la sociedad en la medida que está "representada en las mentes de los individuos". El esfuerzo de elaboración teórica de ese fenómeno por Durkheim dio el impulso al desarrollo de la idea de imaginario social en ciencias sociales y a la construcción de un cierto acervo de saber consolidado en las últimas décadas por la conceptualización de la institución imaginaria de la sociedad elaborada por Castoriadis.

El imaginario social es entonces un concepto creado por el filósofo griego Cornelius Castoriadis y es usado habitualmente en ciencias sociales para designar las representaciones sociales encarnadas en sus instituciones. El concepto se usa habitualmente como sinónimo de mentalidad, cosmovisión, conciencia colectiva o ideología, pero en la obra de Castoriadis tiene un significado preciso, ya que supone un esfuerzo conceptual desde el materialismo para relativizar la influencia que tiene *lo material* sobre la vida social. Plantea Castoriadis: "Lo social-histórico es lo colectivo anónimo, lo humano impersonal que llena una formación social dada, pero que también la engloba, que ciñe cada sociedad entre las demás y las inscribe a todas en una continuidad en la que de alguna manera están presentes los que ya no son, los que quedan por fuera e incluso los que están por nacer".

Marisol Facuse advierte, tomando los conceptos de Mannheim, Staquet, Harvey y Ricoeur, que la utopía cuestiona nuestras maneras de concebir la sociedad, criticando nuestra forma de vivir y de organizarnos socialmente; que puede devenir un medio fecundo para explorar la gran variedad de ideas sobre las relaciones sociales, el orden moral, los sistemas políticos y económicos; que es subversiva porque nos muestra cómo aquello que es tomado como natural, en realidad ha sido constituido culturalmente; y que introduce un sentido de duda que vuelve evidente el hecho de que podemos tener otra vida diferente y mejor a la que llevamos actualmente. Por lo tanto, es innegable la aportación del feminismo a la conformación de ese nuevo imaginario social que necesitamos para potenciar la transformación social.

En este sentido, al feminismo le debemos muchas de las nuevas imágenes e ideas que han estado permitiendo que, aunque de manera lenta, hombres y mujeres se inserten en el proceso de un cambio cultural. Si hoy es posible imaginar, pensar y creer que las mujeres son sujetos de derechos, que la violencia hacia las mujeres no es natural y que la maternidad no es obligación ni destino, por ejemplo, es porque el feminismo ha sido el impulsor de tales imágenes e ideas. Ha trastocado filosofías, políticas, teorías, normas, prácticas sociales y, lo más importante, relaciones cotidianas. Ha colocado a la sociedad los lentes que han permitido entender la magnitud de la miopía de género con que se ha vivido.

Por último es importante resaltar los aportes de la

denominada investigación gerontológica feminista la que según plantea Anna Freixas Farré tiene como objetivo fundamental llevar a cabo procesos clarificadores que incidan sobre la vida de las mujeres viejas, sobre su imaginario y sobre el de las personas que las rodean. Se propone: desvelar la construcción social de los valores culturales que limitan la vida de las mujeres mayores en los ámbitos afectivos, culturales, sociales, económicos y políticos; negar el carácter inevitable de la dependencia, la pobreza y la enfermedad en las ancianas, ofreciendo información que muestre el mosaico completo de posibilidades reales, y promover interpretaciones del envejecimiento femenino que reflejen la complejidad de su ciclo vital y permita a las jóvenes adentrarse en la edad sin hacerlo de manera negativa. En definitiva, pretende ofrecer nuevas alternativas para transformar la realidad social y la vida de las mujeres, re/situando el valor de su experiencia, puesto que una de las prioridades de la investigación gerontológica feminista es la de encontrar imágenes que alimenten la necesidad humana de significado (Freixas, 2004).

"Una aprende cuando se hace vieja, que ninguna ficción puede ser tan extraña como sería la simple verdad"

Emily Dickinson.
Escritora norteamericana

II. El concepto "adulta/adulto mayor".

En una declaración de la Central Latinoamericana y del Caribe de Trabajadores Pensionados, Jubilados y Adultos Mayores (CLATJUPAM), entidad que defiende los derechos y libertades de las(os) pensionadas(os) y adultos y adultas mayores se hizo un análisis en relación al origen del término "adulta(o) mayor. En la misma se planteó lo siguiente: El 14 de diciembre de 1990, la Asamblea General de las Naciones Unidas, en su resolución 45/106, designa el primero de octubre Día Internacional de las Personas de Edad.

Todo hombre o mujer que ya tenga 60 años o más, en los países en vías de desarrollo, y 65 años o más en los países industrializados, son adultos y adultas mayores. De tal manera que quienes nacieron en 1954 o antes, están dentro de esa categoría de personas.

También se incluyen a las personas jubiladas y pensionadas, que en la mayoría de los casos tienen 60 años o más, y aquellas que aunque no lleguen a los 60 años de edad, tienen una pensión o jubilación; ellas están en una condición de adultos y adultas mayores.

La denominación de adultas y adultos mayores, aprobado por las Naciones Unidas, es igual a quienes antes eran categorizados como envejecientes. El tema del "Adulto o adulta Mayor" se debe tomar en serio, porque la realidad de nuestra sociedad es que cada vez se registra un mayor número de personas más viejas.

Las adultas y los adultos mayores en general son las personas que a causa de su edad ya no figuran en la lista de los productores, y cuyo consumo se va limitando al rubro de los medicamentos, alimentación y pocas cosas más.

Concluye la nota explicando que: "en la etapa de edad productiva pagamos impuestos en lo que compramos, de nuestros sueldos, cuando hacemos cualquier transacción económica, en fin, pasamos la vida pagándole a los gobiernos, lo que nos hace merecedores de cuando lleguemos a una edad mayor, podamos tener una devolución de lo que hemos pagado, por lo tanto las pensiones y jubilaciones no son dádivas de los gobiernos, sino devolución de una parte de nuestros aportes a la economía".

Lo cierto es que en la práctica los estados olvidan los derechos de las mujeres mayores, antiguas suministradoras de cuidados y responsables del trabajo reproductivo y no se responsabilizan de los cuidados que deben prestarles y las colocan en situación de debilidad y dependencia frente a los familiares.

"Las Estadísticas de Género son una importante línea estratégica, a través de la cual se promueve la integración de la perspectiva de género en la producción estadística para hacer visibles las desigualdades de género y necesidades de las mujeres."

ONU Mujeres.

III. Algunas estadísticas sobre las adultas mayores en la República Dominicana.

Según distintos análisis demográficos, en las últimas décadas la República Dominicana, al igual que otros países de América Latina, ha registrado una sensible disminución de la tasa de mortalidad junto con una disminución de la tasa de fecundidad. Según la Oficina Nacional de Estadísticas de RD, "se ha venido experimentando una reducción paulatina de la población infantil y a la vez, un aumento proporcional de la cantidad de personas adultas mayores con respecto al resto de la población" definiendo aún más el fenómeno de la transición demográfica que no es más que la antesala a las llamadas poblaciones viejas.

Según esa misma fuente: la población envejeciente de República Dominicana se incrementó, según datos censales, de 8% en 2002 a 9.1% en 2010, presentando, además, para el 2010, un índice de envejecimiento de 30.5, una relación de dependencia de 14.8 y la edad promedio aumentó ligeramente de 27 años según el censo de 2002 a 29 años en 2010".

El mismo boletín puntualiza que según el IX Censo Nacional de Población y Vivienda del año 2010, se observa una mayor prevalencia femenina en la población envejeciente de República Dominicana: por cada hombre hay en promedio 6 mujeres, resultado de una mayor esperanza de vida de la población femenina. Se observan grandes diferencias en el estado conyugal de los hombres y mujeres de 60 años o más: 68% de los hombres están casados (37%) o unidos (31%), mientras las mujeres son más propensas a quedar viudas (36%) o a estar casadas (24%).

IV. Las historias testimoniales de 25 mujeres adultas mayores.

Es pues este libro, un compendio de historias de 25 mujeres con voces únicas como sus vidas mismas, quienes tienen en común la característica de haber crecido en medio de épocas muy duras socialmente hablando como fue por ejemplo la tiranía trujillista la cual marcó al pueblo dominicano de una manera castrante. También las singulariza haber vivido de manera directa o indirecta ese momento tan especial en República Dominicana como fue la Revolución Constitucionalista de 1965 y el régimen macabro de los 12 años de Balaguer.

El tener 70 años o más de edad fue el criterio para haberlas seleccionado como parte de esta recopilación. Todas forman parte de los grupos etáreos identificados como la tercera edad (65 a 80 años) y la cuarta, el cual está conformado por personas que ya tienen más de 80 años.

El libro tiene el propósito expreso de que la sabiduría y fortalezas compartidas en cada una de las historias sirvan como un referente positivo en la vida de otras mujeres y muy especialmente en la de las más jóvenes.

Los Testimonios

1
Ana Antonia Almánzar (Ana Arias)

"Somos volcanes. Cuando las mujeres ofrecemos nuestra experiencia
como nuestra verdad, como una verdad humana,
todos los mapas cambian. Surgen nuevas montañas"

Úrsula K. Le Guin
narradora norteamericana

1. Ana Antonia Almánzar (Ana Arias)

"Siempre me ha gustado servir"

Mi nombre es Ana Antonia Almánzar. Nací el 25 de diciembre del 1936 en un campo de Moca que se llama La Guázuma. Éramos nueve hermanos, y yo era la más pequeña de las hembras. Mi papá sembraba tabaco para vender, y víveres para el consumo de la familia. Éramos pobres, pero no nos faltaba lo necesario. Mi mamá, analfabeta igual que mi papá, no tenía eso que llaman cultura, pero ella siempre quería que sus hijos avanzaran, que progresaran y no fueran analfabetos como ella y mi papá. Por eso, un día decidió vender la tierrita que teníamos en el campo de La Guázuma, y nos fuimos a vivir al pueblo de Moca.

En Moca mi mamá puso un ventorrillo que era atendido por mi papá, en el que se vendía de todo un poco: escobas de guano, monturas, cachimbos de barro, víveres, frutas, anafes. Ella también hacía unas empanadas de yuca rellenas de carne molida y vegetales, riquísimas; horneaba arepa, y unos dulces de distintos colores llamados papamento[1], que recuerdo lo entraban en moldes en forma de corazoncitos.

---

[1] Dulce azucarado en forma de romboide con dos colores.

Cuando el terremoto de 1946[2] yo tenía 10 años de edad y vivía en Moca. Todavía tengo recuerdos muy fuertes de ese terremoto: se cayó la iglesia El Rosario y una farmacia que vendía perfumes; recuerdo el olor a perfume y a medicinas que se regó por el pueblo. Recuerdo también que se hacían rezos y rosarios caminando para el río, y cuando regresábamos del río, cada quien traía una piedra que sirviera para la construcción de una nueva iglesia, a la que le pusieron el nombre de iglesia del Corazón de Jesús.

De niña me gustaba pasar tiempo entre mi casa del pueblo y las casas de mis hermanas mayores, ya casadas, que se quedaron viviendo en el campo. Allá jugaba a las muñecas con mis primas. Eran muñecas de trapo con la carita de yeso o porcelana. Recuerdo que cuando estaba en el campo, siempre andaba detrás de una prima mayor que yo, y un hombre un día me dijo: "cuando esa niña esté grande, las mujeres van a amarrar a los hombres con longanizas." Nunca supe qué quiso decir ese hombre con eso ni tampoco por qué lo dijo, pero es algo que siempre he llevado en mi memoria.

Estudié la primaria en una escuela pública de Moca, y después en el Colegio María Auxiliadora, que era de las monjas. No avancé mucho porque a mí no me gustaban las matemáticas. Llegué hasta el 8vo grado. Cuando dejé la escuela, mi mamá se enojó bastante conmigo y un día me dijo: "no te puedes quedar sin hacer nada". Desde niña he sido muy religiosa; siempre he sido devota de la Virgen María; de niña, iba todos los sábados al catecismo del Oratorio Don Bosco, en Moca. Había algo que yo quería hacer, y era ser monja, pero mi mamá no estaba muy convencida; ya una vez, a los 12 años, mi mamá me complació y me llevó a un convento en La Vega, pero las

---

[2] El terremoto de 1946, en la República Dominicana, tuvo una magnitud de 8.0, y dejó cerca de 20.000 personas sin hogar.

monjas no me aceptaron porque todavía no tenía edad para eso. Y cuando dejé la escuela, todavía quería ser monja; quería vivir para Cristo y servirle a la gente, especialmente a los enfermos, y como ya tenía edad, mi mamá me llevó de nuevo a un convento, donde me aceptaron por 3 meses, en lo que se veía cómo me adaptaba. A los 3 meses, mi mamá me fue a visitar al convento y me encontró arrodillada en el suelo, fregando el piso. A ella eso no le gustó, y me dijo que recogiera mis cosas porque nos íbamos para la casa. Yo lloré, pero la obedecí, porque en aquellos tiempos, a los padres se les obedecía, y mi mamá era una mujer muy humilde pero fuerte. Como no me podía quedar sin hacer nada, en el pueblo había una señora que tenía un taller de costura, y mi mamá me inscribió en ese taller para que me hiciera costurera. Esa señora tenía un solo hijo, y un día ella me invitó a ir con ella a un campo donde vivía otra alumna, y su hijo también fue. Ese día, se me rompió el tacón de uno de mis zapatos y el hijo de mi profesora de costura se bajó a ayudarme con el zapato, y ahí hubo como un flechazo. Él era 10 años mayor que yo. Jugaba volleybal, escribía poemas, y cantaba en una orquesta de Moca. Le gustaba llevarme serenatas, y entre una serenata y otra, nos metimos en amores y como a los dos años de novios, nos casamos. Yo me fui a vivir a la casa de su madre porque ella nada más tenía ese solo hijo. El consiguió trabajo en el Palacio de Justicia del pueblo; al año de casarnos tuvimos a nuestro primer hijo. Cuando el niño tenía 2 años de edad, mi esposo consiguió trabajo como mecanógrafo en el Palacio de Justicia de Santo Domingo, y nos mudamos para la capital. Mi suegra vino con nosotros. Vivíamos en Gascue, detrás de lo que hoy es el Partido de la Liberación Dominicana. Eso fue en el 1959, época de Trujillo, y andaban los calieses[3] por

[3] Calié: espía, delator. Palabra misteriosa que se popularizó odiosamente en los últimos tiempos del tirano.

todos lados. Eran tiempos muy difíciles. Había que andarse por la sombrita. Ni mi esposo ni mi suegra ni yo queríamos saber de Trujillo; mi esposo le puso un apodo a Trujillo como una forma de protegernos cuando hablábamos de él.

Cuando mataron a Trujillo en el '61, mi esposo trabajaba de secretario en la base militar de San Isidro. Nos enteramos de la noticia al otro día; al principio eran rumores, y nadie se atrevía a decir que era verdad o mentira, debido al miedo a los calieses. Pero entonces lo anunciaron por la radio, y lo que hice fue ponerme a llorar porque mi esposo estaba en la base militar, y pensé que lo podían matar. Tenía mucho temor. Desde niña tenía conciencia de la maldad de Trujillo, pero en mi casa materna no se hablaba de esos temas, a pesar de que mi hermano mayor era anti-trujillista; él era amigo de los Bencosme (1.1), y eso se sabía en Moca.

En el 1962, tuve a mi segunda y última hija. En ese entonces, mi esposo, mi suegra, los niños y yo vivíamos en la calle Hostos, en Santo Domingo. Esos meses después de que mataron a Trujillo fueron de mucho desorden; recuerdo las turbas de gente tirando piedras, palos y botellas en la calle y la policía las recogía. Yo salía a comprar guineos o cualquier otra cosa, y me daba mucha brega regresar a la casa porque siempre había líos en la calle. Lo mismo pasó en el '65, cuando la Revolución de abril. En ese entonces, ya teníamos una casa propia, en el barrio de Villa Consuelo. El domingo 25 de abril estaba en la iglesia con una amiga, y mientras el sacerdote decía la misa, se oían los tiros. Entonces mi amiga me dijo: "¡Ay! Ana, vámonos de aquí". Salimos de la iglesia, y nos fuimos caminando rápido por la avenida San Martín; vimos que venían muchísima gente con cuchillos, martillos, piedras, de todo. Cuando llegamos a la casa me tiré al piso dando gracias a Dios porque estábamos vivas. Desde esa vez, duré varios días sin salir de la casa. Mi suegra y yo nos poníamos a acechar por la persiana lo que estaba pasando afuera. Un día vi a un señor que venía manejando una camioneta, y al poco rato, lo pasaron muerto. Una mujer pasó armada, decían que era cubana. Otra mujer dejó su casa sola. La situación era difícil, y más con 2 niños pequeños. Mi suegra dijo: "vámonos", y nos fuimos de la capital para Moca. Unas semanas después, cuando regresamos a la capital, encontramos la casa llena de hoyos, por las balas. Desde ese momento, a mi suegra le cogió con que no quería que sus nietos crecieran en Villa Consuelo. Ella tenía eso en la cabeza, y un día me dijo que había visto en el periódico que estaban vendiendo una casa en un sector de las afueras de la ciudad. La casa quedaba en el Mirador Sur y era de las que rifaba Balaguer[4]. Alguien la estaba vendiendo, y costaba 8,500 pesos. A mí al principio me parecía que no debíamos mudarnos en ese sitio tan apartado del centro de la ciudad, donde todavía no habían puesto ni siquiera energía eléctrica, pero la casa me gustó, y la compramos.

Eso fue en 1970. Fue una buena decisión porque el Mirador Sur era un lugar muy tranquilo que con el tiempo se puso bonito y ahora ya es parte de la ciudad. Viviendo ahí fue que me di cuenta de que quería producir dinero; anteriormente, levantaba algunos pesitos haciendo "sanes[5]", y ese dinero lo invertía en comprar cosas útiles para la casa, y aportar. Pero en el 1973, a los 37 años, yo estaba dándole vueltas a la cabeza de cómo podía mejorar mi economía y así no tener que pedirle dinero a mi esposo (que en ese entonces comenzó a trabajar como periodista), ni a mi suegra (que se ganaba la vida como modista). Entonces, vino una amiga y

---

[4] En los primeros 12 años del régimen de Joaquín Balaguer se acostumbraba a rifar casas a través de la Lotería Nacional.

[5] Un "san" es una forma de ahorro cooperativo informal, muy utilizado por las mujeres dominicanas como estrategia de sobrevivencia.

me trajo unas prendas de las que le decían "de fantasía", para que yo las vendiera. Vendí todo lo que me dio y me gané un dinero que puse a evolucionar dando viajes a Medellín, Colombia, a comprar ropa, zapatos, y artículos de piel. Esa fue una época maravillosa para mí. Me gustaba mucho Medellín, con todo el verdor, y también un sitio llamado Río Negro, al que íbamos las compradoras de ropa, todas dominicanas, que me acompañaban en los viajes. En Santo Domingo, la gente me preguntaba que si no me daba miedo viajar a Colombia, con todo lo que se hablaba de problemas de drogas y violencia, pero nosotras nunca tuvimos problemas; al contrario, en Medellín la gente era muy amable con nosotras y hasta nos protegían. Di como 20 viajes a Colombia y después puse una tiendecita de venta de ropa y zapatos en mi propia casa. Me iba muy bien, tenía mucha clientela, y me sentía muy independiente económicamente. Incluso, debo decir que llegó un momento en el que yo aportaba más con mi tienda que lo que mi esposo ganaba como periodista y mi suegra cosiendo. Luego, comencé a viajar a Puerto Rico, de donde traía ropa y zapatos para vender. También hice viajes a Miami, Nueva York, Curazao, Panamá, y Venezuela. Eramos un grupo de dominicanas que viajábamos juntas siempre. Nos decían "las maruseras", no sé por qué. Viajar para comprar ropa parece un trabajo fácil, pero no lo es. A Puerto Rico, por ejemplo, íbamos 2 veces al mes, por 3 días, y en ese tiempo, teníamos que visitar docenas de tiendas y almacenes de ropa y zapatos, y seleccionar lo que más nos convenía comprar para vender en Santo Domingo. A veces andábamos tan rápido que se nos pasaba la hora de comer. Y cuando pasábamos por la aduana, eso era terrible, porque muchas veces nos quitaban la mercancía que habíamos comprado. Por suerte, yo siempre viajaba con mujeres que nos apoyábamos y cuidábamos en los viajes, entre ellas, una hermana mía, muy emprendedora, que fue la que más me animó para que me pusiera en eso.

Estuve 30 años viajando y comprando ropa para vender en mi tienda. Después los tiempos cambiaron, y en Santo Domingo comenzaron a poner tiendas de marcas extranjeras; quité la tienda y puse un vivero de plantas, y luego, un taller de hacer colchas y cojines; duré con esa pequeña empresa como cuatro años. Tenía una señora que cuando llegó a donde mí lo que sabía era coser vestidos en una máquina, y ahora es profesora del Instituto de Formación Técnica y Profesional (INFOTEP). Yo a veces le pregunto a ella: ¿Quién fue tu profesora?, y ella me dice: "Usted, doña Ana." Es que a mí las manualidades me gustan mucho.

Cuando mi esposo se enfermó vendimos la casa y compramos este apartamento. El siguió trabajando como periodista y escritor desde la casa. Me convertí en su enfermera para cuidarlo, porque no teníamos con qué pagar a una enfermera. Yo le ponía una sonda que necesitaba. Él tenía un cáncer de próstata. Dios me dio mucha fuerza, me ayudó a cuidarlo con mucho amor y paciencia durante los años que estuvo enfermo. Cuando me quedé viuda en el 2008, llevaba 50 años de casada con mi esposo. No fue fácil, pero al final, me quedó la satisfacción de que cumplí con lo que le prometí en la iglesia Corazón de Jesús cuando nos casamos.

Ahora me dedico a la iglesia. Asisto todos los martes de 11 a 12, y los domingo en la mañana. Soy parte de un grupo de oración solo de mujeres que se llama Cristo humilde, y ahí nos reforzamos y nos ayudamos unas con otras. Es muy bueno estar en comunidad, cualquier cosa que se le presente uno llama a las hermanas, como nos decimos nosotras. Se vive con mucha paz porque sabes que ayudas y que nunca te faltará una mano que te ayude a ti también. El grupo tiene ya 40 años desde que lo creamos. Éramos 30 mujeres, pero algunas han fallecido, y ahora solo quedamos 20. Gracias al grupo Cristo Humilde yo he podido también hacer muchas de las cosas por las que quería ser monja, como ir a los hospitales y a los hogares de ancianos a atender y pasar tiempo con las personas enfermas y con los ancianos.

Aparte de reunirnos todos los jueves en la tarde y organizar esas actividades de ayuda, nosotras nos celebramos los cumpleaños, hacemos una cena anual antes de la Navidad, nos visitamos, compartimos, hablamos de nuestras cosas, o nos vamos al Santo Cerro a oír misa.

No dejo de comer aunque tengo el colesterol alto, mejor tomo pastillas para bajarlo. Camino media hora, cada día, y en la casa nunca estoy sin hacer nada. Tengo mi radio en la cocina, no soy aburrida, imagínese usted una vieja aburrida, tengo mi CD y mis canciones de la iglesia y románticas, me gusta Fernandito Villalona, Camboy Estévez y Los Panchos. Uno de mis pasatiempos favoritos es cultivar orquídeas.

En día pasado vino un joven del vecindario y me dijo: "Doña Ana lo que yo sé, se lo agradezco a usted." Era un tiguerito[6] malcriado, que decía muchas malas palabras y venía de una familia con muchos problemas; alguna gente en el barrio los rechazaba, pero aunque no era ni mi hijo ni mi nieto, yo lo llevaba a la iglesia y al catecismo para que aprendiera la palabra de Dios. Lo hice porque siempre me ha gustado servir.

Ahora los tiempos son distintos. Los hombres no se enamoran de verdad, sólo les gusta pasar el rato. Le aconsejo a las jóvenes que no les pongan las cosas fáciles a los hombres, porque a ellos mientras más difíciles les pongan las cosas, más le interesan. Le aconsejo también que cuando se

---

6 Dominicanismo: Golfo, descarado o atrevido.

decidan que sea algo formal, que formen familia. No se pueden llevar nada más de la gozadera[7].

[7] Gozar en demasía.

2
Manuela Agramonte

"Danzar es sentir, sentir es sufrir, sufrir es amar; usted ama, sufre y siente. ¡Usted danza!"

Angela Isadora Duncan
Bailarina y coreógrafa estadounidense

2. Manuela Agramonte

"Yo conseguía dinero despegando maíz y pasándole el peine caliente a otras mujeres".

Nací el 13 de junio del 1941, en Las Lomas de Azua. En mi cédula pusieron que nací en Cabuyita de las Lomas, pero yo soy de Las Yayitas.

Cuando niña, recuerdo escuchar hablar de Trujillo; decían que era muy fuerte, que mataba por cualquier cosa, que era un dictador pero tenía algo de bueno: mi mamá y mi papá decían que uno podía dormir hasta en el monte y nadie lo tocaba.

Fui la primera de tres hijos de mi papá y mamá, (dos hembras y un varón). Mi mamá se llamaba Sara Agramonte y era muy famosa en Las Yayitas por sus buenas obras. Mi mamá y papá se dejaron estando yo muy pequeña. Ya mamá había tenido cinco hijos de otro hombre. Papá nos echó al mundo y no nos crió, pero mi hermano mayor se hizo cargo y fue como un padre. De pequeña recuerdo que mamá quemaba carbón, vendía mango, ella pasó mucho trabajo. En Las Yayitas vivían de la quema de carbón y el maíz. Yo trabajaba desde muchachita.

Recuerdo que un día hice algo que a mi mamá no le gustó y nos dio una pela[8] muy fuerte a mi y a mis dos hermanos más pequeños. Mis otros cinco hermanos ya

---

[8] Golpiza que se le da a un niño o niña como castigo usando una correa o una delgada rama.

estaban grandes. Otro día yo estaba hirviendo una leche y mamá me partió la cabeza. Ella era fuerte, pero sus hijos sirvieron para algo.

Fui a la escuela, pero no aprendí porque peleaba mucho, hasta con los varones. Yo era mala, endiablá[9]. Cuando tenía 10 años había una muchachita que me encueraba y me daba pelas. Un día me dio tanta rabia que salí a buscarla e iba pensando: "cuando la encuentre hoy, la voy a matar". Pero un hermano de ella me agarró y no le pude hacer nada. Cuando yo tenía como unos 12 años, a un señor apellido Mata lo encontré tumbando mangos en el patio de mi casa y lo agarré por los granos[10] como si fueran dos trozos de carne y a los gritos la gente pudo quitármelo.

Yo jugaba pelota, muñeca de trapo, toca el palo, a las escondidas, siempre las muchachitas de un lado y los varones del otro.

Me casé a los 22 años. Antes de casarme tuve otros novios. Yo como que no le tenía amor a nadie. El papá de una de mis hijas fue al que más quise. Luego él se fue, era militar, tenía su mujer y yo no lo sabía. Conocí a ese señor porque lo vi en el pueblo y luego me visitó aquí, en Las Yayitas. En resumen, tuve dos maridos y un amor.

En mi juventud bailé mucho, pero de eso hace mucho, y ya ni recuerdo cómo se baila. En las Yayitas había un bar que era de mi hermano y allí era que yo bailaba. Recuerdo una canción que me encantaba bailar y a los hombres le gustaba sacarme a bailar cuando la ponían, y dice así: "*Se me ha perdido una muñeca, por ahí, por ahí por la ciudad, esa muñeca es la mía…*"[11]. Una señora me pagaba para

---

[9] Peligrosa, colérica

[10] Testículos

[11] "La muñeca", merengue de la autoría e interpretación de Eladio Romero Santos músico de Cenoví, San Francisco de Macorís (2/12/1937- 2001). Fue de los pioneros en tocar merengue con guitarra.

que bailara esa canción con su hijo. Para ir a bailar, yo me preparaba muy bien. Me ponía ropa bonita, me pasaba el peine caliente, para tener el pelo liso. Yo tenía mucho pelo. Me pintaba la boca con un pintalabios rosado. Usaba zapatos de taco mediano, porque con los altos no se baila bien. Los hombres con los que bailaba me daban chicle[12], galletitas y dinero. Aquí le decíamos a eso un bailar por un "gabiao". Dejé de bailar porque las mujeres se ponían muy celosas y para no encontrarme con un problema lo dejé y además ya tenía mis hijos e hijas.

También yo conseguía dinero despegando maíz y pasándole el peine caliente a otras mujeres.

Tengo 7 hijos, 19 nietos y 4 biznietos. Ahora soy evangélica, pero hace un tiempo que no voy a la iglesia. También ahora estoy enferma y yo quisiera tener mi misma energía, quisiera hacer lo que hacía antes, trabajar, cocinar, limpiar, pero ya no puedo hacerlo.

Las Yayitas era una comunidad tranquila, ahora se dañó, después que trajeron la luz, ahora hay drogas y no hay respeto.

In memoriam

Doña Manuela Agramonte, falleció el 11 de septiembre del 2014, poco tiempo después de haber sido entrevistada para los fines de este libro. En recordación de lo que fue su vida, su hija Nelly escribió lo siguiente:

Se fue hacia el otro mundo.

Se fue la mujer valiente, la que le preocupaba deber cinco centavos en el colmado, la que siempre daba buenos consejos y los problemas del otro eran sus problemas. La que siempre motivaba para que se leyera la Biblia y enseñaba a sus hijas(os) y nietas(os) a que también lo hicieran. La que

[12] Chiclets, marca de una fabrica de goma de mascar.

mantenía un acercamiento con sus familiares y amigos y amigas visitándoles de vez en cuando para saber de ellos y ellas. La que era celosa con el sentimiento de los suyos y que no permitía que se humillara a ninguna otra persona.

Se fue la mujer que asumía dos papeles en la vida, el de madre y padre. La que era débil con los sentimientos, pero fuerte y valiente en los trabajos, cariñosa, la que días antes del cumpleaños de cada una(o) de sus hijas e hijos estaba pendiente de la fecha. La que siempre que salía hacia Santo Domingo escribía en un papelito hacia dónde iba, la dirección, el nombre de ella, el número de cédula y números telefónicos.

Ella era mi confianza, la que no olvidaré nunca cuando me decía jibijoa[13] que era como ella me llamaba. Ese apodo me lo puso desde chiquita porque dizque yo era muy fuerte y así le llaman a las hormiguitas pequeñas que pican duro.

Se fue la mujer que compartía su comida día tras día con sus vecinos(as) y con cualquier persona que lo necesitase y que ella se diera cuenta que tenía hambre. Se fue la madre de nosotros, como decían muchas personas al momento de su partida.

Se fue la mujer de las azucenas, la que sentía el dolor y el sufrimiento de los demás. La que compartía el jalao[14], sus mangos, aguacates, gallinas, arepas y hacía ensalmos aprendidos de su madre la abuela Mamá Sara. La que hacía un nudo en cualquiera de sus ropas para guardar los chelitos y si alguna(o) de nosotras (os) lo necesitaba desataba el nudo y a ese se los daba.

En el momento de su partida su anhelo era visitar a su amiga Venecia, a Fredesvinda, y pagar los cincos centavos

---

13 Hormiga pequeña. Es la única hormiga en el país que construye sus nidos sobre las plantas, agrupadas en colonias numerosas.

14 Dulce que se hace de coco rayado y melao.

de un hilo que debía en el mercado. Ella partió pero vive en nosotros. Esa es mi madre Manuela Antonia Agramonte.

3
Dominga María Aracena (Chichí)

"Con el tiempo y la madurez descubrirás que tienes
dos manos; una para ayudarte a ti misma,
y otra para ayudar a los demás"

Audrey Hepburn
Actriz y filántropa belga

3. Dominga María Aracena (Chichí)

"Yo relajo cuando me preguntan qué quisiera de regalo y respondo: quiero un carro con un chofer joven para seguir paseando. Cuando me vaya de éste mundo me gustaría que me recuerden así como soy, una mujer alegre".

Nací en la casa 109 de la calle Beller, el 6 de noviembre del año 1917, aquí en Mao. En este año me van a celebrar mis 100 años y ese día bailaré muchísimo. Desde que cumplí los 75 me hacen unos cumpleaños en grande y me pusieron el sobrenombre de la Reina de corazones. Mi cumpleaños numero 90 me lo celebraron en Nueva York y allá llegué agregando con ello un miedo nuevo en mi vejez, que es el miedo a volar en esos pájaros llamados aviones.

Aurelia Aracena, mi madre, era de la sierra, familia de Gregorio Aracena, cuyo abuelo era español. Una calle de aquí tiene su nombre. Mi papá se llamaba Andrés Avelino Matías. Procrearon cinco hembras y un varón. Y yo soy la segunda. Mis padres se llevaban muy bien, siempre atendiéndonos. Nunca se separaron.

A mi papá le gustaba tener conucos en el paraje Los Pretiles y Los Tamarindos. Allí cosechaba de todo, guandules, yuca, batatas, cebollas. Con él aprendí a querer la naturaleza y el campo desde pequeña. Cuando yo tenía 7 años, él decidió irse al Este, al Ingenio Santa Fe, al corte de la caña, y nos llevó a nosotros también. En medio del cañaveral hizo un conuco. En ese tiempo comencé a leer y escribir. Recuerdo que se escribía uniendo palitos y así aprendí a escribir la palabra MESA. Yo sólo llegué al tercero de la primaria pero siempre tuve un deseo grande de llegar a ser profesora. También en esa escuela aprendí a jugar pelota en un equipo compuesto solo por muchachos. Una noche me soñé que me había salido un pájaro muy feo y a partir de ese día siempre andaba con un palo seco, para darle palos al pájaro en caso de que me saliera por algún lugar del cañaveral. También, en la Región del Este pasé el gran susto de mi vida con un ciclón que azotó esa zona y desde ese momento tengo mucho miedo a los fuertes vientos.

Allá en el ingenio duramos como dos años y luego regresamos a Mao. Como a los 16 años me mandaron para Santiago a pasar un tiempo donde mi prima Blanca para que le hiciera compañía. Mi prima cocinaba sabroso. Yo viajaba con frecuencia a Mao porque extrañaba mucho a mi mamá y a mi familia. Recuerdo que viajaba en una guagua donde se transportaba el correo que iba para Mao. En ese tiempo mi madre se puso grave y me avisaron tarde porque cuando llegué ya ella estaba muerta. Muchos meses después de su muerte yo me iba a una cañada y la llamaba a gritos a ver si lograba volver a verla.

A mis 20 años yo tenía muchos enamorados. Me gustaba bailar pero en ese entonces las fiestas sólo duraban hasta las 9 de la noche porque no había luz eléctrica. Nos inventábamos bautizos de muñecas para poder bailar. Yo era elegante, con un cuerpo que llamaba la atención. A los 23 conocí al joven Ramón Antonio Marrero, apodado Pucho, quien luego sería mi marido. Nos casamos por la ley el 24 de septiembre de 1964 después que nuestros hijos estaban grandes. Ya viviendo con Pucho me gustaba mucho ir a bailar al Samoa Bar, pero él inmediatamente me decía que me fuera para la casa para él quedarse bailando. No me gustaba que él no me dejara bailar. En el 1968, a la edad de 51 años, quedé viuda. A mis hijos Mario, Leonel, Isabelita (fallecida), Ángela, Isabel María (La Cunca) y José

Leovigildo los quiero con todo mi corazón. Ellos y ellas me han dado 16 nietos y 21 biznietos y todos(as) me quieren mucho. Mi alegría más grande en la vida fue cuando tuve mi primer hijo. Eso de yo parir un muchacho fue para mi una cosa muy grande.

Pucho era muy activo y recuerdo que puso una pequeña fábrica de dulces de coco con leche. Luego una de caramelos, y yo los hacía. Aprendimos a hacer los moldes. Mis caramelos le gustaban a todo el mundo. A algunos les echaba guayaba y a otros les ponía un poquitín de queso blanco. Me gustaba prepararlos con agua lluvia porque el agua con cloro le cambia el sabor. A las guayabas les sacaba la semillas y las ponía a hervir con el azúcar. La mezcla misma indicaba cuando estaba en punto para echarla en los moldes. Mis caramelos eran famosos. Llegaron hasta Pakistán a través de una dominicana que estaba casada con un pakistaní. Pero lo cierto es que a mi siempre me ha gustado manejar mi dinerito. Yo también planchaba por paga la ropa almidonada de los guardias. Otra mujer las lavaba y en las tardes yo las planchaba.

Aprendí a cocinar en la casa de mi prima Blanca. Recuerdo que ella cocinaba las habichuelas en ollas esmaltadas y a mí así es que me gusta hacerlas. Una vez, cuando yo vivía en la Calle Beller puse un friquitín[15] . Allí vendía carne fritas, albóndigas y moro de guandules. ¿Ay, y esos chulitos que yo hacía? ¡Chulitos esos que gustaban! Todo el mundo los buscaba. Se acababan de una vez. Para hacerlos guayaba la yuca, luego la exprimía bien y después le echaba los demás ingredientes, como por ejemplo vinagre de naranja agria, sal, ají y pimienta. A mi siempre me ha gustado cocinar, pero no los domingos. A mi familia le encanta como cocino. Aunque realmente yo siempre he sido

---

15 Sitio donde la gente del pueblo compra frituras.

de poco comer. Como bien pero no para llenarme y sólo me sirvo en una sopera pequeña.

Pienso que lo más importante en nuestras vidas es aprender a no quejarse. Siempre hay que tener esperanza y fe. He llevado una vida sana. Nunca he fumado. No me trasnocho. No peleo con nadie porque eso hace daño. Dicen que quienes siempre están peleando se les atrasa la vida. Así que nunca me pongo brava con nadie. Pueden preguntar a los vecinos, yo nunca he tenido conflicto con nadie. A mi me gusta llevar mi vida tranquila. No me gusta quejarme de nada. Me conformo con lo que tengo. No cojo "fia'o"[16] ni tampoco prestado porque eso me puede atormentar y darme estrés. Así que si algo me hace falta me aguanto. A nadie le pido.

Siempre he sido muy saludable. Nunca me siento cansada. Si me enfermo no me gusta acostarme. Pero recientemente, el virus de una enfermedad rarísima, que yo ni conocía y que tiene un nombre difícil de pronunciar, dizque "la chikungunya" la que no me ha dejado bien. Me ha dado mucho dolor en el cuerpo, especialmente en los tobillos y me quitó el apetito. Pero como soy una mujer fuerte, mi Dios me ha dado las fuerzas para seguir adelante. Soy devota de la Virgen y todos los días le pido a ella y a Dios que cuiden a mis hijos y mis hijas.

Tampoco me gusta estar mucho sentada porque eso tulle. Si puedo ayudar a otros les ayudo y no le llevo la vida a nadie. Eso sí, me gusta beberme un vaso de cerveza bien fría y me fascina la sidra. Me gusta vestirme bien y perfumarme. Siempre tengo perfumes de distintas fragancias. No me gusta mirarme en el espejo porque me veo vieja y mi espíritu es muy joven. Eso me pone un poco triste porque el espejo no refleja lo que soy. Yo me siento como si tuviera 16 años. En tal sentido te cuento un chiste: hace poco murió una

---

16 Coger una mercancía a crédito

amiga contemporánea mía, y alguien me preguntó: "¿Chichí (con ese apodo me conoce todo el mundo) ¿y ella era muy vieja?" Y yo le respondí: "¡ay, noooo, ella no era vieja. Ella era así como yo!"

En mi vejez la vida sigue siendo igual. El amor por mis hijos no ha cambiado. Ahora me voy para todos lados, para la playa, para el río o para un lugar que le dicen el Carril, que es muy lindo. Mis hijos y mis hijas me complacen y me llevan a todas partes. Cuando vamos al río o al mar soy la primera en entrar al agua. Me gusta nadar y chapotear en el agua. Yo relajo cuando me preguntan qué quisiera de regalo y respondo: "quiero un carro con un chofer joven para seguir paseando".

Cuando me vaya de éste mundo quiero que me recuerden así como soy, una mujer alegre.

4
Rosalía Campusano (Seita)

“Cuidado con las mujeres cuando se sienten asqueadas de todo lo que las rodea y se sublevaban contra el mundo viejo. En ese día nacerá el mundo nuevo”

Louise Michel
Revolucionaria francesa, escritora y educadora

4. Rosalía Campusano

“Me casé joven como de 15 años. La experiencia fue triste, porque no tenía experiencia de lo que era la vida de un matrimonio”.

Mi nombre de pila es Rosalía Campusano, viuda Ventura, mi apodo es Seita. Mi mamá tuvo un varón y yo. Mi mamá fue madre y padre, pues mi papá murió cuando yo tenía cuatro años. Nací y nos criamos en Piedra Blanca de Haina. Nací con el doctor Zaiter en Santa Bárbara, en la capital. Esa clínica la quitaron para hacer un puente.

Mi niñez fue linda, al ser la única hembra de mi mamá, que tenía una hermana con dos hijas. Yo era la más pequeña de esa familia. Decían que era la linda de esa casa. Yo sufría de paludismo. Era flaquita, si acaso, llegaba a 50 libras. Era cuando podía que yo iba a la escuela. Mi mamá me decía "¿Seita tú te sientes con ánimos para ir a la escuela?" A la maestra ella le decía: “usted me la cuida, y cualquier cosa, me lo puede mandar a decir, que yo vengo a buscarla.” Ella me cuidaba mucho. Tuve una niñez pobre pero feliz; me dejaban jugar, pero en la casa. Los niños se mantenían en la casa, y por eso, yo tenía muchos juegos. A mi casa iban muchas primitas, y mi mamá les decía: “como Seita está enferma, vengan ustedes a la casa a jugar con ella.”. Lo que me gustaba era jugar muñecas y jugar al escondido, de día. Un día jugábamos en casa de una prima, otro día en otra y en la casa de mi mamá, que no volvió a casarse; esa casa se mantenía florecida de sobrinas y sobrinos, una experiencia linda en ese tiempo.

Mi mamá vivía trabajando. Ella trabajaba agricultura y también le planchaba a los guardias y le planchaba a unos dos o tres oficinistas de la capital. Ella iba los sábados y traía esa caja de ropa y los lunes iba a lavarla al río Haina. Mi hermanito era que le ayudaba, porque el paludismo era traicionero, y yo no le podía ayudar.

Llegué a tercer curso. Pero en ese tiempo se aprendía mucho. Mis hijos podían tener buenas notas porque yo los ayudaba a hacer sus tareas; aun estando vieja ayudaba a un sobrinito.

Me casé joven, como de 15 años. La experiencia fue triste porque no tenía experiencia de lo que era la vida de un matrimonio, y además estaba muy apegada a mi mamá. Yo me decía: "no, pero esto es un error, vivir aquí tan lejos y mi mamá por allá." Yo vivía en la capital y sólo duré cuatro años casada. Tuve una niña, mi primera hija, y por ese apego a mi mamá me dejé de mi marido.

Mi hija está muy bien en Estados Unidos y tiene ciudadanía americana. Llegó a un cuarto nivel universitario. Ella se enfermó, pero me ayuda. Yo me he dedicado a los quehaceres domésticos. El único que se me ha desequilibrado es un varón, porque tengo cuatro, tres hembras y un varón. Tuve dos hembras y un varón de mi segundo matrimonio, muy feliz vivíamos aquí, él era puertoplateño[17]. Cuando tuve mis tres hijos él murió de un infarto. Duramos 38 años juntos.

Lo que le recomiendo a las jóvenes, y esto lo digo por mis dos nietas que he criado, es que lo primero es estudiar y aprender los quehaceres de la casa porque es muy bueno usted saber hacer las cosas aunque tenga una empleada. Tengo una hija que es teóloga, ella estudió en Brasil y ahora está en Costa Rica. La otra es nutricionista. Mis hijas me

---

17 Persona natural de Puerto Plata, municipio de la provincia del mismo nombre. Perteneciente o relativo a dicho pueblo.

ayudan, ellas son mi tesoro. El Señor me ha regalado todo lo que le pedí. El varón es un poco desviado, se metió a los vicios después de estar en la universidad. Me da mucha pena; eso me ha acabado.

Recomiendo a los varones que olviden los malos vicios y se lleven de sus padres. Que se alejen de los vicios y que se atengan nada más a lo que pueden tener. Que si no pueden estudiar por la situación económica, pueden trabajar y hacer algo en el mañana. Los padres queremos que nuestros hijos sean algo en el mañana; eso es lo que le pido a Dios, que aleje a mi hijo de todos esos malos vicios, porque debido a eso, estoy viviendo una vida tan triste. La juventud debe llevarse de sus padres y sus madres, que le dicen: "mi hijo, eso no es vida, eso es muerte."

5
Josefina de la Caridad Cabral

"Memoria selectiva para recordar lo bueno, prudencia lógica para no arruinar el presente, y optimismo desafiante para encarar el futuro"

Isabel Allende, escritora chilena

5. Josefina de la Caridad Cabral

"Tengo una hermana en New Jersey, que tiene 92 años y por teléfono le canto canciones románticas. Eso lo hago después que ella me dijo que cuando ella muera se las cante en el velorio y yo le dije que mejor lo hago ahora".

Nací el 7 de noviembre del año 1933, en la provincia de Azua en la región sur del país. Fui una niña muy mimada por mis abuelos, abuelas, tíos y tías. Hasta los 15 años me dormían en las piernas.

Mi padre murió cuando yo tenía 7 meses, entonces mi madre regresó a la casa de sus padres. Doce años después mi madre se volvió a casar, pero yo me quedé con mi abuelo y abuela. Ocho años después mi mamá se dejó de su marido y regresó con mi hermano a la casa.

Tengo un hermano de madre, pero mis tíos y tías eran mis hermanos, así como algunos primos, pues estábamos más o menos de la misma edad.

Lo que más recuerdo de mi infancia eran los regalos del Día de Reyes, los paseos a la finca, las vacaciones en Peralta y los baños en el río. Nosotros éramos muchos y nos gustaba cantar en la casa.

Recuerdo que una vez, yo debía tener 9 ó 10 años, me fui a dar un paseo por el parque montada en el burro de Pura, la señora que traía la leche, y cuando regresé a casa me dieron una pela ¡pero una pela!

Estudié en la escuela primaria Emilio Prud'Homme. En los cursos quinto y sexto nos daban clase de economía doméstica un día entero a la semana. A las hembras nos enseñaban cocina, repostería, sacar manchas, cuidado de niños, presupuesto familiar y a los varones sastrería, zapatería y ebanistería, entre otros oficios. El bachillerato lo hice en la escuela normal Julia Molina, como se llamaba en aquel entonces. Recuerdo que en las escuelas se cantaba mucho, y eso se ha perdido. En la época de Trujillo había muchas cosas malas, pero cantar en las escuelas era bueno. La educación hostosiana era muy buena. Me gradué de bachiller en el año 1954 y me fui a trabajar de maestra a Peralta. Dos años después me trasladé a la capital para inscribirme en la universidad a estudiar finanzas. Aquí en la ciudad de Santo Domingo empecé a trabajar en la escuela República Dominicana y luego fui a trabajar en el correo.

Cuando ya estaba grande, mis tíos/tías y primos /primas siempre íbamos en mayo a la fiesta de la Cruz, y los domingos al parque de mi pueblo; a actividades en el club y en Athenes. Algunos enamorados me daban serenata. Recuerdo una canción que dice así: "…piensa bien lo que te digo, es que tú me gustas mucho, mucho más que ayer…". Tuve un solo novio con el que me casé en año 1961 y 14 años después me divorcié. Mi ex esposo murió hace unos años. Él era de San Pedro de Macorís y estudió en la Universidad de Michigan. Nosotros nos conocimos en el cumpleaños de una amiga común. Tuve cinco hijos, tres hembras y dos varones. Los embarazos fueron muy difíciles y eso me impidió terminar la carrera de finanzas. Luego de mi separación busqué trabajo, me puse a vender seguros de vida y pasajes aéreos y luego puse una librería y tuve 20 años con ese negocio, gracias al cual pude cuidar de mis hijos mientras producía dinero, más el dinero que me daba el padre de los muchachos.

No volví a casarme y seguí mi vida a los pies de Jesucristo. Volví a la universidad pero no la terminé. Hice algunos cursos, entre ellos estudié teología en la Universidad

Católica de Santo Domingo. Cuando estaba criando a mis hijos y mis hijas, nos sentábamos los seis y rezábamos el evangelio y revisábamos la conducta de cada uno. También veíamos cómo estaba el presupuesto (no se malgastaba el dinero).

En 1973 formé parte de un voluntariado llamado "Renovación de los encarcelados", un ministerio católico en el que estuve hasta 1996. Eso fue cuando nació mi nieto Daniel, que tiene parálisis cerebral y yo asumí su enfermedad como un nuevo ministerio.

De las experiencias desagradables que me han sucedido, está la separación de mi esposo, porque yo quería que se cumpliera la promesa de unidos hasta que la muerte nos separe. Pero lo que no se puede no se puede.

De las experiencias agradables, el haber criado a mis hijos e hijas que hoy sean profesionales. La mayor estudió medicina, el segundo ingeniería química, el tercero ingeniería mecánica, la cuarta diseño y decoración y la más pequeña administración de hotelería.

Ahora me siento afortunada, pues he llegado al otoño de mi vida con mis 5 hijos y mis 10 nietos. Mis hijos me respetan y hay amor en la familia. El Señor me ha permitido dirigirlos; ellos son personas de bien y respetuosos de las leyes.

Una prima mía llamada Tamara Cubilete de Miranda tiene un borrador sobre mi vida, con el título: Una vida de Servicio y Fe; el libro no se ha publicado, mi prima lo escribió en el 2011.

Tengo una hermana en New Jersey, que tiene 92 años y por teléfono le canto canciones románticas. Eso lo hago después que ella me dijo que cuando ella muera se las cante en el velorio y yo le dije que mejor lo hago ahora. Algunas de las canciones que le canto son: "Dime niña quién te besó a la orilla de la empalizá, si tu madre tuvo la culpa tu papá tuvo mucho más...." (5.1). Otra canción es: "¿por qué

Burundanga le dio a Bernabé, porque Bernabé le pegó a Burundanga, porque Muchilanga le pisa los pies…" (5.2), y una canción moderna: "La mujer que no quiere al hombre se acuesta con un pantalón yin (jeans), pero cuando lo quiere no se quiere vestir…"

6
María Mercedes Castillo

"Quien no se mueve, no siente las cadenas"

Rosa Luxemburgo "La Rosa Púrpura"
Feminista y revolucionaria soviética

6. María Mercedes Castillo

"Para conseguir algún dinerito yo hacía sanes y rifas. Cuando me sacaba en la lotería le compraba su remúa a mis hijos".

Nací en el año 1931, en Loma de los Palos, Jánico, Santiago, República Dominicana. Mi mamá se murió cuando yo tenía de 5 a 6 años. Yo no sabía de nada. Somos cuatro hermanos, tres de padre y madre y uno de mi mamá con otro hombre. Mi hermana me dice (no lo recuerdo) que mi mamá enferma dormía en un cuarto sin tener quien la atendiera. Mamá murió de un desarreglo. Ella tenía que guayar yuca amarga en un rincón y tenía que guayarla por miedo, porque sus hermanos le daban golpes si protestaba.

Al año de morir mamá, mi papá también murió. Él tenía muchas mujeres. Recuerdo una "quería" (amante) a la que papá le daba golpes. ¿Usted sabe lo que una tiene que sufrir? En esos tiempos, los padres iban a las casas, ponían los santos en el cuarto de los padres y no se podía entrar. Había mucho respeto.

En cuanto a los recuerdos agradables de mi infancia no recuerdo ninguno. La vida era trabajar mucho. En el campo pasé mucho trabajo cargando guano y se me quedaban los pedazos de mi carne por las espinas. Yo siempre he sido como los animales. Lo que he pasado en esta vida desde niña es sufrimiento. Recuerdo cuando me llegó "eso" (la menstruación) yo me estaba poniendo loca porque no sabía qué era.

Mi abuela no me dejaba salir a la calle. Yo no sabía bailar. Cuando me dejaban ir a una fiesta de la escuela, los muchachos me sacaban a bailar y es que yo tenía muchos "enamoraos". No aprendí a leer ni escribir, yo hice diligencia, pero mi cabeza era bruta. Yo tuve vieja en la escuela y tampoco aprendí. No sé mucho.

Estaba presa todo el tiempo. Cuando salía de una casa me metía en otra más peligrosa. Cuando estaba joven, de 14 a 16 años (no estoy segura) vivía con una tía. No le he contado esto a nadie, pero el esposo de mi tía me acechaba y se me subía arriba. No recuerdo más. Ese hombre sí que me daba tormento. Mi tía como que se daba cuenta. Yo trabajaba mucho en esa casa, y por todo ese trabajo me compraban un vestido al año. Un día fuimos a Santiago en burro y mi tía estaba embarazada y la llevaron al hospital y ella estaba mortificada porque sabía que si me dejaba sola en la casa, su marido iba a violarme. Ese hombre no me respetaba.

Me junté a los 19 años con el papá de mis hijos. Antes de eso, yo tenía un novio que nos queríamos mucho, pero la mamá de él dijo que ella no quería para su hijo una mujer oriunda del sitio mío. Sufrí mucho. Ese hombre lloró cuando yo le dije que no y lo dejé. Yo no me casé por amor. Ese hombre, mi esposo, era un brujo y visitaba a todos los brujos conocidos. Yo no estaba en eso, no estaba enamorada de él, se lo puede decir a Dios. Ese hombre me celaba mucho. Yo en la cama hacía "fuá-fuá". Le hacía un allante[18]. Desde que se murió Guillermo, mi esposo, el novio que yo quería me pidió que nos casáramos y yo le dije que no, por mis hijos. Así que tuve 12 hijos sin "guto" (sin placer), fuá-fuá y vete pa' llá.

Mi hermana y su esposo fueron al campo huyéndole a la guerra de abril del 1965. Mi hermana regresó a la capital

[18] Persuasión con mentiras.

cuando pasó la guerra y me dijo que viniera. Yo le dije a Guillermo que fuera a ver, y el vino a la capital y cuando regresó dijo que aquí en Santo Domingo había mucha comida. Entonces compró una casa en el barrio Capotillo; nos trajo un hombre en un camión. Vivimos 40 años en esa casa.

Cuando llegamos a la capital teníamos a Cornelia, Asunción, Erasmo, Federico, y Modesto. En esa casa nacieron Dolores, Mariana, Víctor y Elvis. Tres hijos habían muerto: uno de 2 años, uno que nació enfermo y murió al mes de nacer, y otro de 9 meses de embarazo, se me murió estando aún en la barriga Ese niño que nació muerto fue porque quise salvar a un burro que se iba por un derrocadero y lo atajé con mi cuerpo. Fue una situación muy difícil. Pasé tres días con mucho dolor.

Guillermo vendía maíz en la calle y cuando llegaba a la casa me traía cervecita negra y fritura para que yo comiera y entonces, él me sacaba los goces[19]. Él también trabajó haciendo hoyos y vendiendo chucherías. Yo hacía sanes y rifas. Cuando me sacaba en la lotería le compraba su remúa[20] a mis hijos. Guillermo era muy tacaño, y aunque tuviera dinero no lo soltaba. Yo no boté una lágrima cuando él se murió porque ya la había botado cuando él estuvo vivo.

No recuerdo que haya tenido momentos buenos en mi vida. No, no los he tenido. Ahora yo estoy viviendo mejor, mis hijos me apoyan, eso sí está muy bien, me siento agradecida. Vivo en el residencial Lucerna, un lugar tranquilo, en una casa grande y bonita.

Mi hijo vivía en Puerto Rico, me mandó a buscar y estuve allá un mes. Después fui a Nueva York a casa de una hija y un hijo. Ahora tengo residencia americana. Para esperar la residencia estuve viviendo en Estados Unidos un

---

19 Se refiere a la relación sexual.

20 Vestimenta compuesta de pantalón y camisa.

año. Me gusta el juego de pelota y soy aguilucha. Tengo un biznieto de tres años y su familia es liceísta y el le dice al abuelo, “yo soy aguilucho”.

7
Petronila Catalino (La Reverenda)

“Es porque soy tan testaruda
que todavía insisto en cambiar el mundo”

Mercedes Sosa (La Negra)
Cantante argentina de gran relevancia
para la música folclórica de América Latina

7. Petronila Catalino, La Reverenda

“Yo toco pandero y maraca. La salve lleva güira, lleva balsié, la salve de Villa Mella no lleva tambora”.

Mi nombre es Petronila Catalino. Nací el 18 de mayo de 1930. Me dicen La Reverenda. Ese sobrenombre me lo puso una vecina mía llamada María Moreno, quien un día me dijo: “usted debe ser reverenda”. Yo le dije no, porque no soy monja. Pero entonces ella me puso así, La Reverenda. Por ese apodo me hicieron un video en Tele Vida. Grabaron todo en mi casa. Eso fue en los ‘90.

Empecé escribiendo salves desde jovencita. Mi mamá cantaba salves. Ella tenía una fonda de vender comida en Yamasá. Era una buena cocinera y vendía comida a los gerentes de Mister Loc, una empresa americana. Su descendencia era de Cotuí. Mi padre y mi madre vivían en el centro de la ciudad pero yo nací en Villa Mella porque mi madre quería que yo naciera con la comadrona de Villa Mella, ¿sabe?, y la comadrona dijo que ella no iba a la ciudad, entonces mi mamá tuvo que ir allá.

Cuando yo tenía 10 años de edad, murió mi mamá a la edad de 35 años. Mi papá, que era muy amistoso y honrado, se casó enseguida con Josefina, una jovencita, con la que tuvo 12 hijos. De padre y madre éramos 5 hermanos, tres hembras y dos varones. Mientras que de padre éramos 13, en total 18. Yo era la segunda, en el medio de mis otras dos hermanas Nené y Patria.

He vivido por muchas partes porque mi papá era comerciante en la calle Jaragua, esquina Dr. Brenes, por la Jacinto de la Concha. De niña, con 13 años ya ayudaba en el negocio de mi papá trabajando como cajera, a pesar de que solo llegué a segundo de la primaria.

Cuando pequeña yo era guapa como abeja de piedra. A mí me tenían miedo hasta los varoncitos. Yo era muy guapa (rabiosa), pero eso era cuando chiquita después ya yo no peleo, quién dijo.

De mi infancia recuerdo que tenía una mata de mango y una mata de limones sembradas donde mi abuela y yo me subía en mi mata porque no me gustaban las frutas del suelo. Me gustaba cogerlas en la mata para que estuvieran limpias.

Mi abuela era una señora que tenía muchas amistades y cuando alguien se moría, mi abuela me llevaba. Yo tenía un miedo de ir, pero tenía obligado que orarle, tanto si era un enfermo o si se moría también. Me acuerdo que una noche fuimos a ver a un enfermo grave y entonces una amiga de mi abuela que fue a ver al enfermo, se enfermó ella también. Mi abuela y yo nos sorprendimos cuando oímos que alguien llegó a nuestra casa y dijeron: "abran la puerta". Pensamos que era el hombre que se había muerto y fue la amiga de mi abuela que se murió por visitarlo. Ya le perdí el miedo a los muertos.

Tengo dos hijos, una hembra y un varón. Mi hijo vive en Nueva York, y mi hija vive aquí; ella tiene un colmado. Tengo seis nietos y un biznieto. Me hubiera gustado seguir estudiando pero no tenía la posibilidad.

En el año 1972 fui a una misa de cumpleaños de radio ABC, y de ahí para acá fue que empecé a cantar. En esa ocasión, Monseñor Félix Pepén dijo: "nosotros estamos dejando perder nuestra cultura. Imagínense un sancocho dominicano con ingredientes americanos no le va a saber igual a ustedes." Entonces, yo le dije a Tony Paula, un ex seminarista que le gustaba la música: "Tony, tenemos que hacer algo porque esa es una realidad, un sancocho americano o de cualquier país no puede saber igual al de nosotros". Le dije que quería hacer música de Villa Mella, y empecé escribiendo una salve a Juan Pablo Duarte[21].

Siempre digo que yo no cantaba ni tocaba; yo entraba a la iglesia, iba a las velaciones, que es cuando se ofrece una promesa a la Virgen y la cumplen bailando balsié[22] y tocando pandero.

En el 1988 formé mi grupo, Hermandad Cultural de Villa Mella. El grupo tenía su sello y papel timbrado. Nos presentamos en la feria del libro en dos ocasiones. En el 1992 estuvimos en México, en la celebración de los 500 años de la colonización; eso fue con César Ballenilla. Hemos viajado cuatro veces fuera del país para hacer presentaciones. El primer viaje fue a México, con una invitación del gobierno mexicano; allá visitamos al presidente Salinas de Gortari. También hicimos tres viajes a Cuba invitada por José Roldan para participar en festivales culturales, el primero en 1995; luego nos volvieron a invitar y fuimos en dos ocasiones más.

La música de aquí (el congo[23], la salve y el priprí[24]) fue declarada patrimonio de la humanidad por la UNESCO. Ay sí, la UNESCO vino aquí y me trajo una medalla, con

---

21 Juan Pablo Duarte Díez (26 de enero de 1813, Ciudad Colonial, Santo Domingo, España colonial-15 de julio de 1876 Caracas, Venezuela) fue un político y activista liberal dominicano. Está considerado, junto a Matías Ramón Mella y Francisco del Rosario Sánchez, uno de los Padres de la patria y fundadores de la República Dominicana. Wikipedia.

22 Tambor tubular pequeño, de un solo parche, que se coloca entre las piernas para tocarlo.

23 Conjunto de instrumentos musicales, compuestos por el palo mayor, el conguito, la canoíta y varias maracas con los que se interpreta esta música

24 Conjunto musical compuesto de balsié, güira y Tambora.

Zenaida. Yo toco pandero y maraca. La salve lleva güira, lleva balsié, la salve de Villa Mella no lleva tambora.

Me siento bien con mi música porque como dicen por ahí, cuando a una le dan un reconocimiento es porque ven que lo que usted ha hecho vale la pena. Ahora hay una generación muy distinta, pero las cosas buenas deben permanecer.

A las jóvenes les recomiendo que se valoren mucho porque valorarnos a nosotras mismas es lo que tiene más fuerza.

Me preocupa mucho como viste la mujer de hoy, me duele, especialmente las jovencitas, no hay por qué enseñar su cuerpo de esa manera. Me dijeron que en un cónclave con el tema de por qué hay tantas niñas y adolescentes embarazadas, los panelistas acordaron que la causa es por la forma de vestir. Para mí sí, porque es que la ocasión hace al ladrón. Que se valoren. La moral nunca se puede perder porque después los hombres no se casan con ellas. Son ellas las que tienen que decir no, porque hay libertad, pero son ellas las que tienen que decir que no. Los varones, esos si son malos, como no son ellos los que van a atender a los hijos; el problema lo tienen ellas: los nueve meses, los dolores, la falta de atención, algunos son charlatanísimos, que tal vez ni lo vuelven a ver. Tú sabes cómo es, la que lleva la de perder es la muchacha, el problema grave es que como la ciencia esta tan adelantada entonces se hacen un aborto. Yo le tengo una salve a las que hacen eso.

En el país muchas cosas han mejorado, muchas mujeres han hecho cursos de floristería, se están capacitando y están llegando a los puestos claves, casi siempre los hombres son los que ganan más dinero; hay diputadas pero son muy pocas. Pero una mujer puede ser presidenta, cónsul.

A esta música de Villa Mella, aunque es Patrimonio de la Humanidad, no se le da apoyo ni se toma en cuenta. No se le ha dado la importancia merecida a ese premio.

Cuando hacen un acto en los pueblos, en las efemérides, nunca invitan los grupos que tocan música de Villa Mella, solo llevan a los merengueros. Nuestra música va en decadencia. Una música a la que han declarado como un "patrimonio de la humanidad", deberían de caerle atrás. No sé, porque no es sólo Villa Mella, sino que en muchos otros pueblos tú nada más oyes lo mismo.

Aquí en Villa Mella hay otras personas que tocan y cantan, como Enerolisa, claro. También hay otros que tienen sus grupos, los congos, el priprí. Pero ya casi no los oigo, aunque antes se oían mucho en las fiestas del Espíritu Santo. Está muy decaída la música de Villa Mella, ya no es lo mismo. Aquí se hacían ferias ¿quién oye mentar eso ahora? Ponían la estera en museos, una vez llevamos una cama de fleje, el colchón era de hoja de plátano seca, esa es la cama de fleje. La estera la hacen de junco, como una colcha. De la espiga de la caña. Aquí se usaba el junco y hoja de plátano seca.

Mi trabajo es sólo cantar cuando aparece algo. Antes era modista, bordaba sábanas, pañuelos, manteles y mantillas para ir a misas. Ahora solo estoy con lo del grupo, que tiene 5 bailarinas, más de 10 niños/as, tres hombres que tocan balsié y la güira, y dos cantantes. Algunas de las mujeres del grupo no van a seguir porque están enfermas. De acuerdo a como sea la presentación hay que buscar más mujeres.

A mí me gusta mi música de Villa Mella, pero con mensaje. Aquí ya casi no se hacen velaciones, eso cuesta. Se hacían para cumplir promesas a los santos, por agradecimiento al favor recibido. Se ha desnaturalizado; el priprí es el que más permanece, pero los instrumentos están muy caros.

La Salve de las Mirabal la escribí en una guagua en la que íbamos para Salcedo en un viaje que salió de la universidad. Le pedí papel a un muchacho de la universidad que iba en la guagua. Se conmemoraban los 30 años del asesinato de Las Mirabal (7.1), y eligieron a 30 mujeres, entre las que se encontraban mi hermana Pascuala (de apodo Patria) y yo para ir a Salcedo a honrar a las hermanas Mirabal.

A seguidas algunas de mi salves:

Salve a Duarte

Salve, salve, salve cantemos a Duarte /Ay Duarte, ay Duarte /Los dominicanos agradecidos de él /No quería puestos ni privilegios /Solo quería ver libre a Quisqueya. /En el escudo de nuestra bandera /Está el libro de los evangelios /Ay Duarte, ay Duarte. /Qué duro fue Santana contigo /En vez de desterrarte debió coronarte /Dominicanos vamos a meditar /Primero la patria que nuestro bienestar. /Tanto que luchaste por Quisqueya /y no pudiste morir en ella. /Los dominicanos todos a una voz /Viva, viva, vivan /Duarte, Sánchez y Mella.

Salve a Las Mirabal

Hermanas Mirabal, hermanas Mirabal, /Qué mujeres más valientes /Hermanas Mirabal /Nacidas en Salcedo /Coro: Patria, Minerva y María Teresa /Ellas fueron víctima /En la tiranía de Rafael Trujillo /Y ellas murieron por defender su honor y sus ideales. /Las mujeres dominicanas /Han sido muy sacrificadas.

Coro: Hermanas Mirabal, hermanas Mirabal. /Desde Anacaona, Juana Saltitopa, /María Trinidad Sánchez, /Ercira Sagrario Díaz, Mamá Tingó, Yolanda Guzmán.

Salve sobre los Derechos

Mujeres, vamos a exigir todos los derechos que se nos han negado.

La mejor manera para conseguir es formando redes en todo el país.
Hay muchas mujeres abandonadas junto a sus hijos.
¿Dónde están las leyes que nos favorecen?
Hay muchos hombres que nos valoran
Pero todavía existe el machismo.

8
Norma María Cid de la Cruz

"La base de cualquier revolución es el amor"

Alexandra Kollantai, la Rosa Morada
Feminista y revolucionaria soviética

8. Norma María Cid de la Cruz

"Yo sabía de todos los problemas por los que pasaban mis amigas en sus relaciones. Veía otras mujeres que tenían que mantener sus maridos y yo me dije si eso es así prefiero quedarme sola y nunca me casé".

Mi primer nombre es Norma y soy hija de María de la Cruz y Maximino Cid (Fallecido). Nací en Montecristi el día 5 de octubre de 1945. A los 15 días de nacida mis padres se fueron a vivir con mi abuela y mi abuelo paternos a Puerto Plata, donde he vivido toda mi vida. Un tiempo después ellos se mudaron y yo me quedé viviendo con mis abuelos. Somos 8 hermanos, cuatro hembras y cuatro varones.

Nosotros crecimos en medio de muchas dificultades económicas. Recuerdo que a los ocho años de edad, yo y otra niña que vivía en mi casa aprendimos a bordar y hacíamos canastillas para recién nacidos. De esa manera nos comprábamos los útiles escolares. Mi abuela era costurera y con ella aprendí mucho.

Haciendo el 4to del bachillerato comencé a trabajar. Yo tenía diecisiete años. Empecé a trabajar como ayudante de oficina en la Compañía Dominicana de Electricidad (CDE). Ahí trabajé treinta años, dos meses y un día. Llevaba el tiempo bien contado.

Recién comenzando la universidad, mi abuela se enfermó y tuve que dejar mis estudios para atenderla. En 1961 mi padre murió y me abuela se hizo cargo de todos nosotros. Ella también tenía sus propios hijos e hijas. Yo ayudaba atendiendo a mis hermanas y hermanos más pequeños. Mi madre se había ido a Puerto Rico y luego emigró a Nueva York buscando poder ayudarnos.

En mis años adolescentes jugué volibol y softbol y era buena jugadora. Recuerdo que una vez ganamos el primer lugar en un campeonato de softbol. A pesar de haber crecido al lado del mar, casi no nos dejaban ir a la playa. Eso debido a que en el pueblo se supo que se habían ahogado un grupo de personas de Moca que vinieron de paseo a la playa Long Beach. Según decían al remero se le zafó un remo y un tiburón lo haló y volteó el bote.

Ya grande íbamos todas las noches a la discoteca en el Hotel Montemar pero eso cambió cuando me convertí. Yo admito que era rabiosa. Me incomodaba por cualquier cosa. Yo veía personas riéndose y pensaba que se reían de mi. Vivía llena de complejos. Pero un día el Señor me trasformó. Soy cristiana desde los 22 años de edad porque sin Dios la vida no tiene sentido.

Con el transcurrir de los años leí en una revista que "el ocio camina tan lento que todos los demás vicios lo alcanzan" y yo me puse a pensar y qué voy a hacer cuando me llegue la edad de jubilarme. Entonces en conversaciones con un amigo empecé el proceso de aprender a hacer vitrales. El primero no me salió bien, el segundo tampoco pero poco lo fui perfeccionando. Un día mi hermano Peché me dijo estoy construyendo mi casa y quiero que tú hagas el vitral de la puerta de entrada. Lo hice y me quedó muy bien. Quienes visitan la casa de mi hermano siempre dicen algo lindo de ese vitral. También aprendí a pintar y hacer artesanías en repujado en aluminio.

Pero lo cierto es que la vida es difícil. Yo sabía de todos los problemas por los que pasaban mis amigas en sus relaciones. Veía otras mujeres que tenían que mantener sus maridos y yo me dije si eso es así prefiero quedarme sola y nunca me casé. Sé que la gente opinaba mucho pero yo nunca puse atención a esos comentarios. Mi vida es mi vida.

9
María Ignacia De la Cruz (Nany)

"La prolongada esclavitud de las mujeres es la página más negra de la historia de la humanidad"

Elisabeth Cady Stanton
Sufragista estadounidense, abolicionista y figura destacada en el inicio del movimiento por los derechos de la mujer

9. María Ignacia De la Cruz (Nany)

"A mis hermanas también las mandaron a donde yo aprendí a bordar y tejer para que aprendieran pero la única que se dedicó a eso fui yo. Después yo les enseñaba a otras niñas. "

Mi nombre es María Ignacia de la Cruz y me dicen Nany. Ese apodo me lo puso un enamorado que yo tenía; un día, él me preguntó que cómo me decían cuando era niña y yo le dije, Nana, entonces él me dijo: "yo te voy a decir Nany." Y desde entonces, todos me dicen Nany. Soy hija de María Virgen Bourdier (Niña) y Manuel María de la Cruz (Ney); somos 12 hijos, siete hembras y cinco varones. Soy la segunda. Nací un 31 de enero del 1943, en La Sabana de Caballero, una comunidad de Cotuí. A los 14 años de edad, yo quería aprender a bordar, y una señora del pueblo me enseñó. Con ella aprendí a bordar y a tejer. Después ella se mudó a Bonao y me trajo a vivir para acá. Ella no me puso en la escuela, solo me ponía a cocer y también yo le ayudaba en los oficios. Aquí terminé de aprender en la Escuela de Economía Doméstica. Hago muchos trabajos bordados y tejidos, hago zapatitos tejidos, ropas de bebés, blusas, paños de mesa, caminitos, manteles, chaquetas, bufandas, juegos de baño y cortinas. A mis hermanas también las mandaron donde yo aprendí a bordar y tejer para que aprendieran pero la única que se dedicó a eso fui yo. Después yo les enseñaba a otras niñas.

No recuerdo casi nada de cuando estaba pequeña, sólo recuerdo que me gustaba comer donde mi tía. Íbamos al río a lavar y a buscar agua para cocinar y para beber. Cuando dejábamos la ropa con algún sucio, fuíquiti[25], me daban una pela. No me acuerdo de nada cuando tenía menos de siete años, no me acuerdo cuando me inscribieron en la escuela e hice hasta el quinto curso.

Papá y mamá se mudaron del campo de Cotuí para Bonao en el 1963. Cuando llegué aquí a Bonao hice un curso de enfermería, pero le cogí miedo a eso. Se me murió un paciente y yo no puedo ver muertos y querían que yo preparara la mortaja, y no puedo hacer eso; a mi mamá no le pude ni poner la mano cuando murió.

Di clases de manualidades en la escuela de Fátima y ahora estoy enseñando en un proyecto con la Fundación Falconbridge, en la comunidad de Blanco. Allí doy clases de tejido y bordado a niñas y niños de 13 y 14 años. Ese trabajo lo conseguí a través de una amiga, la llamaron a ella y como no podía me recomendó a mí; me llamaron de una vez y me contrataron para dar clases. Empecé en septiembre del año pasado. En octubre firmé un contrato por seis meses. Me pagan 5 mil pesos, me llevan y me traen. Allá también dan otros cursos de manualidades, le enseñan a hacer artesanías, santos de palo que quedan bellísimos, y también dan cursos de computadora y de ajedrez.

Las muchachas de ahora no quieren hacer nada solo brincar, uno les enseña, pero no quieren. A unas muchachitas que viven ahí atrás, les estaba enseñando a bordar y ya hacen un biden (manojito) lindísimo; su mamá quiere que ellas aprendan pero ahora cuando pasan por ahí se agachan para que yo no las vea, no quieren aprender nada. Antes se me sobraban las que querían aprender y ayudar, yo le pago a las que me ayudan, pero ya no quieren. Las muchachas no cogen recomendaciones. De coser no les hables, no te van a coger una aguja, lo que hay que

---

25 Exclamación con que se expresa que una persona lo pasó mal.

recomendarles es que estudien. Si tú las invitas para una discoteca, ellas van felices, pero a coser, ay no. Y no es que este trabajo ha perdido valor, porque si tú haces un trabajo a mano hay que cobrarlo mucho más caro que a máquina.

Antes yo le cosía a Edita Torres y a Tata para sus tiendas en la capital y entregaba trabajos quincenalmente; tenía grupos de muchachas a las que les enseñaba de bordadora y las ponía a hacer trabajos y les pagaba, pero después ¿quién puede coger trabajos contando con ayuda?, ya nadie quiere trabajar eso. No doy abasto en este trabajo. A Gisela, una amiga mía, le estoy haciendo un trabajo porque ella me compró una computadora para mi hijo y se la estoy pagando con trabajos. Solo tengo un hijo. Soy madre soltera.

También trabajo en el Liceo Elías Rodríguez, en el archivo, entré en el 1999, y ya llevo ahí catorce años.

10
Luz Patria Estévez

"De la mujer se sospecha cuando es joven porque desestabiliza la manada y se le rechaza cuando los años pasan porque ha perdido competitividad. Es excomulgada por fea y también cuando es bella. En el primer caso se dice que es repulsiva, en el segundo provocadora.

Cuando no es lo uno ni lo otro la tildan de mediocre"

Carmen Vallejo
Dirigente socialista y política chilena

10. Luz Patria Estévez

"Mi mamá fue y habló con Ercilia Pepín y sus hermanas. Ellas eran cuatro y vivían juntas en un casa de dos plantas que recuerdo estaba ubicada en la Calle 27 de febrero #87, esquina 30 de marzo. Las dos mayores eran Ercilia y Angélica y luego le seguían Juana y Florita".

Mi nombre es Luz Patria Estévez y según mis papeles nací el 28 de noviembre de 1924, pero realmente fue el día 17. Mi mamá se llamaba Olimpia Estévez y mi papá Armando Céspedes. Yo vivía con mi mamá cerca del Colegio Ercilia Pepín, un colegio que aún labora en Santiago. Mi padrastro era mecánico y trabajaba en los aserraderos de los Mera. Ella se juntó con ese señor cuando yo tenía 4 añitos. A él lo mandaban a arreglar tractores bien lejos por esas serranías de pino, y mi mamá no me podía llevar con ella. Entonces me llevó para donde mi abuelita Felícita Céspedes en Laguna Salada, que fue donde nací. Una vez mi mamá le pidió a mi padrastro que me fuera a ver en un viaje que él hizo a Montecristi y yo lo recuerdo porque eso sucedió cuando el ciclón de San Zenón[26]

---

[26] El 3 septiembre del 1930 la capital dominicana sufrió los efectos del más devastador de los huracanes de la época, que fue el ciclón San Zenón.

Mi abuela era una mujer muy sabia. Yo con sólo 5 añitos me ponía a escucharla. Ella decía: "las profecías dicen que los hombres van a andar por los aires (10.1). También dice que no habrá hijos para padres ni padres para hijos y que habrá una epidemia tan grande que va a acabar con la humanidad". Todo eso lo decía mi abuela y todo se está viendo. Por ejemplo, ya los nietos y las nietas no quieren a nadie, sin embargo, yo era loca con mi abuela y mi abuelo.

Luego mi mamá me fue a buscar y me llevó con ella para Santiago. Yo tenía 7 años para 8. Ella fue y habló con Ercilia Pepín (10.2) y sus hermanas. Ellas eran cuatro y vivían juntas en un casa de dos plantas que recuerdo estaba ubicada en la Calle 27 de febrero #87 esquina 30 de marzo. Las dos mayores eran Ercilia y Angélica y luego le seguían Juana y Florita. Ahí me dejaron, en ese colegio que estaba localizado en la calle El Sol antigua Presidente Trujillo y que dirigía Ercilia donde aprendí de todo un poco. Sé pintar, toco un poco de piano, un chin[27] de guitarra. Hago comidas de toda clase, aprendí a tejer y a bordar, puedo cortar brasieres y pantys. También practicaba canto. Ahí fui creciendo y aprendiendo de todo. Me decían la "miquita" porque yo todo lo quería hacer y aprender, como los monos. Si no me hubiera metido en marido, vaya usted a saber a dónde habría llegado. Aprendí muchas palabras en francés y también en inglés. Un día, en el colegio, mis compañeras se rieron a carcajadas porque yo traté de decir en inglés "el agua está caliente". Se reían muchísimo con mis cosas y me decían que yo me parecía al "reguero de Chon García" (10.3), una tienda del pueblo donde ese señor García vendía de todo.

Era un colegio para niñas y la mayoría de ellas eran hijas de personas pudientes. Ercilia era muy buena conmigo, aunque a decir verdad todas las hermanas lo eran. Nunca me dieron un regaño. La que era un poquito seca conmigo y

---

[27] Dominicanismo que significa fracción pequeña de cualquier cosa.

tampoco era que me trataba mal, era la hija de Angélica Pepín, que precisamente las dos teníamos el mismo nombre, Luz Patria. Por eso, para distinguirnos, comenzaron a decirme Niní, pero el apodo más usado era "miquita". Yo estuve en el colegio hasta los 13 años para 14 porque me metí en amores y las hermanas Pepín se enteraron. Ellas me decían: "Niní, ese hombre no te conviene porque es un hombre casado". El tenía 18 años pero era un hombre bonito, muy buenmozo[28] .

Recuerdo que cuando yo tenía como 7 añitos a mí me preguntaban, "¿Patria qué tú quieres ser cuando seas grande?", y yo respondía: "yo me quiero casar con un hombre rico para que me dé una casa y después que me la dé que se vaya." Y así lo hice. Creo que nací "metalizada". Recuerdo que tenía amores con un señor de nombre Tavito Hernández, quien era abogado pero no tenía dinero, lo dejé. Entonces llegó "Fosforito", se enamoró de mí y yo de él. Tenía ese apodo porque no se estaba tranquilo. Hasta para comer era inquieto. Pero él llegó a ser un hombre de dinero después que se juntó conmigo. Él tenía dos carros que los usaba como concho[29]. Sucede que un día nosotros andábamos paseando en coche e íbamos a comer chicharrones a Gurabito y nos topamos con un billetero que le dijo: "Fosforito, juégame éste billete", y él le respondió que no, y yo juchando[30] que sí, que se lo jugara. Entonces después de yo insistir mucho, Fosforito compró el billete y se sacó el premio mayor de la lotería. Tengo que decir que a Fosforito lo conocía todo el mundo, porque también trabajaba despegando los contadores de la luz. Que dicho sea de paso, cuando yo llegué a Santiago no había servicio de

---

28 Referido a hombre apuesto.

29 Vehículo del transporte público.

30 Azuzando, intrigando.

agua ni de luz. La gente se alumbraba con lámparas de aceite o con las jumiadoras[31].

Al sacarse el premio mayor de la lotería, Fosforito puso una fábrica de helados, luego una de queso y mantequilla. Además, tenía una finca sembrada de bija, y puso una fábrica de sazonador y luego otra de salchichón.

Él me puso Mamacita de sobrenombre y un día me dijo: "Mamacita, el día que yo me separe de ti te voy a dejar bien, en buena posición económica". Entonces, estando embarazada de él le pregunté varias veces que cuándo me iba a comprar mi casa. Y el me dijo que esperara a que él vendiera la fábrica de salchichón. Vendió la fabrica y no me hizo la casa. Después yo leí en el periódico: "Fosforito Pichardo vende una finca en la Barranquita". Yo le volví a decir: "me puedes hacer la casa porque ya vendiste la finquita", pero tampoco me la hizo. Ya yo estaba con la barrigota. Y como vi que no tenía intenciones de hacerme la dichosa casa entonces fui donde mi amiga Mercedes (quien mucho después moriría cuando un camión la chocó) y le dije que como ya tenía la barriga tan grande, yo iba a llevar a Fosforito a la corte, porque si yo paría mi hijo, él no me iba a hacer mi casa, y nada mas se ocuparía de mantener al niño. Chita, un señor que era homosexual y quien vivía cerca, oyó la conversación y de inmediato fue y se lo dijo a Fosforito, quien estaba en ese momento sentado en un parque con su esposa, la hija de ambos, su suegra y su mamá. Lo llamó aparte y le dijo, "mira, la muchachita que tú tienes preñada allí abajo dice que te va a llevar a los tribunales porque tú no le has hecho su casa". Fosforito entonces dejó su familia en el parque y cogió inmediatamente para la casa de mi mamá. Cuando llegó nosotras estábamos sentadas en la sala con la puerta de la calle abierta, como se usaba antes. Él entró y de manera autoritaria le dijo a mi mamá que quería hablar con

31 Lámpara rústica de gas y sin tubo. Se le llama así por el mucho humo que echa.

ella a solas en el patio. En el patio de la cuartería[32] donde nosotros vivíamos en aquél entonces había una mata de limoncillo inmensa y escondida detrás del ancho tronco, me puse a escuchar lo que estaban hablando. Oí perfectamente cuando él decía: "mire, doña, yo no voy a seguir más con su hija porque ella me está amenazando con que me va a llevar a los tribunales debido a que no le he construido una casa. Sí, yo le voy a hacer la casa, pero aquí se acaba todo con ella porque no soy hombre que acepta amenazas de ese tipo". Y le contesta mi mamá: "claro que no, Fosforito, no voy a aceptar que mi hija haga eso, porque usted es un hombre decente y bueno". Entonces yo salí de detrás de la mata y le dije a mi mamá: "a usted es que yo voy a meter presa porque usted sabe que este es un hombre casado y que sino me hace mi casa ahora que estoy embarazada tampoco lo hará luego". Y así le callé la boca a mi mamá, quien sólo agregó: "bueno, yo la apoyo a ella porque ella sabe más que yo" Yo sólo tenía 13 años de edad, y Fosforito tendría unos 35.

En ese momento, mi mamá salió a comprar café y él de inmediato me jaloneo y me dio un fuerte empujón. Cuando mi mamá llegó delante de él, la cuestioné de por qué me había dejado sola y le conté lo que él me había hecho. En la noche de ese viernes me comenzaron los dolores. Al otro día mandaron a buscar a la comadrona Niní, y ella dijo: "todavía te falta para parir ese muchacho. Así que no me mandes a buscar cuando te duela un ojo, mándame a buscar cuando te duelan los dos". Me pasé la noche del sábado y parte del domingo con dolores muy fuertes, y cuando sentí que ya no podía más, le dije a mi hermanito que corriera a buscar a la comadrona. Cuando ella llegó me dijo: "si tú no te acobardas vas a parir como a las 11 de la noche". Yo era tan muchachita y estaba muy asustada y la comadrona se daba cuenta. Pero así mismo fue, como a las

---

32 Conjunto de habitaciones usadas como viviendas en los barrios pobres.

11:30 de la noche di a luz a mi muchacho, a quien le puse por nombre José Tomás.

Al otro día, una vecina vio a Fosforito cuando él se dirigía a su finca y le contó que yo había parido. Cuando fue a verme llegó con su cuñado Jaime Sued que era abogado, quien me entregó un paquete de dinero y me dijo: "Doña, tenga este dinero para que usted haga su casa, y tú, Fosforito, déjate de estar teniendo hijos por la calle". Entonces le respondí: "gracias por donarme un altar para que otro me cante misa, y usted tiene razón, yo puedo llegar a ser una doña con una casa, no como la mujer suya que le pegó cuernos. Además si Fosforito sigue teniendo hijos por la calle, es porque anda dándose gusto, ¿o usted no ve la edad que él tiene y la edad mía? Yo soy de un campo pero no vine con el campo en la cabeza." A ese abogado le dio una rabia grande, pero de todos modos me pidió perdón. Y es que yo era muy sabia desde chiquita. La verdad es que nací pobre, pero tratando con los ricos me volví celosa y metalizada. Fosforito siguió yendo a mi casa a ver a su hijo. Encantado con él porque la verdad es que salió bonito el muchachito. Mucho después nos separamos porque él me enseñó a celarlo y yo me impuse a eso y fue una etapa de mucho sufrimiento. Me volví a encontrar con Fosforito como 15 años después y lo encontré avejentado.

Después de eso pasé mucho trabajo y tuve que trabajar en lo que apareciera. Tenía como 18 años. Entonces, llamé a una prima mía que vivía en la capital para pedirle que me recibiera en su casa y ella me dijo que sí. Tuve tan mala suerte que al poco tiempo ella se enfermó y el marido se quiso propasar conmigo. Entonces decidí irme de ahí y le pedí a una señora que vivía cerca que me dejara quedarme con mi niño en su casa hasta que yo resolviera mi situación. Ella vivía con su único hijo de nombre Francisco en el Barrio Obrero que quedaba por donde estaba la Intendencia y la fábrica de aceite de maní. El padre de su hijo era uno de los Bonetti, quienes eran dueños de esa fábrica.

Como era jovencita y además muy bonita, especialmente cuando me ponía mis vestidos bien hechos (a mi me cosía Niña Castro, que era la costurera de Bienvenida, la primera mujer de Trujillo), Francisco comenzó a enamorarme y yo decidí vivir con él. Ese hombre me quería mucho. Me quería tanto que si yo le hubiese pedido una iglesia, él me la hubiese traído con todo y campanario. Pero se murió de un pasmo estando yo encinta de una hembra. Él tenía 26 años de edad. Duramos juntos como año y medio. Quizás, si él no se hubiese muerto yo no hubiera pasado tanto trabajo como el que pasé después. Él me complacía en todo, aunque no estuviera de acuerdo. Recuerdo que cerca de la casa vivía una amiga que era hija del Capitán Zacarías (el chofer de Trujillo que iba con él la noche que lo mataron y que también fue herido), y muchas veces yo le pedí a Francisco que me dejara ir con ella a fiestas que hacían en el club Militar de las Fuerzas Armadas. Si él me decía que no fuera, entonces yo le respondía: "pues si tú no me dejas ir, yo me voy de tu casa y no vuelvo más", y a él no le quedaba otra alternativa que dejarme ir. Su muerte coincidió con la caída del avión en Río Verde que iba lleno peloteros y todos murieron en esa tragedia(10.4). Que dicho sea de paso, ese team de pelota lo formó Fosforito, mi ex marido rico. En ese tiempo conocí a María Trujillo[33] cuando ella estaba embarazada de Angelita. Llegué a oír comentarios de que ni Angelita ni Ramfis eran hijos del tirano, sino hijos de cuernos.

---

[33] María Martínez de Trujillo, esposa del dictador Rafael Leonidas Trujillo, con quien procreó tres hijos: Ramfis (1929), Angelita (1939), y Radhamés Trujillo Martínez (1942).

Luego vivía en una segunda planta de la calle Meriño. En la parte de abajo había una ebanistería propiedad de un español, y ahí fue que le hicieron los muebles de la casa de Angelita Trujillo cuando ella se iba a casar. En ese tiempo yo trabajaba en salones de belleza y entonces conseguí trabajo en un salón donde la peinaban a ella. Angelita siempre llegaba a ese salón de belleza con un guardaespaldas. Pero yo ni por el diablo la peinaba para evitar que por cualquier quítame esta paja yo fuera a caer en problemas. Así que por todos los medios evitaba que me la asignaran a mí. En ese entonces se usaban anchoítas, bucles, ramitos de uva. Ese salón de belleza se llamaba Priscilla y quedaba en Gascue. Duré 8 años trabajando como peinadora.

De ahí me fui a trabajar a la Tienda La Perla que eran dos tiendas, una que quedaba en la Avenida Mella y otra al doblar de la esquina que le decían El Trocadero. La dueña era una turca muy tacaña. Siempre me estaba vigilando para que al cortar la tela no diera de más a la clientela.

Luego me trasladé a la Avenida Mella donde puse un negocio de vender jugo de caña con el que me fue muy bien, tanto así que tuve que poner a trabajar conmigo a dos muchachas, una durante el día y otra en la noche. Un día vino a comprar jugo un señor que era Sargento de A y C[34] del ejército nacional. Era alto y simpático. Sus visitas se hicieron frecuentes en mi negocio y comenzó a enamorarme. En ese entonces yo estaba arreglando mis papeles para salir del país, porque un enamorado puertorriqueño que siempre me escribía mucho y me mandaba postales de la catedral de San Patricio, me había entusiasmado para que me fuera para Puerto Rico. Yo llené mi solicitud de visado y puse como personas honorables que me conocían a Quirino Tió, un

---

[34] Sargento de administración y contabilidad.

primo mío que era capitán del ejército; a Julita Tió, otra prima mía de Mao que tenía mucho dinero, y a Rafael Peralta, que tenía un hotel en San Juan de la Maguana, un lugar donde Trujillo iba a comer en sus viajes al sur. Entonces envié la solicitud con mi pasaporte y el susto que me llevé fue grande porque muy rápidamente me dijeron que pasara a buscarlo. Yo invité a una amiga para que me acompañara en esa diligencia. Mi amiga se llamaba Digna, y murió por asfixia de gas en su apartamento un tiempo después. Su foto forma parte del altar que tengo en mi habitación. Ahí también tengo una foto de Fosforito, de otras amigas y amigos, la de mi hijo, y una foto de mi mamá, con una taza llena de café porque ella disfrutaba mucho tomar café. Mi amiga Digna y yo éramos inseparables. Con decirte que cuando me enfermaba, ella caminaba todo el trayecto desde la Arzobispo Meriño hasta la calle Mella donde yo vivía, a traerme un té caliente. Entonces, salimos mi amiga y yo a buscar mi pasaporte al capitolio (palacio). Al llegar habían dos filas largas y nosotras éramos las últimas. De pronto, un guardia se paró en la puerta y me llamó. A mi se me fue la sangre a los pies. Porque en esa época depuraban a las personas y si se encontraba que alguien había hecho o dicho algo en contra de Trujillo, lo desaparecían para siempre. Temblorosa, caminé detrás del guardia. Sentía pena por mi amiga, de que sin proponérmelo la estuviese metiendo en un problema. Pero al mismo tiempo me decía mentalmente que yo no había hecho nada por lo que se me pudiese acusar. Y todas las personas presentes cuchicheando[35] a mi alrededor. Cuando entro a la oficina, al primero que veo sentado en un escritorio es al guardia que me había estado enamorando y que siempre iba a comprar jugo de caña a mi negocio. Cuando me siento, él me pregunta mi relación con cada una de las personas que yo

35 Murmurar en secreto.

había puesto como referencia. Entonces me dijo: "Quirino Tió fue quien me recomendó para este puesto cuando yo no tenía trabajo, así que yo te voy a mandar tu pasaporte visado de inmediato. Pero tú no vas a viajar porque yo estoy enamorado de ti y me quiero casar contigo". Salí contenta.

Mientras tanto, yo seguía con mi negocio de jugo de caña y comencé a venderlo todo. Tenía un juego de cuarto de dormir hermoso y se lo vendí a una muchacha que por otra coincidencia de la vida, muchos años más tarde, vino a Nueva York y se casó con un primo hermano mío. Ella le contó a mi primo que cuando ella se casó por primera vez, me había comprado un juego de cuarto hermoso. Variable la vida, ¿eh?

Ya me había metido en amores con el guardia Santiago Fañas Rivas. Él me paseaba por aquí y por allá. A mí me gustaba bailar mucho pero a él no. Decía que como era tan alto y sobresalía por encima de todas las personas que estaban bailando. prefería quedarse sentado viéndome bailar. Yo bailaba bonito. Un poco después decidimos vivir juntos. Él había estado casado anteriormente y comenzó a hacer los trámites para divorciarse. Tuvimos un hijo. Al año de yo tenerlo mataron a Trujillo. Ya nosotros vivíamos en una casa nueva que un hermano mío nos había prestado en el Ensanche Luperón. Al lado vivía un calié y un día venía una turba grande a tumbarle la casa. En ese momento le dije a mi esposo que como él era militar, lo mejor era salir del país. Yo quería evitar que también dañaran la casa de mi hermano. Fañas estuvo de acuerdo. Ya mi mamá, quien también vivió en esa casa, se había ido a Nueva York.

Fui de nuevo a sacar mi pasaporte y cuando me buscaron en el archivo me dijeron que no podía viajar porque mi mamá se había quedado ilegal en Nueva York. Salí de ahí con el propósito de sacar un pasaporte a como diera lugar. Y es que cuando la suerte protege a uno, uno no tiene que buscarla. Alguien me había dicho que había un cónsul en

Santiago que estaba visando muchas personas. Hablé con un primo para que me llevara y otra muchacha y yo nos fuimos con él. Cuando llegamos y entro a la oficina, a la primera persona que vi fue a una prima de mi hermano mayor por el lado de su papá. Ella era Gracielita Fermín, la secretaria del cónsul. De una vez le dije que estaba buscando visa para ir a visitar a mi prima Celia Espinal en Puerto Rico. Cuando ella le entregó mi pasaporte al cónsul le dijo que nosotras éramos familia. De inmediato, el cónsul me dio un papelito con las instrucciones de lo que tenía que llenar en letra de molde. Así lo hice y casi de inmediato recibí mi pasaporte visado. Yo pensé: "¡me voy para Nueva York!"

Pero mi marido no quería irse y me dijo que me fuera primero, que luego el pediría la baja porque ya era Sargento Mayor. Todavía el divorcio no le había salido. Yo a él lo quería mucho y pensé que cuando nos reuniéramos de nuevo en Nueva York, se casaría conmigo. Entré a los Estados Unidos un 19 de octubre de 1962. Él me había asegurado que a más tardar el 10 de enero estaría conmigo. Dejé a mis cuatro hijos en Santo Domingo. Al más pequeño lo dejé con la mamá de él, una hermana y una sobrina. Yo sabía que iba a estar bien cuidado.

Tan pronto llegué aquí lo primero que hice fue comprar un trabajo, o sea, pagué para que me pusieran a trabajar. A las dos semanas de estar trabajando me dieron lay-off, me despidieron, porque eso era como un negocio para ellos. En ese tiempo, Nueva York era diferente. Había mucho trabajo. De un trabajo se pasaba al otro. Mientras tanto, yo estaba carteándome y esperando por mi marido. Él me mandó una carta donde me decía: "Patria, si Viriato Fiallo[36] gana las elecciones, tú vuelves para acá, porque yo no

36 "El profesor Juan Bosch ganó el 20 de diciembre de 1962 las primeras elecciones democráticas luego de tres décadas de férrea dictadura de Rafael Leonidas Trujillo Molina al obtener 619,491 votos. Su más cercano contendor, el doctor Viriato A. Fiallo, de Unión Cívica Nacional, logró 317,327." Tomado del artículo "Juan Bosch

me voy. Pero si gana Juan Bosch, enseguida me iría para allá". Yo comencé a comprar utensilios eléctricos, tostadora, olla de presión, en fin, todo que pude comprar, porque si me iba me los llevaba y si me quedaba lo usaríamos por igual. Pero los hombres son unos desgraciados. Yo realmente estaba esperando que ganara Viriato y perdiera Juan Bosch. Pues perdió Viriato Fiallo y ganó Bosch en 1963. Y de todas maneras, mi marido me mandó a decir que no iba a venir porque había decido quedarse en el ejército ya que le ofrecieron mandarlo a Panamá a hacer un curso y me dijo que me quedara en Nueva York. Se fue a Panamá y desde allá me escribe: "Patria, las cosas no son como se las pintan a uno. Aquí estoy careciendo hasta de cigarrillos." Entonces, yo cogía 25 dólares de los 50 que me ganaba semanal y se los enviaba a Panamá. Yo ganaba más que el promedio de trabajadores porque trabajaba los sábado y los domingo. Todo era más barato en ese tiempo: los token[37] costaban 10 centavos, el pollo 25, y un saco de azúcar 10, así que no gastaba mucho. En otra carta que me llegó desde Panamá cuando ya yo había entrado a trabajar como modelo de "samples" (muestras) de una fábrica, Fañas me decía que se quedaba en su país porque él no iba a venir Nueva York a fregar platos y limpiar pisos. Yo nunca lo llamaba por su nombre, sino Fañas, que era su apellido. Pero ese día le escribí la siguiente carta: *"Santiago, no creas que pretendo seguir un tren de cartas, pero me he visto en el perentorio caso de escribirte esta delicada carta en la cual destaca toda tu caballerosidad* (esa carta nunca se me ha olvidado y llegué a reescribirla para otras personas sólo con algunos cambios*). Angustiada por la actitud tomada por ti, he decidido escribirte no*

gana elecciones de 1962 con 59.53% de votos frente a Viriato Fiallo", escrito por Hector Minaya, y publicado en la edición digital del periódico El Nacional, el 23 septiembre del 2014.

37 Ficha en desuso que se usaba para entrar a los trenes de Nueva York.

para rogarte que vuelvas a mí, ni para tratar de lastimar un orgullo que tú no tienes ni conoces. Porque las personas como tú, que adolecen de principios morales, nada les afecta. No te creas que atada por el egoísmo, el amor me impulsa a tener ningún sentimiento con respecto a tu persona, no, Santiago. Yo siempre me he sentido muy segura de mí misma y si en algo pude haberme equivocado, ese algo fue haber tenido relaciones contigo. Tú fuiste la mayor equivocación de mi vida. Un título, dinero o ropa hacen a la persona insignificante, gente. Con ese don se nace y uno nunca tuerce ese destino. Tal vez te entiendes muy bien con la que te rodea (yo ya sabía que él se iba a casar con otra). Ella es tu igual. Yo tuve la esperanza de ser tu verdadero nivel, pero desgraciadamente el mes pasado cuando recibí tu carta, me acabé de decepcionar y todo lo vi como es en realidad, eres demasiado bajo tú no tienes concepto ninguno. Tu inmoralidad deja mucho que decir ante mi persona y mi familia. Yo te agradezco que para que tú me hicieras esto estando en Santo Domingo, mejor me lo hicieras estando yo aquí en Nueva York. Porque aquí es donde los niños y los perros valen más que un hombre. Tal vez tú tienes la idea de llegar a ser un presidente, pero no te olvides que hoy no se sabe donde descansan los restos de Trujillo. Yo te auguro que algún día te expulsarán de donde estás por indeseable. Y no te olvides que la vida es triste y muy variable. Y por delicadeza de mujer, yo no quiero seguir escribiéndote todo lo que mi corazón me dicte. Fin".

Yo realmente aprendí a redactar cartas bonitas y con mucho contenido. Cuando le mandé esa carta, él se la enseñó a mi hermano y a toda mi familia, como disculpándose para que cuando él se casara dijeran que fue porque yo lo dejé. Poco tiempo después estalla la guerra de abril; ya a él lo habían ascendido a teniente y se metió a pelear junto a Caamaño Deñó. Luego cayó preso junto a otros nueve tenientes. Me contaron que a él le tenían la boca tapada con *tape* para que no pudiera hablar cuando lo iban a visitar. Luego lo deportaron y se fue a España, y luego a

Nueva York, donde nos volvimos a ver años más tarde. De esa relación tengo dos hijos.

Por mi parte, seguí de un trabajo al otro y un día iba con una amiga por una calle buscando trabajo y había un señor judío parado en la puerta de un edificio. Con el poco español que hablaba, nos invitó a entrar y de una vez nos dejó trabajando. Era un lugar para preparar comidas porque ellos abastecían a muchos restaurantes. Había un cuarto frío inmenso donde almacenaban comida de un año para otro. Ahí aprendí a preparar una variedad de platos judíos. Sin embargo, cada vez que entraba un señor con un portafolios, yo creía que era un inspector de migración. Me asustaba y me ponía muy nerviosa. Pero la suerte cuando cae del cielo uno no la puede desaprovechar porque la suerte casi nunca viene dos veces. Digo eso porque un día el "boss" (*patrón*) me vio triste y me preguntó "what happen?" (¿qué pasa?), y yo le respondí que como estaba indocumentada tenía mucho miedo. El me dijo "yo te puedo ayudar, averigua cuánto cuesta el proceso". Así lo hice y luego él me dio los $200 que costaba en ese entonces el trámite de la residencia. Hice los papeles con un abogado muy conocido en ese entonces de apellido Marchete que llegó a viejo haciendo residencias a cientos de personas. El me mandó a recibir mi residencia a Halifax, Nueva Escocia, en Canadá. Entonces viajé a buscar mi residencia y de casualidad lo estoy contando, porque al regreso el avión se cayó. En ese viaje iban dos mujeres de Mao apellido Madera (el esposo de mi hija Asia es apellido Madera, de Mao) y dos de Montecristi que yo había conocido en las oficinas del abogado. Estuvimos tres días en un hotel, y al regreso, el 10 de marzo de 1964, el avión se encontró con un mal tiempo durante el vuelo. Estábamos supuestos a aterrizar en el aeropuerto La Guardia pero el avión cayó al agua, cerca de Boston. la verdad es que nadie se muere antes de su hora, porque yo me senté en un asiento delantero y vino una aeromoza y me dijo que me cambiara porque mi asiento era en la parte de atrás. Cuando el avión cayó en picada murieron todas las personas que ocupaban los asientos delanteros. Era un avión de 60 pasajeros y en medio de la turbulencia sentí como si las alas se le hubiesen desprendido. Subía y bajaba. Todo estaba oscuro. En algún momento me atreví a mirar por la ventanilla y vi a los lejos un arcoíris. Es terrible cuando uno siente que ya la muerte es segura. Estuve en coma por varios días y me desperté en un hospital. La primera persona que vi al abrir los ojos fue a Julita Tió, mi prima. Mi cuerpo quedó marcado por cicatrices.

Viajé a mi país durante la guerra de abril, a buscar a mi hijo que ya tenía 4 añitos, porque mi mamá, a quien le había cogido la guerra allá, me mandó a decir que ella no podía ir con el niño al consulado para su visado. Para viajar tuvieron que inyectarme un sedante, por todo mi miedo ocasionado al haber sido parte de una tragedia aérea. Entonces, cuando fui con el niño al chequeo médico, me dijeron que como estaba tan desnutrido quizás no lo visarían. Como mi hijo hablaba mucho le pregunté que si no le daban leche en la casa y él contestó: "me dan la que deja mi hermanito en el biberón". Ya Fañas, mi ex marido había procreado otro niño con la mujer con la que se había casado. Su madre se había muerto y la hermana no vivía en su casa. Pero tuve la suerte de que el doctor me consideró en cómo escribió los resultados de los exámenes médicos hechos al niño, y a mi hijo me lo visaron. Duré 20 días en el país; la guerra de abril del '65 estaba en su apogeo, y el ruido de los frecuentes tiroteos no nos dejaban dormir. Regresé a Nueva York a mi apartamento en la Calle 135 con Avenida Amsterdam que me había comprado el *boss* porque ya yo estaba enredada[38] con él. Ese apartamento tenía cuatro habitaciones y yo pagaba una renta mensual de $85.00

---

38 Metida en amores.

dólares. De ahí tuve que salir unos años después porque en esa manzana completa iban a derribar los edificios para seguir ampliando el City College. A mi me pagaron $100 dólares por cada cuarto del apartamento. Pronto se terminó la relación con el boss porque lo encontré con otra en el cuarto frío de su empresa. En ese mismo momento, me quité mi mandril y me fui de ese trabajo. En 1967 me mudé para la Calle Sickles, y desde entonces vivo por la zona de Inwood. En 1972 se me quemó mi apartamento con todo lo que tenía dentro y tuve que mudarme a este donde vivo actualmente.

Luego entré en otra relación con un hombre que me quiso mucho, pero de la misma forma me celaba. Le fascinaba retratarme a cada momento, colando el café, limpiando la casa, peinándome, sentada o acostada. Tengo álbumes llenos de fotos de ese tiempo. Todos los días me dejaba un papelito con algo escrito y finalizaba la nota diciendo: "quien no te deja por nada ni por nadie". Pero como a los dos años y estando yo embarazada, él comenzó a maltratarme y llegó a golpearme. Entonces decidí dejarlo. Recogí la ropa que pude llevarme para mis dos niños y para mí y salí de ese apartamento para siempre. Con él tuve un hijo que ya murió. Nunca dejó de llamarme. Lo volví a ver después de 38 años cuando vino al velorio de su hijo. El murió tres meses después. Tenía 67 años.

De 1966 al 1968 estuve sin trabajar porque me hicieron una cesárea y me vi en la necesidad de coger asistencia pública. Ese fue el único tiempo que no trabajé aquí en Nueva York desde que entré a éste país. Después de esa pausa y ya con mis hijos e hijas conmigo, conseguí un trabajo y me dijeron que también llevara a mis hijos mayores para que trabajaran allí. Mi hija Asia dijo que no porque ella quería estudiar y así lo hizo, y hoy es profesora en el sistema de escuelas públicas de esta ciudad. Entonces nos fuimos a trabajar mi hijo, mi hija Negrita y yo. A través de una amiga se le consiguió una escuela a Asia donde estudiaba y le pagaban. El primer día que llegamos a trabajar, cuando me estaban entrenando -había que aprenderse los números asignado a cada color de ropa, el blanco era 99, el rojo era 60, el negro era 10, y así sucesivamente- oigo una mujer hablando muy alto como si estuviera dando órdenes y diciendo: "no, porque eso no se puede poner ahí, porque si esto o lo otro". Yo me dije a mi misma: "esa tiene que ser dominicana", y se lo pregunté al supervisor que fue quien me había conseguido el trabajo. El me dijo que sí, que ella era dominicana y se llamaba María Rivas y su esposo era Santiago Rivas y también trabajaba allí, pero en otro piso. Me quedé con la boca abierta y sólo dije: "¡pero ese es el papá de dos de mis hijos!" Variable la vida, ¿eh? Es que mi vida es como una novela. A la hora del lunch (almuerzo) pasábamos a un comedor inmenso lleno de mesas con cuatro sillas, un espacio precioso con grandes pinturas adornando las paredes e hileras de máquinas de monedas con dulces, sodas y cigarrillos. Habían también hornos pequeños donde podíamos calentar la comida. Con decirte que esa compañía nos daba los diez tokens de la semana pegados al cheque (10.5). Entonces, a la hora del almuerzo, mi hija y yo estábamos sentadas en una mesa cerca de la puerta y entró la María, la que le daba la sobra de leche a mi hijo, y cuando pasaba a mi lado le agarré una mano y le dije: "pon tu lunch ahí que yo quiero hablar contigo". Ella se sentó y le dije: "yo soy la que era mujer de Santiago Faña, tu marido. Pero quiero que sepas que tú no me lo quitaste, yo lo dejé atrás. Porque la ausencia es causa del olvido. El se casó contigo y yo me casé con otro, a quien él no le da ni por los tobillos. Te agradezco lo que hiciste con mi hijo. No importa si fue para bien o para mal, porque realmente tú no eras su mamá. Si tú me ves hablando con tu marido, no tengas miedo porque lo nuestro está enterrado. Pero quiero aclararte que si mis hijos lo llegasen a necesitar, él va a tener que mantenerlos". Ella comprendió que era verdad lo que yo estaba diciendo. A la salida lo vi a él y también le dije la verdad en su cara y seguí caminando.

Al año de estar trabajando ahí, se dio la situación de que una de las modelos quedó embarazada y necesitaban a alguien para sustituirla y entre todas las mujeres me seleccionaron a mí porque era delgadita. Ahí duré diez años quitándome y poniéndome ropa. Yo no compraba ropa, porque todo lo que me medía me lo regalaban. Yo le regalaba ropa a mucha gente en Santo Domingo. Pero me cansé porque nunca me pagaron lo que ganaba la otra persona que sustituí, a quien le pagaban $40 la hora. Yo redondeaba $500 dólares a la semana haciendo muchas cosas extras. Iba a la factoría con mi guagua repleta de personas que trabajábamos juntas y me pagaban por ello. Tejía en mi hora de lunch. Vendía billetes. Abría sociedades (sanes). Prestaba dinero. Todo eso lo hacía en el horario de mi trabajo. Me la buscaba. Después de 15 años, dejé de trabajar allí.

Tengo un hijo que trabaja en el Museo del Indio Americano. Cuando él era un bebé, yo le cantaba la siguiente canción de cuna que me inventé:

Duerme, duerme, niño mío
en la noche silenciosa
mientras todo reposa
en la tierra y en el mar.
Que te arrullen en tus sueños
como música divina
el rumor de la colina
y el susurro del palmar
Duerme, duerme sin congojas
y penurias poderosas
ni un sueño pavoroso
que produce y rinde el mal.
Cuando crezcas, hijo mío

lucharás por la victoria
y serás amor y gloria
de tu pueblo Siboney
Serán tuyos estos campos
que bendije el Gran Baigué
duerme, duerme que el cacique
serás tú el Camagüey

11

Lelia Caterina Galiotto

"No creo que esté aquí de más.
Aquí hace falta una mujer, y esa mujer soy yo"

Aída Cartagena Portalatín
Poeta, narradora, historiadora
y educadora Dominicana

11. Lelia Caterina Galiotto

"A pesar de tener ya 60 años viviendo aquí y hablando español, todavía conservo el acento de mi lengua materna. Debo decir que me encanta la gastronomía de este país, pero jamás he podido comer plátanos".

Mi nombre es Lelia y nací el 14 de agosto del 1929 en un lugar llamado Vallorcola, perteneciente a la comune de Trissino en la Provincia Vicenza en Italia. Mi madre se llamó Evelina Pellizzari y mi padre Pietro Galiotto. Según relataban los adultos de mi familia, mi padre murió luego de un largo internamiento en un hospital, cuando yo apenas tenía tres años de edad por lo que no guardo recuerdo alguno de él. Se decía que murió de un cáncer que supuestamente se le formó en el estomago luego de haber recibido un golpe con el tronco de un árbol que transportaba junto a otro señor. Cada uno sostenía el tronco por un extremo, el que iba delante chocó la punta del palo con otro árbol y eso ocasionó que a la persona de atrás, mi padre en cuestión, quien sostenía la otra punta, recibiera un fuerte golpe en el estómago.

Soy la penúltima en mi familia. Tuve dos hermanas: María, quien murió muy joven y Angela que sigue viviendo en el pueblo donde nací y nunca se casó. El más pequeño se llamaba Luigi y le decíamos cariñosamente Gigio.

Mi familia contaba con escasas propiedades que nos servían de sustento. Ante la falta de mi padre, nosotras teníamos que trabajar la tierra y cuidar de los animales. Yo por ejemplo tenía la responsabilidad de darle de comer a los gansos y patos, ordeñar las pocas vacas e ir diariamente a pie a llevar la leche a la quesería. Nos pagaban cada dos meses porque así era el acuerdo de pago.

Mi hermano, el único hijo varón, no llegó a trabajar tanto como nosotras porque fue el más pequeño y a la vez el más consentido, sobre todo por las abuelas. Al no haber una figura paterna en el hogar, ambas abuelas estuvieron muy pendientes de nuestra familia, tanto en lo económico como también dando apoyo moral.

Mi niñez y mi adolescencia transcurrieron en el mismo lugar donde nací. Llegué al quinto grado pero estábamos en guerra y los estudios no era lo prioritario, sino sobrevivir. Me gustaba mucho leer. Cuando llevaba los animales a beber aprovechaba y me sentaba a leer lo que apareciera. Me distraía tanto que los gansos se me escapaban. Mi hermana Angela se mofaba de mi porque según ella, yo leía hasta los papeles sucios y arrugados.

Los inviernos eran muy fríos y no existía en aquellos tiempos calefacción eléctrica ni de ninguna otra índole. Entonces nos veíamos obligados a reunirnos por las noches en los establos, junto a las vacas, porque ellas nos proporcionaban calor. No nos importaba el desagradable olor de las heces del ganado.

Desde muy niña viví los estragos de post guerra ocasionados por la Primera Guerra Mundial y aún adolescente empezó la Segunda Guerra Mundial. Recuerdo que yo vivía presa de pánico, ya que los aviones del ejército enemigo sobrevolaban la zona bombardeando y causando muchos daños. En las noches no podíamos dejar ninguna luz encendida, por tenue que fuera, porque ello alertaría a los pilotos de dónde se concentraban nuestras viviendas. Recuerdo un avión que sobrevolaba la zona y fue derribado cayendo a tierra en pleno invierno. Al caer ese avión encendido en llamas derritió la nieve que había en la zona.

Yo vi los restos humanos del piloto. Un brazo que se había despegado del cuerpo tenía un reloj de pulsera. Ver todo eso me traumatizó y por años no podía estar sola en la oscuridad ni dormir a oscuras.

Compartiendo con otras familias del lugar y en mi adolescencia inicié una relación sentimental con un joven también nacido y criado en el mismo pueblo. Su nombre era Andrea Faggion y lo apodaban Adriano. El también era un adolescente y yo era un año mayor. Adriano era un gran bailarín y recuerdo que él se iba a bailar a los pueblos vecinos acompañado de sus amigos. Yo no bailaba pero tampoco me dejaban ir con él . Como única diversión estaba el ir al cine. Siempre recuerdo de esa época la película "Tarzán de los monos".

Al terminar la guerra todo era devastación. Casi no habían trabajos y tuve que ir a trabajar a un pueblo vecino. Fui a un Brefotrofio donde también había trabajado mi abuela. Era un lugar donde se albergaban a niños y niñas abandonados ya fuera porque sus madres y/o padres no los podían atender, o porque estaban en peligro de ser abandonados, no necesariamente huérfanos. Allí se les asignaba una identidad. Pero como las oportunidades de trabajo eran tan pocas, o escogía entre el trabajar en la seda, lo cual no me atraía mucho porque le tenía miedo a los gusanos o el de cuidar niños y niñas y me decidí por esa última opción.

En esos tiempos de guerra todos los hombres en edad de ser soldados se habían ido porque los habían enrolado, lo quisieran o no, para estar en las filas del ejército y estar en los campos de batalla. Las mujeres en los hogares debían suplir la falta de los hombres haciendo todo tipo de trabajos, desde labrar la tierra, ordeñar, etc.

También al finalizar la guerra en la zona hubo muchas epidemias y pestilencias. Yo como muchas otras personas contraje fiebre tifoidea. Mi mamá me tenía un cuidado especial. El producto de mis deposiciones ella los enterraba en un hoyo de casi un pie de profundidad que ella cavaba en la tierra para evitar más contagios. También, como consecuencia de esa enfermedad perdí todo el pelo de la cabeza. Por suerte el pelo me volvió a nacer luego que me curé. Un dato curioso es que mi abuela también fue afectada por el tifo. Ella ya tenía el pelo canoso, o sea, blanco, y lo perdió al igual que yo. Cuando le volvió a nacer le nació de color.

Nosotros vivíamos en el norte y en mi pueblo solían decir que a la gente del sur no les gustaba mucho bañarse y que también habían pasado mucha hambre. Dicen que pasada la guerra les llegó de parte del gobierno central un furgón lleno de jabón. Ellos se lo comieron porque dizque creyeron que eran barras de chocolate.

Así las cosas, se formalizó lo de mi noviazgo con Adriano a quien conocía de toda la vida. El, como todos los jóvenes italianos, no tenía trabajo. Su familia decidió enviarlo donde un tío que vivía en el sur para que trabajase con él y aprendiera el oficio de construcción. Un día partió hacia el sur. Trabajó en una mina de carbón donde tuvo un accidente muy serio al caer de una de las galerías al fondo de la mina. El resultado fue una pierna rota por varias partes y como consecuencia una hospitalización muy larga. Regresó al pueblo y ya recuperado decidió irse a América en busca de nuevos y mejores horizontes. Fue donde el párroco del pueblo y se confesó. El sacerdote le regaló una biblia la que conservó durante toda su vida aunque nunca dio demostración alguna de ser creyente.

Partió en un barco que llevaba por nombre Américo Vespucio. La travesía fue muy larga según me contaba en sus cartas. Llegó a Caracas al cabo de un mes con el semblante transfigurado de tanto vomitar y marearse por efecto del movimiento del barco.

Nuestra relación continuó por correspondencia. Un buen día recibí una carta donde me enviaba el pasaje para que ya viajara a reunirme con él en un país llamado República Dominicana. Allí nos casaríamos. De modo que le acepté la propuesta a sabiendas que no tenía la menor idea de hacia donde me dirigiría.

Mi viaje ocurrió cinco años después de su partida. Viajé en un avión cuatrimotor que hizo escala en las Islas Azores para abastecerse de combustible y en la ciudad de Caracas. Allí tuve que pernoctar para volar de nuevo al día siguiente con destino al aeropuerto General Andrews en la entonces Ciudad Trujillo. En mi equipaje traía todo mi ajuar de novia: el traje, el velo, los zapatos, los guantes, sábanas y otras lencerías que mi hermana y mis amigas bordaron para mi.

Efectivamente, al arribar a la capital dominicana, mi novio me esperaba luciendo unas gafas Ray-Ban y en un auto moderno para esa época, luego me llevó a almorzar a un restaurante. El menú era completamente desconocido para mi: bistec encebollado, acompañado de algo redondo que aquí llaman tostones. Lo comí y todo bien. Al día siguiente me sentía mal, con deseos de vomitar, con una indigestión inminente. Luego vomité, se lo atribuí a esa cosa redonda que decían eran plátanos machacados y fritos y nunca jamás volví a comerlos. Todos los alimentos que ofrecía esta hermosa isla los probé y me adapté a ellos, menos los plátanos y otros víveres de la misma familia.

El destino final era Gaspar Hernández, la ubicación del campamento donde residían todos los extranjeros que trabajaban para la compañía Del Conte & Alasia. La misma estaba encargada de la construcción de la carretera que iba bordeando el mar desde Puerto Plata, pasando por Sosúa, Cabarete, Río San Juan, Nagua, Sánchez hasta Samaná.

Llegué allí en agosto de 1957. Me recibió una señora italiana muy atenta que fungía como administradora y encargada del campamento. Ella me alojo en su vivienda, hasta que llegara el momento de celebrar la boda.

El primer día que dormí en esta isla, al despertar escuchaba el sonido de unas aves y otros animales, lo que evocaba en mi el recuerdo de la película "Tarzán de los monos" que había visto en mi adolescencia en Italia.

En este país desconocido comenzó lo que fue al mismo tiempo el mejor y el peor tiempo de mi vida. Mejor, porque había llegado hasta aquí conducida por el mejor de los sentimientos, el amor por mi novio con quien mas adelante forjé mi familia de cuatro hijos(as). Peor, porque no conocía a nadie, no conocía el idioma y no me adaptaba a las costumbres. Pero con la ayuda de Dios y con el poder del amor salimos adelante.

La boda se celebró el día 8 de septiembre justo al mes de haber llegado a éste país. Fue en la iglesia de Gaspar Hernández. Asistieron todos los compañeros de trabajo de Adriano -todos extranjeros que laboraban en el mismo proyecto. La persona que cantó el Ave María era la madre del reconocido político y hombre público Víctor Gómez Bergés. Durante la boda habían muchas cámaras fotográficas, sin embargo todas las fotos salieron dañadas. Creo haber visto sólo una o dos fotos apenas.

Meses después recibo un mensaje de parte de la hija del gobernador de la Provincia con el requerimiento de que le prestase el ajuar completo que usé para casarme. Ese hecho me extrañó mucho porque jamás en mi país había visto que las ropas se prestaran y mucho menos las del casamiento.

Adriano se iba a trabajar y yo me quedaba sola en la casa. Cuando iba al colmado a comprar algunas viandas u otras cosas que necesitaba para cocinar tenía que entrar y tocar o señalar el producto como por ejemplo el arroz o el azúcar porque no sabía cómo decirlo en español.

Al concluir la obra de construcción de la carretera, mi esposo se ve obligado a buscar otros horizontes. Nos mudamos a Bonao y él comenzó a trabajar en otra empresa constructora llamada "La Elmo".

Así que mi esposo se dedicó a la construcción de puentes y carreteras y yo me dediqué por entero al hogar y a la crianza de mi hija primogénita, Elvis quien nació de 11 libras. La labor de parto fue muy traumática y en medio de tanto sufrimiento me dije que no volvería a tener más hijos. La cosa es que mi esposo en ese tiempo le gustaba salir a cazar y siempre regresaba cargado de perdices para que yo me alimentara bien en mi embarazo y la niña nació de sobrepeso.

Al principio vivíamos en casas alquiladas hasta que mi esposo construyó la casa que yo había soñado, con espacio para un jardín y un huerto. Dediqué mucho tiempo al cuidado del jardín y a cultivar el huerto los que con el tiempo se convirtieron en la admiración de quienes pasaban por el frente de mi casa. En mi escaso tiempo libre yo también tejía a dos y tres agujetas. Siempre me tejía mis propias medias. Aún hoy conservó medias de aquella época.

Aquí en Bonao comenzamos a conocer nuevas personas, quienes con el tiempo se convirtieron en nuestros amigos para siempre y quienes llegaron a ser como nuestras familias. Pronto nos nace el segundo hijo Emireno y dos años más tarde nace Aldina la tercera. Nueve años después nos llegó Angelina. Yo ya tenía 45 años cuando nació mi última hija y fue como comenzar a criar de nuevo. Todos mis hijos cuando llegaron a la etapa de ir a la escuela los inscribimos en el Colegio La Altagracia y yo me dediqué a apoyarlos en su proceso educativo.

Como sucede en la mayoría de los matrimonios, con el tiempo llegan los problemas. Mi esposo y yo tuvimos desavenencias. Por ejemplo, a mi me gustaba criar gallinas para tener huevos frescos para la familia. Un día a él se le ocurrió traer un perro a la casa. Yo no estuve de acuerdo porque estaba acabando con mis gallinas. Al final él se salió con las suyas porque el perro se quedó en casa y yo me quedé sin mis gallinas.

Ya habían transcurrido 17 años desde que partí de mi tierra natal sin haber regresado a ella. Cuando mi hija mayor tenía 15 años y la última tan sólo un añito fue cuando regresé a visitar a mi familia y mi tierra. Luego volví a viajar a Italia cuando mi hija pequeña se casó y al nacimiento de un nieto. Ahora son ellos quienes vienen a visitarme. También regresé a cuidar de mi madre por un tiempo porque comenzó a sufrir del Mal de Parkinson. Mi esposo viajó menos que yo, sólo fue en dos ocasiones. La acogida que nos dieron en este país nos llevó a acomodarnos y a quedarnos a vivir aquí de manera permanente.

Los hijos de mi primera hija Elvis heredaron el espíritu aventurero de mi esposo y ya se fueron a vivir a Estado Unidos.

Mi esposo falleció en el 1997 a la edad de 67 años y lo sepultamos aquí en Bonao. Yo ya tengo 87 y no quiero volver a viajar. Me gusta el clima y la hospitalidad de esta tierra quisqueyana. Tengo nueve nietos y cuatro biznietos. Estoy con problemas de salud ya que casi no oigo y mi visión es poca. Como siempre fui tan activa a veces me enojo porque me tienen que atender y además porque paso mucho tiempo sentada. Con frecuencia tengo dolores pero nunca tomo calmantes. Me alegra sentarme en una mecedora a mirar lo que queda del jardín.

A pesar de tener ya 60 años viviendo aquí y hablando español, todavía conservo el acento de mi lengua materna. Debo decir que me encanta la gastronomía de este país pero jamás he podido comer plátanos.

12

Lidia Dolores Gómez (Yoyó)

"La mayor señal del éxito de un(a) profesor(a) es poder decir:
"ahora los(as) niños(as) trabajan como si yo no existiera"

María Montessori
Pedagoga, científica, médica, psicóloga y
filósofa italiana creadora del "método Montessori",
que renovó la enseñanza de niños(as) y adultos(as)

12. Lidia Dolores Gómez (Yoyó)

"Puedo decir que fui feliz alfabetizando. Centenares de niñas y niños fueron alfabetizadas(os) por mí y muchos de ellas y ellos hoy son profesionales en distintas disciplinas".

Nací el 27 de marzo del año 1942 en Hato Nuevo, Mao. Mis padres fueron Desiderio Gómez Peña, un padre ejemplar que lo dio todo por su familia, y Altagracia Martínez Almonte, una madre abnegada, dedicada a sus hijas e hijo. Éramos cinco hermanas y un hermano: Josefina, yo, que fui la segunda hija, Blas, Elizabeth, Eridania, e Ibelka.

Vivía en el campo y estudiaba en Mao donde llegué hasta el 8vo grado. Viajaba todos los días de Hato Nuevo a Mao para ir a la escuela Juan Isidro Pérez. De pequeña me encantaba andar detrás de mi papá en los aserraderos. El tenía una fritura en la localidad de Palo Amarillo y también vendía guaya'o. Yo tenía 12 años de edad y lo ayudaba; cocinaba, cargaba el agua en un burro para los puercos, y daba hasta 20 viajes. En ocasiones, cuando yo salía de clases en la escuela primaria, aprovechaba y me iba al mercado a comprar plátanos y carnes para salarlas. Por las mañanas, antes de irme a la escuela, dejaba la carne salada tendida al sol para que luego mi papá se la llevara para la fritura. Mamá me decía que no hiciera tantas cosas. Pero eso me formó, porque cuando mis hermanas menores decidieron estudiar, yo tomé el mando y chelito que ganaba, chelito que ponía para ayudarlas a que siguieran estudiando. ¡Qué bueno que mi hermana Elizabeth se hizo médico, Eridania es Ingeniera Agrónoma e Ibelka es Bioanalista! Mi hermano Blas fue militar por mucho tiempo.

A los 20 años me enamoré, y lástima que puse mi mirada en alguien equivocado. Eso ocurrió cuando me fui a la capital a estudiar comercio. Regresé en 1965, el año de la Revolución de abril, con la expectativa de encontrar trabajo. Mi amigo Epifanio Rodríguez alias Filandés fue quien me ayudó a conseguir trabajo en un multigrado en Sabana de Potrero que es una comunidad rural de Mao. Por la mañana reunía el 1ero y el 2do y en la tarde enseñaba el 3er Grado. En ese lugar pasé muchas precariedades. A veces la comida era solo una sopa de fideos con un pedazo de aguacate, en casa del alcalde. Dormía en una camita con sacos como colchón, hasta que pude llevar una colchoneta. Yo pagaba 5 ó 10 pesos por quedarme en la casa de una señora llamada Rosita. Luego me trasladaron a Potrero y allí me encontré con Candelaria, una profesora que me llevó donde ella vivía en casa de su cuñado y compartíamos una misma habitación.

Recuerdo que para llegar a Potrero había que pasar por una carretera que le llamaban "la come gente" y las personas decían que entre las lomas de esa carretera aparecían sacos llenos de senos de mujeres muertas. Por eso yo esperaba hasta que alguien me llevara hasta Potrero, y a veces esperaba hasta las 12 del mediodía por alguien, pues no me atrevía a andar sola por esa carretera. Entonces decidí aprender a montar motor, y me compré uno por R$210.00.

Al principio, cuando todavía no tenía el motor, tenía que comer papas todos los días y desde ese entonces detesto comerlas. Pagaba $10 mensual por la comida. Ganaba $90 por mes. Cuando salíamos a cenar a Jinamagao comprábamos carne y comíamos mejor. Los viernes, terminaba de trabajar, me ponía un pañuelo y unas gafas para protegerme de la brisa y el sol, y hacía un recorrido en mi motor por Guatapanal, Batey 1, y la Herradura, hasta llegar a Santiago. Luego regresaba a Mao por Navarrete y Esperanza.

Para convertirme en profesora, hice cursos de capacitación en el área de magisterio. Comencé dando clases en 1965 en la zona rural, primero en Potrero y luego en Yerba de Guinea. Muchos años después pasé a dar clases en la ciudad, en el Barrio Hatico. Puedo decir que fui feliz alfabetizando. Centenares de niños y niñas fueron alfabetizados por mí y muchos de ellos y ellas hoy son profesionales en distintas disciplinas. La escuela llegaba hasta el 4to Grado y Chicha tenía la dirección. A los dos años y 8 meses me trasladaron a Yerba de Guinea, cerca de la ciudad. Enseñaba 1ro y 4to. Ahí me encontré con mi amiga Carmen Pilarte. Estuve 20 años alfabetizando. Es que yo era necia. Me preocupaban las niñas y los niños que no sabían leer. En septiembre yo iniciaba su alfabetización y ya en enero comenzaban a leer. Puedo afirmar que fui muy buena alfabetizando. Pero me enfermé de la garganta. Me dio una fuerte ronquera y perdí casi la voz de tanto hablar en las aulas. Eso me sucedió en los años 1967 y 1968, pero poco a poco fui recuperando la voz cuando dejé de alfabetizar. Puedo afirmar que mi forma de alfabetizar era muy efectiva.

Llegué a dar clases al Barrio Hatico de aquí de Mao, en el año 1968. La señora Dolores Viuda Bogaert, quien fue la esposa de Alberto Bogaert, donó el terreno para construir la escuela. Terminé Comercio en el Instituto Santa Cruz donde hice mecanografía y taquigrafía. La escuela primaria de Hatico llegaba hasta el 8vo Grado y tenía en ese entonces 17 profesores y profesoras. Yo enseñaba el 2do y el 4to. Ahí me quedé hasta que me pensionaron.

Tuve un novio policía pero un tío me dijo que la mujer de un policía nunca tenía un lugar porque era mucho lo que rodaban. Después de un tiempo me enamoré de Rafael Alberto Alcántara, Moreno, quien llegó a ser mi esposo. En ese entonces él tenía 19 años y se enamoró de mí. Como era 8 años menor que yo, le dije que por la diferencia de edad no podíamos ser pareja, que eso era imposible. Además yo sabía que su mamá no estaba de acuerdo. Ella vivía al frente de la casa de mis padres. Pero Moreno no hacía caso y todos los días se iba en bicicleta a encontrarme y "darme muelas" en las afueras de Mao. A los dos meses y 18 días le dije que si realmente estaba enamorado como decía estar, entonces yo iba a hablar con mi mamá y mi papá. Se me hizo muy difícil hablar con ellos. Yo ya tenía 27 años y la gente me decía jamona. Entonces consideré que era tiempo de hacerlo y tanteando a ver si lo de Moreno era de verdad, le dije: "a esta edad yo no entro en eso de "comer gallina" y tampoco tengo sexo porque debo dar el ejemplo a mis hermanas." Fue así como Moreno y yo comenzamos una linda relación a pesar de los tropiezos con su mamá.

Cuando empezamos a vivir juntos, Moreno ganaba 2 pesos "echando días"[39], y yo, 3 pesos dando clases. Al final del mes nos sentábamos a dividir los gastos. Pagábamos la renta, la luz, la comida y dábamos algo de dinero a la mamá de ambos. Además, dejábamos un dinerito para el ahorro. Recuerdo que yo le dije que sacáramos una libreta de ahorros y él me dijo que ya él tenía una. Un error, pues nunca saqué una libreta de ahorros a mi nombre. Yo fui quien alfabeticé a Moreno.

Luego de un tiempo regresamos a vivir a Hato Nuevo porque las dos hermanas de Moreno tenían "amores" y él no quería eso. Dormíamos en una habitación en una casa donde vivía una vieja que acechaba todo lo que hacíamos. Se llamaba Doña Juanita, de apodo Capazo, y en días recientes supe que murió.

Un tío de Moreno se ofreció a alquilarnos una casita por $10.00 al mes, pero Moreno se opuso a ello y entonces

---

[39] Echar días, es decir, trabajar sin sueldo fijo, un día sí y tal vez el otro no.

yo le dije: “o te quedas con tu mamá o te vas conmigo”, y así lo hizo, se fue conmigo. Luego compramos una camioneta. Nos levantábamos a las 2:00 de la madrugada y nos íbamos a Santiago Rodríguez y a Villa Los Almácigos a comprar escobas, víveres, aves, guineos, dulce de jagua, ajo, cebolla y naranjas, y hasta que no terminábamos no regresábamos a la casa. No nos importaba la hora que fuera, sólo queríamos buscar el peso. También viajábamos a Santiago a comprar cosas para vender en Mao. A veces Moreno se iba a la capital a vender, y si se le quedaba el vehículo, me llamaba para que yo buscara un mecánico y saliera para el lugar donde se había quedado varado y entonces amanecíamos por esos lugares solitarios. Otras veces lo acompañaba a negociar. Para ese mismo tiempo nació Rafaelina, mi primera hija. Éramos pobres pero felices. Tiempo después las cosas fueron muy diferentes.

Las mujeres debemos estudiar y ser capaces de todo. Debemos ser dóciles con nuestras parejas, pero no aguantadoras. Hay que respetarse mutuamente. En tal sentido, quizás yo fui más madre que mujer. Hay que darse a respetar y valer. No por el hecho de ser mujer, el hombre tiene que estar por encima, sino en igualdad. Con relación a los esposos de mis hijas y la esposa de mi hijo, yo me limito y respeto sus espacios, porque estoy segura de cuál es el mío.

Crié una familia con dignidad, respeto y educación. Eduqué a mis hijos lo mejor que pude. Estudiaron en la universidad y se graduaron. Rafaelina y Julisa son farmacólogas. Blanco es ingeniero industrial y Omaira estudió mercadotecnia. Puedo decir que soy una madre feliz. Mi hijo y mis hijas me lo han dado todo. Cuando estaban estudiando, yo trabajaba los domingos como piche (cobradora) en un minibús que teníamos y lo hacía para ganar el dinerito que les daba en la semana.

Mi familia es lo más importante en mi vida y he sido muy protectora de mis hijas e hijo. Aunque logré las metas de que estudiaran y se casaran, sigo siendo su protectora, amiga y hermana. Sé que muchas personas critican mi forma de ser con mis hijas y mi hijo, pero no me arrepiento de ser así porque he logrado todas las metas que me he propuesto con ellas y él. Soy la mamá que no me importa ni la edad, ni los títulos universitarios a la hora de corregirlos.

El día que me vaya quiero que mis hijas e hijo no sufran y que en vida me han dado todas las satisfacciones, así que todo lo demás es disparate. Quiero que me recuerden como soy: activa, entregada y generosa. Mi mayor deseo es que se mantengan unidos porque así los crié.

Me mantengo activa en las actividades de mi comunidad. Por ejemplo, en diciembre acostumbro a organizar una cena de navidad y entrega de juguetes para niños y niñas. Para hacer eso, me paso todo el año inventando cosas para recolectar los chelitos que se gastan en ese evento. Rifo un puerco o le pido colaboración a mi gente que vive fuera.

Me gusta hace ejercicios, caminar, cuidar mi jardín con esmero y echarle mucha agua. En las madrugadas me levantaba para ir al parque central de Mao a hacer ejercicios bailando Zumba, pero un carro me chocó cuando caminaba por la ciudad de Santiago y me rompió una pierna en varias partes por lo que me han hecho varias operaciones que me han reducido a una silla de ruedas, un andador y luego a un bastón. Y aunque adolorida, sigo siendo fuerte.

13
Juana González Pichardo

"Si me matan yo sacaré los brazos de la tumba y seré más fuerte"

Minerva Mirabal
Heroína dominicana estandarte de la lucha anti-trujillista

13. Juana González Pichardo

"Recuerdo que Minerva Mirabal y yo éramos inseparables. En Ojo de Agua no había luz eléctrica, sólo había en la casa de Minerva porque la cogían de una despulpadora de café que tenía su familia. Era un paraje como cualquier otro, sin calle ni nada. Nuestra mayor diversión era bañarnos en el río".

Nací el 30 de abril de 1934 en Ojo de Agua, Salcedo. Mi mamá me contó que nací sietemesina, un Viernes Santo a las 12 del día en la misma casa donde me crié. Esa casa donde crecí era una finquita que mi papá le puso de nombre "La Delicia". No tenía mucho terreno y le pasaba una cañada por el lado y era muy saludable para la siembra. En ese pedazo de tierra cosechábamos todo lo que comíamos, y se criaban gallinas. Éramos pobres pero ricos en productos y como familia porque éramos muy unidos.

Mi papá se llamaba Delio González. Él era hijo de la Señora Tina Familia, a quien yo le decía Mamita Tina, y de Luis González. A mi abuelo paterno no lo conocí porque murió antes de que yo naciera de una enfermedad que se llamaba influencia. Mi mamá se llamaba Natividad Pichardo, era hija de Ciriaco Pichardo y Mercedes Santana, Mamagüela[40], quien era hija de Juanico Pichardo y Matilde Santana. Conocí esos tres abuelos. Según tengo entendido, uno de mis bisabuelos era nieto de Pedro Santana, el primer presidente dominicano. Eso me lo dijo mi abuelo. Era una

---

40 Mama-abuela.

familia que tenía su escudo. Lo tienen en un mural con muchas cosas que son recuerdos de la familia, en Ojo de Agua. Un primo mío escribió un libro donde analiza la historia de la familia Pichardo, y yo formo parte de la misma.

Crecí bien suelta. Era muy inteligente, muy viva. Quise mucho a mi abuelo y a mi abuela porque me apoyaban en todo. Mi abuela perdió la mente cuando yo tendría como 8 años de edad. Duró muchos años en esa condición. Recuerdo que a la muerte de ella llevé a su entierro a mi última hija que tenía 7 meses.

Yo estaba pequeña cuando los bisabuelos murieron, pero me acuerdo de ellos muy bien. Recuerdo perfectamente que cuando tenía 3 ó 4 años encontré a mi bisabuelo Dima Santana abriendo un baúl que estaba lleno de onzas de oro. Cuando me vio me dijo: "para que me guardes este secreto te voy a comprar un plato de zinc". Me lo compró y nunca revelé su secreto.

Mi abuelo me quería mucho. Fui su primera nieta. El me adoraba y no dejaba que nadie me pegara. Pero yo hacía muchas cosas que no estaba supuesta a hacer. Por ejemplo, cuando tenía como 8 años en mi casa había un gato que se comía toda la carne. Destapaba los platos, se comía solo la carne, y dejaba el resto de comida. En mi casa me acusaban de que era yo quien lo hacía. Entonces, me puse a acechar y me di cuenta de que era el gato. Lo agarré y le amarré hojas secas de plátano en la cola, le eché gas de una "jumiadora" que era lo que se usaba en ese entonces, y con un fósforo le prendí fuego. El gato salió corriendo para un conuco de maíz de la finquita de mi papá y todo cogió candela. Ese día tuve que subirme a una mata de guama porque sabía lo que me esperaba. Vino el alcalde Frank Capellán que era mi padrino y quien me quería mucho. Vino mi tío. Vino mi abuelo. Llegó todo el mundo. Mi abuelo dijo: "baje mi hija que nadie me le va a poner la mano". Yo bajé. ¿Dizque que nadie me iba a poner la mano? ¡Mentira! Mi propio abuelo me dio con la baqueta de un colín que él cargaba. No me dio tan duro, pero mi mamá sí me pegó fuerte. Ella era muy pegadora. Nos daba muchos castigos.

En otra ocasión le pedí unos zapatos a mi papá. En ese tiempo se usaba no comprarles zapatos a las muchachitas. Yo tendría en ese momento unos 12 ó 13 años de edad, y quería mis zapatos. Papá me dijo que no tenía dinero, pero yo que siempre vivía rebuscando sabía que sí había y que lo tenían guardado. Entonces como no me los compró, me fui a la tienda de Los Mirabal. Busqué a Minerva[41], que era mi amiga, y le dije que yo quería unos zapatos. Ella me dijo que a la tienda habían llegado unos zapatos muy bonitos. Habían unas "chancletitas" que le decían "Guaymama"[42] y que no costaban casi nada. Cogí una y dije que se la apuntaran a la cuenta de mi papá, pues sabía que él hacía negocios de cacao con el padre de Minerva. Pero mi papá consideró que eso era una falta de respeto. Cuando llegué a casa y mi papá me vio con las chancletas puestas me dijo: "eres mi primera hija y te adoro pero tú no podías hacer eso. Vaya a devolverla", y tuve que volver a llevarlas a la tienda. El tener que hacer eso me dio mucho coraje y me quedé con esa rabia por dentro. Un día me levanté muy temprano y me subí a una mata de coco de esas que le llamaban "indios", que eran muy dulces y habían llegado a Salcedo en esa época. No sé de dónde las llevaron. Las sembraban en carreritas y ¡se veían tan bonitas! Las matas no se daban muy altas. Me subí una por una a las cuatro de la mañana y con los pies les tumbé los nuevos, los verdes, los maduros, ¡todos los cocos! Descargué

41 Minerva Mirabal de Tavárez (12 de marzo de 1926 - 25 de noviembre de 1960) fue una abogada y activista dominicana y una de las hermanas asesinadas por el dictador dominicano Rafael Leónidas Trujillo. Wikipedia.

42 Zapato de inferior calidad.

completamente como dos matas. No me dio tiempo a más porque ellos oyeron cuando caían y se levantaron. Como mi papá tenía arma, yo tuve miedo de que sin saber quién era me tirara un tiro y entonces me bajé. El me dijo que no me iba a pegar pero mi mamá sí me pegó.

Una cosa no tan buena de mi infancia fue que como yo era la más vieja o sea la mayor de todos y todas tuve que ayudar a criar 8 muchachos, cuatro hermanos y cuatro hermanas. Tenía que ocuparme de ellos y ellas, bañarlos, lavar y hacer casi todas las cosas de la casa y después preguntar a mi mamá si podía ir a la escuela en la tarde. Yo no podía salir hasta que ella me dijera que sí. Por eso, solo llegué al 7mo grado. Pero me crié con ellos, con mi papá y mi mamá. Tuve esa suerte que los otros no tuvieron porque después ellos se divorciaron. Mi papá era muy bueno pero le gustaba tomar mucho y "mujeriar",[43] y mi mamá no se sentía bien con eso. Luego, él vendió la finca. Mi mamá se fue para la capital y nos dejó. Todos nosotros fuimos a parar a distintas casas de familiares. Mi mamá se llevó a la penúltima hija, la que más se parecía a ella.

Recuerdo que Minerva Mirabal y yo éramos inseparables. En Ojo de Agua no había luz eléctrica, sólo había en la casa de Minerva porque la cogían de una despulpadora de café que tenía su familia. Era un paraje como cualquier otro, sin calle ni nada. La única diversión era reunirnos a jugar como si fuéramos niñas pequeñas, y bañarnos en el río. Recuerdo una vez que Minerva me invitó a ir a la playa de Puerto Plata en una guagua que ella manejaba. Ya estábamos grandes y nos fuimos a escondidas. No nos pegaron porque no se dieron cuenta, porque pensaban que estábamos en Santiago en un juego de pelota. Después, a Minerva y las demás muchachas las mandaron a

---

43 Mujerear, buscar un hombre el trato con mujeres.

estudiar al Colegio Corazón de Jesús, en el Santo Cerro de la Vega. Mucho tiempo después, las asesinaron. Eso estremeció a Ojo de Agua. Fue un día terrible. Todavía me "engranojo"[44] cuando lo pienso. Cuando ocurrió el asesinato yo estaba viviendo en San Cristóbal y un señor amigo nuestro vino a avisarme. Me preparé y de inmediato me fui para Salcedo. Pero no pude llegar a tiempo a la casa porque ya se las habían llevado para el cementerio. Había militares por donde quiera.

La era de Trujillo fue un tiempo muy duro. De solo oir cuando pasaba el carrito cepillo de los calieses, ya todos estábamos asustados. Mi familia ponía latas vacías en el patio para que si algún calié entraba tropezara, y así uno podía saber que andaban por ahí. Antes de que mataran a las muchachas, en Ojo de Agua cogían mucha gente presa incluyendo a un tío mío, hermano de mi mamá. A cada rato se lo llevaban preso para la cárcel de la 40[45]; le sacaban las uñas y le rompían costillas. Mi tío murió medio loco y con un hoyo en un costado que nunca le cicatrizó. La familia Peña completa sufrió mucho incluido Juancito Peña quien era esposo de una tía mía. Ya adulta y casada estuve presa como dos veces en los últimos tiempos de Trujillo. Había que tener cuidado hasta de lo que uno hablaba en su propia casa. Un día yo dije: "hay que cocinar temprano porque parece que viene un huracán." Una vecina que me había oído, me acusó de que yo estaba diciendo que venía una guerra. Al poco rato llegaron a mi casa 6 jeeps, me montaron en uno y me llevaron para la fortaleza. En ese entonces, las mujeres usábamos una moña en lo alto de la cabeza y nos soltábamos el resto del pelo. Entonces un capitán me agarró

---

44 Experimentar alguien el erizamiento del vello. Emocionarse.

45 La cárcel la 40 fue expresión extrema de la represión, el abuso de poder, crueldad, control y represión social en la dictadura. Una silla eléctrica era el método de tortura más usado, para sacar la confesión.

por esa moña, me jamaqueó y me tiró al piso. Un teniente me ayudó a parar y me dijo bien bajito: "no te preocupes, que todo lo caliente se enfría". Yo nunca supe por qué ese señor me dijo eso hasta que mataron a Trujillo poco después de ese incidente.

Me casé como de 15 años de edad, en una boda celebrada y con traje blanco. Me fui a vivir con mi esposo a la Bahía de Manzanillo. Tuve una hija por allá. El que se convirtió en mi marido había llegado a Ojo de Agua a administrar una finca y era muy trabajador. Tenía 27 años. Mi mamá lo conoció y como que se enamoró de él, pero para mí. Ella decía que ese era un buen hombre y muy trabajador. Me casé sin estar enamorada porque era muy joven y no sabía lo que era enamorarse. A una la criaban muy sumisa y yo estaba muy ajena hasta de lo que era la regla[46] . Estando lejos de mi familia, por allá por Manzanillo, él comenzó a mostrarse fuerte. Se enamoraba en la calle. Me amenazaba. Pero yo era una muchachita muy inteligente. El pensaría que como estábamos lejos él podría hacer lo que quisiera conmigo, como los hombres de antes, que eran abusadores. Pero a él no le salió fácil porque como siempre, me le enfrenté, me le paré en dos patas y le dije: "a mi ni siquiera mi papá nunca me pegó, así que tú tampoco lo vas a hacer."

Un día fui a hablar con una señora acerca de la situación que me estaba pasando, y mi esposo aprovechó y se llevó la niña para la casa de su mamá, en Ojo de Agua. Yo de inmediato me fui más atrás para allá. Pasé mucho trabajo para llegar porque no tenía dinero, pero una vecina me ayudó con algo. Cuando llegué allá, nadie en mi familia me protegió. No querían atacarlo a él para que me diera a mi hija. Yo no sabía si iba a los tribunales o qué debía hacer. El

---

[46] Nombre con que se denomina la menstruación en algunas regiones del país.

le dio mi hija a su mamá, quien era una mujer terrible. Cuando yo llegaba a buscar a la niña o a verla, esa señora le decía que yo era una tía y no me dejaba que yo la viera de cerca. Después de haber pedido ayuda a distintos familiares que como respuesta solo me decían que yo era casada y debía irme con mi esposo, y sin una casa donde tener a mi hija, me vi forzada a dejarla con su abuela paterna. Lo cierto es que ellos la querían mucho. Cuando la niña creció y tenía 13 ó 14 años, ella se fue para la casa de una hermana mía. Entonces me fui para donde una tía materna quien me dijo que podía vivir con ella. Pero fue para que yo limpiara, cocinara e hiciera todo en su casa. Ella tenía 15 hijos, la mayoría pequeños. Yo tenía que atender a los pequeños. Ahí duré 4 años y me pagaban 4 pesos al mes.

Aunque no me había divorciado, creía que mi esposo estaba lejos de mí, pues había tenido muchas mujeres. Un día hicieron una gira a Puerto Plata y mi tía me dijo que si quería ir, y yo fui porque nunca salía. Me hice una mujer siendo todavía una jovencita, y hasta el peinado lo cambié y siempre me hacía un moño como si fuera una señora mayor, una anciana. Ese día del paseo a Puerto Plata, cuando iba en la guagua vi que más adelante se montó el que era mi marido. Yo no sé si fue que el chofer y él se pusieron de acuerdo o qué pasó, lo cierto del caso es que al regreso, la guagua supuestamente se dañó. Nos desmontamos, él me agarró por una mano dizque para encaminarme. Yo creía que me llevaba para la casa de mi tía donde yo vivía, pero lo que hizo fue llevarme a un sitio donde él tenía un ranchito que quedaba cerca de la finca que él administraba. Fue terrible lo que hizo conmigo. Yo todavía era una muchachita inocente a pesar de que ya tenía esa niña. En ese momento fue terrible, él hizo de mí todo lo que quiso. Al otro día le dije: “me voy”. Entonces, me llevó a la carretera y pagó el pasaje en una guagua para que me llevaran para San Cristóbal, porque ya mi mamá vivía allá, en Nigua.

Cuando llegué adónde mi mamá, ella tenía un esposo que no quería a nadie en su casa. Y mi mamá estaba bien y quería estar tranquila con su marido. Por eso me mandó para donde una prima en el mismo Nigua. La prima estaba enferma, había acabado de dar a luz y estaba interna. Ahí me tuve que quedar. Yo tenía que cuidar a los seis hijos, limpiar, cocinar, lavar y planchar la ropa del marido que era sargento de la policía, muy amable y decente, pero no quería saber de nadie en su casa. Yo tenía que hacer de todo a cambio de nada. Eso a mí me hizo fuerte. Como a los 15 días de llegar a la casa de mi mamá en San Cristóbal, me comencé a sentir mal y fui a ver un médico en el hospital. Ahí supe que estaba embarazada. Entonces mediante una carta le avisé al que fue mi marido que yo estaba embarazada. El vino y en mi propia cara y con mi mamá presente, me dijo que le buscara el papá porque ese embarazo no era de él. Le respondí que estaba consciente de que no había tenido otro hombre. Pero él pensaba lo contrario. Tuve mi hijo y salió igualito a su papá hasta en los ojos. Después que el niño nació lo quería ver pero yo le dije no, tú no lo vas a ver. Y así fue, lo vio por primera vez cuando el niño tenía 13 años. Entonces quiso quitármelo, pero ya yo tenía más valor, me sentía más mujer y luché para que eso no sucediera.

Mi mamá puso un almacén de provisiones en Haina y se mudó para allá. Tuve que buscar una casita y mudarme para allá también porque yo ya no estaba donde la prima. Alquilé una casita en Haina, y ahí estuve bregando con mi muchachito. En ese entonces, una amiga me invitó a una fiestecita en la Sociedad de Socorro Mutuo, que era una organización de los orfelos, pero para mujeres. Allí conocí a quien fue el papá de mis otros hijos. Me enamoré de él porque era muy atento y lo vi como un apoyo. Él fue adónde mi mamá y mi padrastro y le pidió que quería casarse conmigo. Y yo le dije que sí, que me casaba con él. Nos juntamos y tuvimos tres niños. Uno se me murió pequeño, como de dos años; se llamaba Sergio. Con altas y bajas, mi esposo también me ayudó a criar a mi hijo mayor. Tuvimos 19 años casados. Él era de Barahona, electricista del Central Río Haina, y se le murió una tía y me mandó a mí al velorio. Y estando yo dándole el pésame a la familia de su tía, él se embulló con una señora y la embarazó. Yo me incomodé mucho. Además, me dijo que si nacía hembra se divorciaba de mí. Le respondí: "no te preocupes, que yo soy la que me voy a divorciar de ti." Y cuando vino a ver ya yo me había divorciado. El muchacho le nació macho, pero para mí eso fue una falta de respeto. Él se fue y yo me quedé en la casa.

Viviendo en Haina explotó la Revolución de Abril. Recuerdo que en mi casa había un televisor pequeño y vimos cuando televisaron que Freddy Beras Goico había ocupado el canal "La Voz Dominicana". Lo vimos con un rifle terciado al pecho. Mi casa se llenó de gente que vinieron a ver lo que estaban transmitiendo por televisión. Luego, una hermana mía que ahora vive en Miami, y yo, nos fuimos a Ciudad Nueva para hacernos voluntarias. A mí no me aceptaron porque tenía hijos pequeños. Mi hermana sí se quedó y llegó hasta a tirar tiros. Luego, ella tuvo presa. Yo lo que hacía era recolectar comida para llevarla a Ciudad Nueva. Pero luego lo dejé de hacer porque se puso muy difícil el poder entrar a la zona constitucionalista.

Mi casita de Haina la dejé después para mudarme a San Cristóbal y así inscribir a los niños en el Colegio Loyola. Luego con la prueba de que tenía tres niños en el Loyola pedí una visa. En 1967 fui a Puerto Rico por primera vez. Comencé a viajar para vender cosas que la gente me encargaba. Anterior a esto me mantenía con un negocito que me puso mi hermano, quien tenía un almacén de provisiones en el sector de Herrera en la capital. Ahí yo vendía guineos maduros y distintas chucherías. Así salimos a camino. También mi familia a veces me mandaba desde Nueva York. Ya mi mamá estaba aquí. Ella llegó a Nueva York en el año

1962 a raíz de la muerte de Trujillo, y regresó al país cuando abrieron el aeropuerto después de la Revolución de abril.

En mis viajes a Puerto Rico me encontré con una persona que yo conocía desde San Cristóbal, y comenzamos a tratarnos. Él era un muchacho de la calle y yo muy joven. Cuando vino a ver me casé con él. Nos juntamos y adoptamos una niña de 3 meses. Porque yo dejé de tener hijos a los 23 años. Parece que un doctor amigo mío me hizo algo para no tener más hijos. En una ocasión ese doctor me había dicho que yo estaba teniendo muchos hijos y que ese hombre con que el que yo estaba en ese entonces, era malo. El doctor nunca me dijo que me operó para no tener más hijos pero yo estoy segura de que algo hizo. En tiempos de Trujillo era prohibido hacer operaciones para no tener hijos.

Después que me volví a casar, nos fuimos a vivir para Santo Domingo pero él no trabajaba y solo quería vivir de lo que mi familia me daba. Entonces me divorcié otra vez y me quedé así para siempre.

Cuando vine para Nueva York dejé mis hijos con mi mamá pero ella, sin decírmelo, se los entregó al papá. Alguien me envió una carta para informarme al respecto, y como yo sabía que mis hijos estaban pasando trabajo regresé al país sin papeles. En 1979 salió una ley que facilitaba la petición de hijos e hijas y mi mamá me pidió, y de una vez me visaron. Yo me traje a la pequeña. Los otros se quedaron, dos de ellos porque estaban casados y otro porque no quiso venir porque estaba estudiando.

En Nueva York trabajé por primera vez en una casa de familia. Eran médicos. Ellos todavía me llaman para que les recomiende personas responsables como yo para que le cuiden los nietos y las nietas. Yo les digo que eso no aparece ya. De ahí me fui a trabajar a un hotel en los Poconos, Pensilvania. Pero hacía mucho frío. Ya la niña estaba grande y yo la dejaba con una hermana que vivía conmigo. Luego pedí a mi primer hijo, porque el segundo ya estaba trabajando en un ingenio en La Romana. Llegué a Nueva York el 17 de enero de 1979 y en abril llegó él, porque ese nunca se ha separado de mí. Lo pedí por Canadá y en cinco meses le dieron la residencia. Pedí a la hembra con sus cuatro hijos y el esposo, y en 1980 llegaron todos. El que se me murió era sociólogo y violinista. A él también lo visaron y vino en el 1982. Cuando él murió se dijo que la República Dominicana perdió un hombre importante. Se llamaba Apolinar Matos González, y era el más pequeño de los varones.

Cuando terminé de trabajar en Los Poconos, me fui a trabajar a otro hotel en Mountag, Long Island. Luego mi hijo mayor, que ya era ingeniero eléctrico y estaba trabajando muy bien en una compañía de hoteles, me consiguió un trabajo en el Hotel Mario, el que cambió de nombre tres veces en los 16 años que estuve trabajando allí, hasta que en el 2002 me pensioné. Eso fue cuando nacieron mis nietos trillizos. Claro que no me pensioné por eso, porque a ellos le pusieron una trabajadora, pero pensé que ya era hora de retirarme. Pero aunque ya tenía 68 años de edad, yo tenía mucha fuerza todavía.

Cuando mi hija salió embarazada de trillizos me puse brava con ella porque mi hija tenía ya 2 hijos, sufría de presión alta, y tenía otras situaciones de salud, y no estaba en condiciones de tener más hijos. Además, ella no tenía estabilidad con su esposo. Le dije: "mira mi ejemplo, yo tuve 5 hijos y no pude educarlos a todos." Un día una cuñada me dijo que mi hija iba a hacerse una sonografía porque ya tenía 5 meses de embarazo. Entonces, sin que mi hija se diera cuenta, me fui detrás de ella al hospital. Cuando entré al consultorio preguntaron: "¿usted qué quiere?". Contesté: "yo soy la mamá de ella." Y ya, en medio del proceso de la sonografía, estoy mirando en la pantalla el movimiento de los niños y pregunto: "¿y cuántos son?" La doctora respondió: "son dos niños y hay que eliminar uno porque la presión de su hija está muy alta". Yo le dije: "usted se equivocó, porque son tres y usted no va eliminar ninguno". La doctora quiso burlarse de mí. Vino otra persona a comprobar, y efectivamente, eran tres bebés como yo decía. Como me opuse a lo que la doctora quería hacer, es decir, eliminar a uno de los bebés, ella me dijo que si algo le pasaba a mi hija era mi responsabilidad. Por varios días estuve con ese miedo. Pero llegado el momento, mi hija dio a luz dos niñas y un niño que nacieron saludables.

Tengo 16 nietas y nietos. Todos me quieren mucho y siempre quieren estar conmigo. Yo les digo: "prepárense porque ya tengo 80 años y un día me voy." Mi nieta Laura de solo pensar que yo me puedo morir se pone a llorar. Ella nació aquí en Nueva York igual que mi otra nieta, Paloma, hija del varón, que es igualita a mí, y cuando la vi al nacer, tan parecida a mí, me puse muy contenta.

Ahora mismo no estoy del todo bien porque como ya dije perdí un hijo, y perder un hijo es como perder una de las patas de la mesa en la que se come. La mesa se queda coja. También perdí una nieta de 19 años, la única que me decía abuela. Eso me marcó. Últimamente he ido perdiendo familiares. Perdí dos hermanas y ya no tengo tíos ni tías.

Estoy pensionada pero tengo restricciones. No me dan Medicaid (seguro médico) porque mi pensión se pasa por unos centavitos más de lo que ellos consideran que es pobreza.

Tengo una virtud que la gente me dice que eso es raro, y es que adoro a las esposas de mis hijos. Ellas me llaman a diario y me preguntan lo que he hecho, que si ya tomé mi café, y jocosamente me dicen: "¿y el ingenio como está?" Se refieren a la azúcar, porque como soy diabética me llaman para saber si estoy tomando mis medicamentos. A veces bailo reggaetón y me pongo a rapear con mis nietos para que no se vayan a andar por ahí, donde el peligro siempre aparece.

Termino mi historia con un chiste: resulta que en estos días me topé en la calle con un señor bien mayor que conozco de vista. El vive en mi bloque y el único intercambio entre nosotros ocurrió un día en que estaba cayendo una fuerte nevada y él me ayudó a cruzar la calle. Cuando me lo encontré recientemente él me dijo: "doña, le voy a decir algo y no se me ponga guapa, pero ¿quisiera usted casarse conmigo? Yo lo miré y para sacarle el pie le respondí sonriente: "ay no, lo siento mucho, porque yo tengo mi marido", y seguí mi camino, riéndome de mi misma y de la mentira que acababa de decir.

14
Australia Mercedes Jiménez (Chicha)

"Todas las desgracias del mundo provienen del olvido y el desprecio que hasta hoy se ha hecho de los derechos naturales e imprescindibles de ser mujer"

Flora Tristán
Escritora y feminista francesa.

14. Australia Mercedes Jiménez (Chicha)

"Sola aprendí a coser y con eso mantenía mi familia. En diciembre, cuando tenía mucho pedido me acostaba muy tarde para poder cumplir con todas las personas que querían estrenar ropas nuevas. Con las tiras sobrantes yo hacía pellizas para la casa. Cuando la costura se ponía floja, volvía a las fincas a sembrar tomates o arroz".

Mi nombre es Australia Jiménez y me dicen Chicha. Nací el 25 de enero de 1925 en Guayacanes Adentro. Soy hija de Ovidia Jiménez (Vilo) y Ramón Antonio García. Tuve una infancia normal. De mi madre aprendí a hacer todo lo que se hace en una casa. Fui a la escuela, pero como quedaba lejos mi mamá me quitó y no aprendí a leer ni a escribir.

Yo trabajé desde pequeña. Mi madrina tenía un chiquero grande y yo le echaba comida a los chivos. Ella mataba un chivo semanal. La pupú de chivo la vendía para abono. Yo también recogía las vainas del guatapanal y lo vendía a 5 centavos un cajón de 12 libras. Pero en ese tiempo de una mata se podía recoger hasta seis cajones.

A los 14 años me uní con José Cabrera, quien fue el padre de mi primer hijo José Rafael. Tres años más tarde nos separamos. Cuando mi hijo tenía como 8 años me mudé al Puente San Rafael, donde para sostener a mi hijo me fajé a trabajar en las fincas de arroz. En la finca de los bogales (Bogaert) en Hatico Mao, yo sembraba y cortaba arroz a cinco centavos por día. Me tenía que levantar a las cinco de la mañana y junto a muchos otros(as) trabajadoras y trabajadores nos íbamos al cuartel a esperar vehículos para llegar hasta el Santo en Hatico, Mao y de ahí llegar a pie a la finca de arroz.

Viviendo en El Puente conocí a Elvido Antonio Ramos alias Chiche, mi segundo marido. Con él tuve tres hijos y una hija, ellos son: Juan Antonio, Julio Manuel, Franklin y Belkis Elisa.

Fui a vivir con mi marido y mis hijos a Mao por 8 años. Pusimos un ventorrillo y vendíamos cuaba y carbón entre otras cosas. Luego me separé y regresé al Puente pero esa vez ya con cinco hijos. Sola seguí trabajando en fincas de guineos y habichuelas para mantener a mi familia. Al tiempo dejé de trabajar en fincas y puse una fritura. Luego de trabajar mucho y duro logré construir una casita a la orilla del río. Tiempo después tuve que dejarla por una inundación cuando ocurrió lo del ciclón David.

Sola aprendí a coser y con eso mantenía mi familia. Hacía camisas y pantalones para niños a 25 centavos. También hacía pantalones con breteles. En diciembre cuando tenía mucho pedido, yo me acostaba tarde para poder cumplir con todas las personas que querían estrenar ropas nuevas. Con las tiras sobrantes hacía pellizas para la casa. Cuando la costura se ponía floja, yo volvía a las fincas a sembrar tomates o arroz. Cerca de mi casa había un prostíbulo y las prostitutas traían sus telas para que yo les hiciera vestidos de dos a tres veces por semana. Recuerdo el nombre de algunas de ellas: Digna, María, Pulia y Francisca.

Luego que mis hijos ya adultos se fueron a hacer su vida y yo me quedé a vivir con mi hija por muchos años tuve una fritura. Eso ha sido mi vida: trabajar mucho y muy duro.

15

Antolina Esther Martínez Rivera

"Hoy como ayer, las mujeres deben negarse a ser sumisas y crédulas, pues el disimulo no puede servir a la verdad"

Germaine Greer
Escritora e intelectual feminista australiana

15. Antolina Esther Martínez Rivera

"En mi vida yo sólo supe afanar con mis hijas y mi hijo, bregar en la casa con todos los quehaceres domésticos y lavar y planchar montones de ropa de guardia".

Mi nombre es Antolina Esther Martínez Rivera. Me gusta que me llamen por mi segundo nombre. Nací el 3 de septiembre de 1924. Soy hija de Altagracia Rivera Vda. Martínez y Esteban Martínez, a quien no llegué a conocer ni en sueños, pues mi papá murió cuando mi madre tenía tres meses de embarazo. Nací en Cambita Uribe, un paraje de San Cristóbal, donde pasé casi toda mi niñez y adolescencia, luego ya a partir de mi juventud pasamos a vivir a Santo Domingo. Viví todo el tiempo con mi mamá y mi abuela hasta que me casé. Sólo llegué a tercer grado de la primaria pero sé leer y escribir. Fui la única mujer y la hija más pequeña de mi mamá y quizás por eso no me dejaba salir a ningún lado. Pero ella y yo siempre tuvimos una relación muy buena. Nosotras éramos como dos hermanas que se quieren mucho. Tuve dos hermanos que ya murieron.

Mi mamá fue una mujer muy trabajadora. Ella lavaba ropa por paga para ayudarse con los gastos de la casa. Recuerdo que tratando de ayudar a Cristóbal, mi hermano mayor, ella lo mandó a trabajar como muchachito de mandado a una casa de personas adineradas en la capital donde lo pusieron a estudiar. Con las ñapas[47] que le daban

---

[47] Gratificación que se da en los colmados después de hacérseles una compra.

de arroz, habichuela, o lo que fuera, él se las traía a mi mamá los fines de semana como una forma de ayudarla.

Tuve mi primer novio a los 20 años, pero como no valía la pena, lo boté. En 1958, cuando tenía 34 años de edad, me casé con mi segundo novio Manuel Reynaldo Féliz. Duramos 5 años de amores. El es cinco años menor que yo, lo cual no fue un problema entre nosotros. Nunca me echó en cara que yo tenía más edad que él. Me casé enamorada de Reynaldo y salí con velo y corona de mi casa. Él era un militar de la Aviación Militar Dominicana. Tuve cinco hijas: Mencía, Maritza, Amada, Belkis y Doris. Cuando ya pensaba que no iba a tener más hijos, entonces salí embarazada y tuve un varón, Enriquillo, así que tengo seis hijos en total. Mi marido tenía ese nombre seleccionado desde que teníamos amores, él siempre dijo que le pondría Enriquillo a su primer hijo. En ese tiempo me regaló el libro "Enriquillo", de Manuel de Jesús Galván. Pero sucedió que primero nos llegó una parvada de mujeres. Por eso, le puso Mencía a nuestra primera hija. Yo le puse Altagracia como segundo nombre, porque ella nació el 22 de enero, al otro día del día de la Virgen de la Altagracia, patrona de la República Dominicana.

En mi vida solo supe afanar con mis hijas y mi hijo, bregar en la casa con todos los quehaceres domésticos, y lavar y planchar montones de ropa de guardia. Para mí eso fue muy difícil. Mi esposo era muy callejero y mujeriego, y yo en mi casa como una esclava. No tuve luna de miel, solo mucho trabajo desde el primer día de casada. Mi vida se resumía a tener hijos y lavar la ropa militar de mi esposo. Y no es como ahora que hay lavadoras, no, en ese tiempo era a puro puñito. Mi marido no me llevaba mucho a pasear, ni al cine, como me hubiera gustado. Tampoco me llevó a Elías Piña a conocer a su familia. No tuve felicidad. Sin embargo, él tuvo algunos detalles y comportamientos que quiero resaltar y es que cuando vivíamos en lugares de gran escasez de agua, con nuestras hijas e hijo pequeñas(o), él siempre hacía el trabajo de cargar el agua, lo que me dio el título en el barrio de *la esposa del guardia bueno* considerando que en esos tiempos, ese era un trabajo de las mujeres. También, cuando no me sentía bien, él se encargaba de cuidar a las niñas y el niño y darles de comer. Quiero decir que además él se preocupaba por llevarme a San Cristóbal a visitar a mi mamá, porque él sabía que era un lugar donde me sentía bien y me daba mucha alegría.

Puedo decir que él nunca fue violento conmigo. Nunca ni siquiera me levantó la voz. Mi mamá siempre lo criticaba. Él solía decir que yo solo me sentía bien cuando estaba con mi madre. Y es que cuando nosotras nos sentábamos le hacíamos un traje a su medida, o sea, lo criticábamos bien duro. Ella me decía: "tú lo que eres es una buena boba", y me puso el sobrenombre de "Juana la Boba". Ella me decía también: "si yo fuera tú, jartara (hartara de comida) bien a mis hijos y me jartara yo y a él no le guardara nada." Sin embargo, yo le preparaba muy bien su comida para cuando él llegara. Mi mamá sufría mucho eso y es que "la uña le duele al dedo", según ella. A veces ella me decía: "Esther, vamos a hablar bajito porque ese hombre entra como un ladrón." Y es cierto, él siempre entraba silencioso. Eso él lo hacía para tratar de oír lo que nosotras dos hablábamos.

Mi mamá siempre me apoyó en todo. Todo lo que a ella le llegaba me lo daba a mí porque ella conocía mis necesidades. A veces yo le decía a mi marido: "mira Reynaldo, tus hijas y tu hijo no tienen leche", y él me contestaba: "¿y qué tú quieres… que me ponga a robar? Mejor te hubieras casado con un rico."

Durante la era de Trujillo mi esposo estaba asignado a la Base de San Isidro y trabajaba como oficinista. Como él era militar, en nuestra casa había una foto de Trujillo y un cuadro con un letrero que decía: "Primero Dios y después

Trujillo". Durante esa época se hacían cosas terribles, pero quien no se metía en nada no tenía problemas. Mi hermano Luís era un anti trujillista y nunca colgó en su casa el letrero que decía: "En este hogar Trujillo es el jefe", que era obligatorio tener en todos los hogares. Cuando tumbaron a Trujillo y se armó esa debacle, un grupo de calieses se aparecieron en la casa de mi hermano para matarlo. Se salvó porque un amigo lo previno de que lo andaban buscando, y él tuvo tiempo de esconderse.

Cuando la Revolución de abril y como mi esposo era militar duró mucho más tiempo acuartelado. Entonces, él envió un hombre con la misión de llevarnos a todos para San Cristóbal. Cuando nos dirigíamos hacia allá y pasando por el parque Independencia, se armó un tiroteo y todos salimos corriendo a guarecernos de las balas. Yo estaba con mis hijas muy pequeñas y nos salvamos milagrosamente.

Cuatro años después de la guerra, mi esposo decide dejar la aviación y prepara un viaje para Estados Unidos, donde estuvimos por más de 3 años. Fue una experiencia muy dura dejar a mis seis hijos tan pequeños, pero regresé con ahorros para comprar una casa, lo que era algo que tanto había anhelado.

Un buen día, mi esposo me trajo un acta de divorcio para que yo se la firmara, y con mucho gusto se la firmé. Ya había pasado demasiado trabajo con él y sabía que sin él iba a estar más tranquila. Yo siempre le decía "el que por su gusto muere, sus penas le saben a gloria".

Tengo cinco nietas, Claudia, Irene, Lizbeth, Ariely y Yaetzy, dos nietos, Fabio y Alexandro, y un biznieto llamado Adrián. No quiero que mis hijas pasen nunca por lo que yo pasé, por eso siempre les he dicho que se fijen muy bien con quien se van a juntar para compartir sus vidas.

Doy gracias a Dios porque me bendijo con todas mis hijas y mi hijo y por todo el tiempo que estuve con mi madre. Mis hijos me han brindado una vejez digna. Gracias a ellos he hecho cosas que nunca pude hacer en mi juventud, como viajar a varios países de Europa e ir en cruceros, algo que siempre soñé.

Para limpiar mi casa de malas vibraciones, yo acostumbraba a darle una pela a la casa con un ramo grande de rompesaragüey y ruda. Luego echaba esas mismas ramas en agua bien caliente con un poco de trementina, mojaba cada rincón de la casa, y trapeaba todo. Yo le llamaba a eso "baños de yerbas amargas." Luego, para completar el proceso y para atraer la prosperidad, el amor, la armonía, le daba el baño de hojas de plantas dulces o aromáticas como hierbabuena, menta, albahaca y otras. Le agregaba miel, agua florida, canela y perfume. Finalizaba quemando incienso y mirra con las puertas abiertas.

Por último, mi abuela Ángela Tejada y mi mamá siempre usaban refranes en su diario conversar y yo los aprendí de ellas. Cito los siguientes:

- El que a su enemigo apoca, en sus manos muere.
- La piedra que está para un perro, dobla la esquina y le da.
- El que escupe para arriba le cae la saliva encima.
- Matrimonio y mortaja del cielo bajan.
- La oveja mansa se mama su teta y la ajena.
- Una mala res hace perder un ganado.
- Cuando malaya llega viene en caballo cansado.
- Las mujeres y los hombres se buscan como las reses, por la raza.
- Al encuero todo le llega menos ropa.
- Haz bien y no mires a quien. Haz mal y guárdalo.

16
Hilda Merán (Chinchín)

"La ignorancia de su misma historia de luchas y logros
ha sido una de la principales formas
de mantener a las mujeres subordinadas"

Gerda Lerner
Feminista e historiadora austríaca

16. Hilda Merán (Chinchín)

"Para vender yo hago roquetes, tortillas de maíz, casabe, frío empanadas y también hago queso".

Mi nombre es Hilda Merán y nací el día 13 de octubre de 1933 en el Paraje Pan de Azúcar, Sección Yabonico de las Matas de Farfán. Altagracia Merán fue mi madre y tuvo trece hijos, cinco hembras y ocho varones. Virginio Sosa era mi papá. Como nací sietemesina, cuando él me vio dijo: "ese es un chinchín de muchachita", y ese apodo se me quedó para siempre. Por eso me llaman Chinchín.

Mis abuelas Virginia Sosa y Josefa Merán eran mujeres muy trabajadoras. Así mismo era mi mamá. Recuerdo que mi abuela Josefa tenía una batea grande y un caldero solo para hacer quesos de leche de vaca y de chiva. La mantequilla la preparaba con sus manos. También quemaba casabe de yuca para vender. Así que yo también aprendí a trabajar desde muy joven. Somos una familia pobre pero honrada. Como trabajé desde chiquita, no tuve tiempo de aprender a leer ni a escribir.

Hago roquetes[48], tortillas de maíz, casabe, frío empanadas y queso para vender. Uso cuajo de res para hacer el queso. Compro el mondongo limpio, cojo el cuajo, le echo

---

48 Dulce elaborado con almidón de guáyiga, huevo y azúcar en forma de rodete, que se consume especialmente durante las festividades de la Virgen de las Mercedes

sal y lo pongo a secar al sol. Cada tres días le cambio el cuajo a la leche. Mis mejores quesos son aquellos que amaso bien. Tuve doce hijos pero ninguno aprendió a hacer quesos. También en el pueblo de Elías Piña compro cortinas, sábanas, habichuelas y miel de abeja para vender. Hago botellas con plantas de la tierra para las mujeres limpiarse por dentro. Pongo las raíces y las hojas a hervir todo junto en un caldero grande que coge cinco galones de agua. Luego lleno botellas (por ejemplo de esas en donde vienen las cervezas o la ginebra) para venderlas a RD$200.00 pesos. Los galones los vendo a mil pesos.

Siempre le digo a los jóvenes que aprendan a trabajar. Yo crié a mis hijos trabajando, y trabajando aún estoy.

Tengo 10 nietos y nietas. Dos nietas están en la universidad. Ya los hijos y las hijas se fueron. En la casa estamos mi esposo y yo y un nieto que vive con nosotros.

17
Catalina Altagracia Ramírez Reyes (Cacán)

"Soy mujer de esfuerzos,
soy mujer de llanto,
soy mujer de palabras,
soy mujer creadora,
soy mujer curadora,
soy poseedora de la sabiduría de las plantas"

María Sabina Magdalena García
Curandera y chamana de la etnia indígena mazateca
del Estado de Oaxaca, México

17. Catalina Altagracia Ramírez Reyes (Cacán)

"Mi mamá preparaba la comida temprano. Ella era rezadora y partera y nunca se le murió una mujer durante el proceso de parto".

Nací el 25 de noviembre de 1924 en Maimón Esperanza. Éramos 13 hermanos y hermanas de padre y madre. Ocho hembras y cinco varones. El mayor, Bienvenido, nació en 1919 (fallecido), Francisca Antonia en 1920, (fallecida), Ana Mercedes en 1922, (fallecida) Altagracia en 1926, Ilda en 1927, Modesta en 1928, Rafael Ramón en 1929 (tengo todos esos datos guardados por si me equivoco puedo buscarlos). Entonces estaba Minerva que nació en 1934, Saturnino, Rafael y Edilio. De parte de padre éramos 7 diferentes hermanos, pero nos criaron a todos igual. Venían a visitarnos y se iban todos abrazados. Mi papá, Ramón María Ramírez, quien era de San Juan de la Maguana tuvo esos hijos antes de casarse con mi mamá. Tuvo un hijo con una vecina. Como el muchacho no era declarado y enamoraba a mi hermana Ilda, ella le dijo: "tú no me puedes enamorar porque tú eres mi hermano". Un día yo decidí preguntárselo a mi papá y el me confirmó que ese muchacho era su hijo. Mi papá lo tuvo con una vecina quien le decía a mi mamá que ella iba a ordeñar la vaca. ¿ A ordeñar la vaca, Angélica? No, esa va a ordeñar el toro, le decían a mi madre Angélica Reyes Castellanos, quien fue una excelente madre.

En Maimón no había escuela y mi papá mandó a construir una enramada donde un profesor venía a darnos clase. Cuando hicieron la primera escuela, mi papá fue quien donó la madera y las tablas para el piso. El profesor llegaba en un burro, y todos los viernes mi mamá le llenaba las árganas[49] de guandules, maíz, batata, pollos y huevos criollos.

Las hermanas Reyes eran tías y madrinas de nosotras. María Altagracia (Gracita) era la mamá de Minita, Moya Modesta (Cacha) Altagracia (Tunina). Mi mamá era hija también de Gracita y Saturnino Reyes.

Nuestra casa era como una industria. A las cinco de la mañana se rezaba el ángelus. Cada quien tenía su función: ordeñar las vacas, buscar agua en el río para llenar los tanques o lavar en el río. Mi mamá preparaba la comida temprano. Ella era rezadora y partera y nunca se le murió una mujer durante el proceso de parto.

De niña a mí me gustaba jugar mucho. Jugábamos con muñecas de trapo rellenas de aserrín y con cabecitas de loza. Hacíamos casita en el patio, debajo de las matas. Nos daban pedazos de carne salada o de longaniza para que hiciéramos cocinaos (comidas) en fogones de piedra, siempre bajo la vigilancia de mi mamá. De tarde íbamos a cortar ramas de tremolina dulce para hacer escobas para barrer el patio que era bastante grande.

En mi casa hacían queso, echaban la leche en una canoa de madera, le echaban cuajo y le sacaban el suero, para luego ponerlo a secar en una prensa. El queso era para el consumo de la familia y para regalarle a las vecinas y vecinos.

---

[49] Especie de valija hecha de palma o cana.

También para el consumo familiar se hacían conconetes[50], hojaldre, caballitos, panesicos[51]

Cuando iban a ordeñar usaban un colador grande al pie de las vacas y nosotras y nosotros esperábamos que nos dieran de esa leche calientita, recién ordeñada, y nos las tomábamos acompañada de batata asada. Habían chiqueros de chivos. Guineas mansas y cimarronas. Cuando llovía se ponían unas canastas para agarrar guineas cimarronas y siempre se agarraban muchas. Eso desapareció porque venían muchos cazadores de Santiago a matar guineas y se las llevaban por sacos. Así acabaron con ellas.

En ese entonces se comía saludable. Las vacas comían yerba de guinea y mazorcas de maíz grandes y sanas porque llovía mucho y no se usaban químicos. También habían colmenas con muchos panales llenos de miel, los cuales se decatriaban[52] con humo y así salían del barril y se sacaba la miel. Alrededor de las colmenas sembraban árboles que dieran flores para que las abejas tuvieran alimentos. Cuando alguien moría mi papá regalaba la cera para que hicieran las velas.

Mi mamá cosía y tenía una maquinita de manigueta con la que hacía camisas, hamacas de tela, trajes de hombres, sábanas de sacos de harina. Ella era fuerte y el último hijo un día lo tuvo sola caminando por la casa, ese niño casi se le salió.

Recuerdo que cuando inauguraron el puente sobre el Río Yaque (17.1), vinieron muchísimas personas. Dormían en hamacas que colgaron por todos lo árboles de los

---

50 Pan de harina con coco.

51 Bollo que se hace de maíz o de yuca).

52 Descatreaban, de descatrear, verbo que no aparece en el diccionario de la RAE. "Cuando le pidió a Ana Rita, la dueña de las colmenas, que le vendiera un pedacito, ésta le dijo que las abejas "no estaban de descatrear". Blog Mao en el corazón.

alrededores. También llegaron maestros de todas partes (17.2). Antes de construir el puente, el río se cruzaba en una barca.

A nosotras nos dejaban bañarnos en la orillita del río Maimón. El agua era buena para tomar, pero ya no, porque ahora está contaminada.

En aquellos tiempos, se montaba a la hembra en la burra baya. Habían otras rusillas[53], color mojinas[54]. Las burras tenían nombres como: "la gardenia", "la joca"[55] , "la amarilla", "la pata negra." Debo decir que en mi casa habían recuas grandes de caballos, mulos y burros y era muy común el regalarlos. Todos los animales lo señalaban con una marca en forma de triángulo. Esa señal era una achuela que le decían "bocaíto." Cuando alguien iba a hacer un viaje largo, bañaban la bestias en el río, las peinaban con raquetas y les cortaban las pezuñas con un martillo y algo cortante como una navaja. Mandaban a hacer sillas donde los talabarteros y también mandaban a hacer frenos y espuelas. En esos viajes usaban un panó[56] para cargar la alforja donde llevaban la comida como tocinos, longanizas, quesos, y en el trayecto se paraban a comer. Para ir de Guayacanes a Santiago se hacían muchas paradas.

Con un vestido azul y medias de algodón y temprano en la mañana mi papá me llevaba de paseo a los cerros de Esperanza montada en una bestia[57] grande a buscar matas de orégano, y durábamos un largo rato haciendo eso. Las matas había que mojarlas primero. Él también me dejaba que yo tomara un traguito de café. Si no la hacía, yo lloraba. Mi

---

53 Referido a un animal de color marrón claro rojizo.

54 Color oscuro.

55 De color amarillo y negro.

56 Almohadilla de lana de carnero o de crines que se pone sobre el lomo de las caballerizas para que no les moleste la silla.

57 En la zona rural del país es la hembra del caballo.

papá sólo me dio un fuetazo[58]. Recuerdo que él estaba acostado y habían unos puercos rondando y él dijo: "¡espanten esos puercos!", y como nadie salió a hacerlo, él se levantó dando fuetazos a todo el que encontró a su paso. En ese entonces, si el papá o la mamá hablaban había que atenderlos inmediatamente.

En mi casa había un muchacho que lo criaron con nosotros. Todos decían que él era hijo de mi papá. La mamá vino un día y se lo entregó a mi familia. A él le gustaba hacer mucha maldad. Cogía las gallinas y los plátanos y los vendía, pero de inmediato alguien iba y se lo decía a papá. Yo siempre estaba tratando de que le perdonaran sus travesuras. Una vez, a papá se le perdió una espuela de caballo y al muchacho le dieron tremenda pela. Entonces, yo corrí y abracé a mi papá para evitar que le siguiera pegando y le dije: "¡pare ya, usted se está poniendo loco con esa correa!"

Y otra anécdota: sucede que en el pueblo había un loco medio sonso, y mi papá le dijo: "usted se está comiendo los cocos"; y el contestó: "no, lo que pasa es que los cocos me hablaron y me dijeron: "cómeme", y yo les dije que no porque son de Compay[59] Mon, pero me los comí."

A los 18 años tuve mi primer y único enamorado Sergio Israel Pascual. Lo conocí porque él era amigo de uno de mis hermanos. Yo le dije: "para yo tener amores contigo, tú debes pedirle permiso a mi papá", y él así lo hizo. Para unas fiestas de fin de año llegó a mi casa Fello Masú, un compadre de mi papá, y me preguntó que cuándo llegaba mi novio Israel, porque él había decidido que nosotros nos íbamos a casar esa noche de año nuevo. Entonces él mandó a buscar a mi papá, que se encontraba en el palmar. Cuando él llegó le dijo: "compadre, esta noche usted y yo vamos a casar

---

[58] Golpe dado con un fuete el cual es un azote largo, delgado y flexible, de cuero, cuerda u otra materia.

[59] Abreviación de compadre.

a su hija Cacán (mi apodo) y a Israel." Se pusieron de acuerdo y enviaron a alguien con un caballo para que trajera al juez civil de Esperanza, Pedro Ledesma. Israel y yo no teníamos planes de boda.

Como mi novio vivía muy lejos tenía que quedarse en mi casa y dijo que sí, que se casaba. Esa noche, 31 de diciembre de 1945, me prestaron un vestido para mi boda.

Tuve dos hijas, Rafaela y Librada, y mi hijo Juan Osvaldo, que se me murió a los 25 días de nacido. Yo digo que eso pasó porque yo comía mucho picante. Mi esposo vivía escondiéndome los picantes porque yo se lo echaba a todas las comidas.

Mi esposo murió de pulmonía el 21 de octubre de 1951. Yo tenía 27 años y no me volví a casar. Vivía en Saltadero, y entonces arranqué la casa del piso, regresé a Maimón, y la rehíce en el patio de la casa de mi mamá. Mucho después, para que mis hijas estudiaran me fui a vivir a Mao. Tenía la firme decisión de que mis hijas llegaran a ser profesionales. Yo había comprado un solar pequeño y poco a poco lo cerqué y fui levantando una casita. Comencé a criar puercos y los vendía y hacía mi dinerito. Yo compraba para revender sábanas, zapatos, cortes de telas para vestidos y abría sanes. Facilitaba artículos a un grupo de mujeres, como por ejemplo, sábanas y vajillas para que los rifaran y así ellas también se ganaban su dinerito. Me iba a comprar y yo decía: "compro esto para fulana y aquello para mengano". Mi clientela era excelente. Nunca nadie se quedó con mi dinero.

Siempre he sido delgada y saludable. Sólo sufro de alta presión. Para controlarla, nunca dejo de tomarme los medicamentos que me receta mi doctor. Disfruto tomar una copa de vino de vez en cuando y de cuando en vez.

Resido actualmente con mi hija Rafaela en su casa de Providence, Rhode Island. Me gusta cocinar y me dicen que todo me queda delicioso. Me salen muy bien los sancochos y los moros.

Voy y vengo a Nueva York sin temor alguno, pero no me gusta viajar sola. Siempre me compran los vuelos con el servicio de sillas de ruedas. Doy gracias a Dios por todo. Tengo 4 nietos, dos en la Romana, y dos en la capital.

Yo les digo a las mujeres jóvenes que para casarse se busquen un buen hombre y que se preparen y no dejen sus estudios por nada ni por nadie.

Quiero finalizar compartiendo algunos remedios caseros y ensalmos que aprendí de mi mamá:

Bebedizo de Guaucí, Juana la blanca, matas con todo y raíces de cancharagua (canchalagua), se encontraban a orillas de los ríos. La semilla se parece a la del mastuerzo. Tripas de calabacitas nuevas y raíz de rabo de zorra. Ponerlo a hervir en una olla grande. Luego colar todo eso y se le echa anís, anís de estrella, clavo dulce, argusema (alhucema), manzanilla, nuez moscada, ginebra, extracto de malta y media botella de higuera. Eso mi mamá lo tomaba durante todo el riego (riesgo). Ponía a quemar azúcar al punto de caramelo, se lo echaba a la melcocha y lo ponía en una botella grande. Sirve para limpiarse y sacarse todo el agua que le quedaba en el cuerpo luego de parir. Mi mamá me preparaba ese bebedizo cuando yo daba a luz.

Los tés que yo preparo.

Té sanador del dolor de barriga: tres pedacitos de apio, paja (cáscara) de ajo, unos cuantos granos de malagueta, anís, clavo dulce, tripa de auyama, pedacitos de cilantro sabanero (hoja ancha). Mis nietos dicen: "denme del té que hace Tita" (abuelita).

Para el mal de orines uso mata de guaucí con todo y raíz, Juana la blanca y la barba de maíz. Se deja hervir bien hasta que coja el color de un té. Este té es bueno tomarlo aunque uno no se sienta nada.

Para los riñones: cáscara del palo (mata) de tamarindo y barba de maíz hervidos. También se usa un melón de breña; es un cactus verde hervido, licuado o se guaya.

Para la gripe hago un té de sábila, berro, rábano, miel y cebolla. Quemo la miel y mezclo el licuado.

Ensalmos.

Santrillín y Santrillán iban por un camino y se encontraron con el Señor y él les dijo: "caminemos." Ellos contestaron: "no podemos". "¿Por qué?", les preguntó el Señor. Porque (*se dice el nombre del enfermo*) tiene éste quebranto. Pon la mano encima y decir yo te ensalmo en nombre de Jesús, María y José y según se deshace la sal en el agua, así se ha de deshacer este quebranto.

Para secar el ombligo: Se toma la medida del círculo del ombligo cuando se llena de gases. Se va a una mata de piñón y se pone la medida debajo de la cáscara en nombre de Jesús, María y José. Se rezan tres padrenuestros y tres avemarías.

Para el asma: cortar un poquito de cabello del niño o la niña y colocarlo en un pequeño hueco hecho en una mata para ese propósito y luego sellar el hueco.

18
María Del Carmen Santana (Nena)

"Nadie te puede hacer sentir inferior sin tu consentimiento"

Eleanor Roosevelt
Diplomática y política norteamericana
Primera Dama de los Estados unidos (1933 a 1945)
Primera Presidenta de la Comisión Presidencial sobre la Condición Jurídica y Social de la Mujer
Primera Representante de los Estados Unidos ante la Comisión de Derechos Humanos de las Naciones Unidas

18. María Del Carmen Santana (Nena)

"Pelé muchos pollos, hice muchos dulces, y no me da vergüenza decirlo porque eso era para mi familia, esa era mi vida. Vendíamos de todo: arroz, aceite, bacalao, arenque, verduras, berenjena, la china, el tomate. El repollo yo lo picaba y pelaba el pollo, hacía muchos dulces como quien dice a chele".

Mi nombre es María del Carmen Santana, y me dicen Nena. Tengo 84 años. Mi mamá fue una mujer humilde, pobre, pero muy dedicada a su familia. Cuando yo tenía 7 años mi mamá me tenía en la escuela; para llegar a la escuela, yo caminaba 4 kilómetros a pie.

Éramos cinco hermanos, dos varones y tres hembras. De pequeña, no tenía muchas cosas, pero sí montaba mucho a caballo. Me ponía unos pantalones y salíamos solas a montar caballo. Mi madrina vivía en Manoguayabo e íbamos donde ella todos los días primero del año, de fiesta. Era como un deporte, no era como ahora que hay tantos carros, guaguas, hasta motores que tú vas donde quiera en ellos.

Cuando tenía 10 años fui a la capital a pie desde Haina. Había un puente y nosotras lo cruzábamos. Mi mamá vendía flores. Las sembraba, las cultivaba y nosotros las vendíamos. La ayudábamos mucho. Mamá vendía flores a gente humilde, en casas de familia. Salíamos de Haina con nuestras flores. En la capital, donde está ahora la Cancillería, esa era la casa donde vivía Trujillo; enfrente era la cervecería, y más adelante, donde está ahora la embajada de España. Sí, yo me acuerdo de muchas calles todavía, partiendo del Parque Independencia, dejando la Arzobispo Nouel, Arzobispo Meriño, 16 de Agosto, Padre Billini, la Mella, la Mercedes, yo me las sabía todas. Donde está el Hotel Lina había un campo de aviación que hizo Trujillo. Todo eso yo lo caminaba de niña vendiendo las flores. Lo recuerdo como que fue ayer.

En la escuela llegué a poca cosa, quinto curso apenas, pero en esos cursos aprendí a sumar, contar, dividir, multiplicar y restar. Nos daban clases de labores manuales y de costura. Nos lo daban todo.

De jovencita nunca bailé, a mi madre no le gustaba. Íbamos a fiestas pero nunca bailábamos porque mi mamá tenía ese concepto de que no debíamos hacerlo, y nosotras la obedecíamos, se lo respetábamos. Nunca nos dijo el significado ni el por qué. Aparte de las fiestas, hacíamos pasadías y viajes a Higüey, y ella nos dejaba ir.

Tengo muchos recuerdos de cuando me casé. Mi esposo y yo tuvimos 4 años de novios, desde que yo tenía 16. A los 20 me casé y 5 años después tuve a mi hijo mayor, cuando ya yo creía que no iba a parir, y yo loca, porque quería tener mis hijos. Tuve cinco hijos, dos hembras y tres varones; los tenía cada dos años, tres de ellos nacieron en marzo, en diferentes años.

Cuando mataron a Trujillo en el '61, ya yo tenía un hijo de 10 años. Lo recuerdo como ahora, fue de noche, y algunas personas decían: "¡Ay, mataron a papá Trujillo!". La gente comentaba que fue en la 30 de mayo, que fue en el kilómetro 12. Estábamos todos como sorprendidos. Es que tenían a uno vendado. Pagábamos la cédula, que valía un peso anual, pero cuando usted tenía 16 años ya había que ir con el acta de nacimiento a pagar esa cédula y esa foto, eso era en La Fortaleza Ozama, del lado atrás de la iglesia la Catedral. No puedo decir que Trujillo le hizo nada ni a mí ni a mi familia. No recuerdo nada de las Mirabal; no puedo decir que eran feas, que eran bandidas, solo recuerdo que eran tres hermanas, y las mataron.

Mi esposo y yo tuvimos negocio, comercio. Pelé muchos pollos, hice muchos dulces, y no me da vergüenza decirlo porque eso era para mi familia, esa era mi vida. Vendíamos de todo: arroz, aceite, bacalao, arenque, verduras, berenjena, la china, el tomate. El repollo yo lo picaba y pelaba el pollo, hacía muchos dulces como quien dice a chele.

Entre mi esposo y yo había problemitas, porque siempre eso ha existido. Nos llevábamos regular, subía y bajaba; cuando no teníamos muchachos era más feliz, pero por los hijos, mi esposo me decía: "tú dejas a esos muchachos hacer tal cosa, tú eres que los tiene consentidos." Pero con todo y eso, él quería mucho a sus hijos, mira que esa negrita, la más chiquita de la casa, él era loco con sus hijos. Trabajábamos mucho y trabajábamos bien los dos. Había dificultad, porque siempre hasta los dientes a veces chocan. Mi esposo murió hace seis años. Iba casi a cumplir 90 años. Tuvimos 60 años juntos.

Mi experiencia de criar a mis hijos fue maravillosa. Estoy feliz, estoy muy conforme, porque yo le puse toda la facilidad, todos los caminos, nunca les puse estorbos para que mis hijos estudiaran. Son todos profesionales, con el esfuerzo mío y el de su papá, porque trabajábamos los dos. Mi relación con ellos es buena, hasta ahora, vivo muerta de risa. Y digo gracias, Padre, por darme estos hijos que me quieren, me respetan, me cuidan. Esa es una cosa buena que el Señor me ha dado.

A las muchachitas de ahora lo que les puedo decir es que se cuiden bien, que estudien, porque la pobreza está en que usted no quiera hacer nada ni aprender nada. Que las mujeres aprendan y cojan esa fuerza. Que no se abandonen y sigan luchando.

Antes las madres aconsejaban a las hijas, y no era verdad que por encima de la cabeza de la mamá se iba para una fiesta. Y ahora usted le dice, con todo el cariño posible: "mi amor, mi hija, no salgas sola, no te vayas, yo te llevo, ve con fulanito que te va a llevar a esa fiesta", pero no, ella quiere irse sola. Creo que esa falta de respeto viene porque no tenemos amor, porque si yo la quiero, yo la amo, yo la respeto y si yo la respeto hay amor.

Creo que nosotros somos culpables de la situación del país, porque usted no puede vivir de lo que le dé el gobierno, que el político fulano de tal me regale una fundita, pero carajo, usted tiene dos brazos, usted tiene una memoria, una mente, usted puede trabajar. Yo le aconsejo a la juventud que trabajen, que luchen, pero que luchen por ellos mismos y que ayuden a los demás, que no empujen para abajo al que poco puede, no lo echen para el saco, que traten de ver cómo pueden rescatarlo, ayudarlo.

Ahora en parte estamos mejor que antes, porque en mis tiempos teníamos que caminar mucho a pie, no había comodidades, como mucho una nevera, un televisor, un radito de pila, y había que comprar primero las pilas para poder oír algo. Pero ahora tenemos muchas cosas en contra, como por ejemplo, este "tigueraje".

Lo que no me gusta de ahora es la bulla. Yo la acepto y respeto a quien le gusta eso, porque ellos se divierten, pero nada se debe hacer con exageración, ni comer comida se puede hacer con exageración, porque si uno se pasa de comer, le hace daño.

19
Trina Santos Cordero

“No dejes que te roben tu imaginación,
tu creatividad, tu curiosidad. Son tu lugar en el mundo.
Son tu vida. Ve y haz con ellos todo lo que puedas.
Conviértelos en la vida que quieres vivir”

Mae Jemison
Física y astronauta de la NASA

19. Trina Santos Cordero

“Y le dije a mi hija, yo no estoy jugando muñeca, yo estoy buscando algo que aprender para cuando tu papá se muera tengamos de qué vivir”.

Bueno, para hablar de mi vida, tengo que pensar. Nací en el 7 de abril del año 1922, pero perdí mi mamá a los dos años. Ella murió de parto. Me crió una hermana de padre llamada María. Mi papá era papá y mamá, un padre muy bueno. Vivía con nosotros como si fuera una mamá. Mi papá se casó de nuevo cuando yo tenía seis años mi hermano tenía 7 años y mi hermana 5 años. Éramos hermanos de padre y madre.

La mujer de papá no congeniaba con nosotros y pasamos mucho trabajo con ella. Mi padre era un hacendado y ella era la jefa. Nos tronchaba. Vivimos con ella 6 años. Entonces, papá tuvo que hacer otra casa al lado y dejarnos en esa casa y su esposa en otra. Ellos tuvieron seis hijos.

En la casa vivíamos solos, nosotros, tres hijos de padre y madre, mi hermana de padre, y una muchacha que nos ayudaba en los oficios, pero papá nos atendía y cuidaba.

Cuando mi hermana se casó, y luego mi hermano, yo me quedé sola en la casa, en un campo que le dicen La Bija. Luego, la esposa de papá, que era de Pimentel, un campo de San Francisco de Macorís, lo convenció de que se mudaran para allá, y nos fuimos.

Yo era muy alegre cuando joven. Papá me mandaba a la Vega y a Cotuí a la iglesia y a los bailes. Así fue que me encontré con Pancho, un amigo de mi hermano, y nos hicimos novios.

Tuve seis años de amores con Pancho. Un día, Pancho le dijo a mi papá: "bueno, Cecilio, yo me quiero casar con su hija, y no tengo ni un chele". Papá estuvo de acuerdo, y nos casamos en Pimentel. Al poco tiempo, Pancho me trajo a la casa de su hermano Arístides, aquí en Cotuí. Eso fue en 1945. Recuerdo que nos fuimos en dos caballos con todos los trastes, y hubo un terremoto.

Era un amor de verdad el de Pancho y el mío, nos queríamos mucho. En casa de mi cuñado pasamos varios meses. La esposa de él era muy buena, no quería que me fuera. Pero nos mudamos a una casa alquilada, pequeña, y con piso de tierra. Me sentía bien y feliz, porque nosotros nos llevábamos muy bien. Luego nos mudamos a la casa de una cuñada, hermana de Pancho, vivimos ahí menos de un año. De ahí nos mudamos en la casa de Doña Luz, amiga de Mama Fica, la mamá de Pancho. Ella me trataba como a una hija. Ahí nació mi primera hija, Francia. Para doña Luz, la niña era su nieta. Allí vivimos cinco años. También en esa casa nació mi hija Quisqueya. Luego nos mudamos frente al parque, aunque doña Luz no quería que nos mudáramos, pero yo quería tener mi casa. Ya yo estaba embarazada de Francisco. Ahí vivíamos felices, pero no duramos mucho, porque nos pidieron la casa y a Pancho lo sacaron del trabajo en el ayuntamiento; él tocaba en la banda y le pagaban 12 pesos al mes.

Luego nombraron a Pancho secretario del Juez de Paz, en Cevicos, ganando 60 pesos al mes, y nos mudamos para allá. Ahí fue que yo pasé trabajo de verdad. Vivimos con cariño; yo era peleona, pero con los muchachos y con él cuando se emborrachaba. Ahí pasé todas las calamidades.

Ahí pagué todas las que debía. En menos de un año cancelaron a Pancho.

Mi papá había muerto. Cuando tenía amores con Pancho regalé las vacas que mi papá me dejó. No tenía nada. Yo no era de nada, solo en la casa. Un grupo de cotuisanos[60] incluyendo a Pancho, fueron donde Trujillo a pedirle que les diera trabajo. Entonces nombraron a Pancho inspector de trabajo en Cotuí. Estábamos bien y vivíamos en Cotuí, pero no había pasado un año cuando un camión se paró frente a la casa y entró un amigo de Pancho y le dijo que tenía que salir de la casa, que era del gobierno, porque Trujillo lo había nombrado a él en el puesto de Pancho. El señor desmontó su mudanza y nos quedamos sin casa esa noche. Por suerte, Gutan, el papá de Pancho, nos llevó a mis hijos y a mí para su casa. Al otro día, le llegó el nombramiento a Pancho para Nagua. Pancho buscó casa en Nagua y nos fuimos para allá. Allí vivimos nueve meses. Vivíamos muy bien, de maravilla, pero entonces mataron a Trujillo, y esa noche, Pancho y otros amigos borrachos se pusieron a gritar: "¡libertad, libertad, libertad!" Al otro día, a Pancho lo cancelaron.

En Nagua, nos pusimos a lavar y planchar, por paga, los dos. Ya cansada le digo: "Pancho no podemos vivir así, vámonos para nuestro pueblo". Su hermano Arístides, quien vivía en la capital y era policía llamó a Pancho y le dijo que nos dejara en Cotuí, en casa de sus padres, y cogiera para la capital. Así lo hicimos, luego busqué una pieza y me mudé. Pancho no consiguió trabajo en la capital, pero el doctor Casso lo llamó para que viniera a ser secretario en su clínica, aquí en Cotuí. Tuvimos que mudarnos de nuevo, y esa vez nos fuimos a vivir a casa de Nonito Rincón, que nos la prestó.

---

60 Referido a una persona natural de Cotuí, Municipio de la Provincia Sánchez Ramírez

Pancho no era malo. Nunca me maltrató. Solo que bebía mucho. La gente me decía que lo botara, pero él era bueno, no era odioso, ni nada de eso. Un día se desgaritó con una mujer, cuando yo estaba en estado de José Alberto. Era una vagabunda, de las que le dicen cuero. Yo le pedí hasta el divorcio. Me hacía la vida imposible. Algunas veces amanecía por allá y yo me sentía muy mal. Pero este punto no lo quería tocar, porque no es bueno hablar mal de la gente muerta.

De ahí nos mudamos a esta casa. Entonces Pancho trabajaba en el ayuntamiento. Para conseguir esta casa, nos anotamos en una lista, porque eran casas construidas por el gobierno. Cuando nos avisaron que teníamos que llevar 80 pesos para entregarnos las llaves, le dije a Pancho que buscara los 80 pesos y él dijo que no iba a embromar con eso y que no tenía dinero. Se acostó borracho, era el medio día. Entonces, me arreglé y le dije a las muchachas que limpiaran que yo volvería más tarde. Salí a la calle. Me encontré con Niña García y me dijo que yo estaba rara, que qué me pasaba. Le dije lo que me pasaba y ella me dijo que nos tomáramos un café y habláramos. Entonces ella me dijo: "espérame aquí, que voy hacer una diligencia." La esperé y llegó con el dinero que yo necesitaba.

Llegué a casa y desperté a Pancho y le dije que había conseguido el dinero, que fuéramos al ayuntamiento, porque era a nombre de él que estaba el papel. Fuimos y yo entregué los RD$80.00. Él firmó los papeles y le entregaron la llave. Fuimos al lugar donde estaban las casas y la que me entregaron no me gustó. Ya la habíamos limpiado, cuando llegó un señor que era el jefe de eso y le dije que yo no quería esa casa, que yo quería la de la esquina. Pancho dijo que la que nos dieron estaba bien y que ya estaba limpia. Yo le dije al señor que yo quería esta, donde vivimos ahora, y él me cambió la llave. Nos mudamos al otro día. Era el año 1964. Ahora vivimos aquí dos hijas y yo.

Como a Pancho le gustaba la parranda, un día 27 de febrero como siempre había un baile y Pancho fue con los hijos grandes, mientras que yo me quedé con los más pequeños y pequeñas. Yo tenía una caja de retazos y mi máquina, y me puse a coser. Pensé: voy hacer una muñeca. Cuando llegaron Pancho y los muchachos, me vieron sentada en mi máquina. Dijo Francia: "Papá, si la vieras jugando a las muñecas". Yo dije: "no estoy jugando a las muñecas, estoy buscando algo que aprender para cuando tu papá se muera yo tener de qué vivir. Y él dijo, "¿tú crees que yo me voy a morir primero que tú?

En el año 1983, el doctor Casso me propuso que hiciéramos un negocio. El necesitaba que yo enseñara a las muchachas a hacer muñecas, para ponerlas en la vitrina de una plaza que él iba a abrir. Ahí cogí práctica. Me pagaban 500 pesos al mes. Se hacían muchas exposiciones. Las muñecas son como si fueran mis hijas. Yo las hago y después no las quiero vender. Me paso todo el día en eso, haciendo muñecas.

Tenemos un grupo llamado Santa Ana número 4 donde nosotras los lunes hacemos una reunión para apoyar a los pobres, visitar a los enfermos y los ancianos. Lo mejor que me ha pasado es cuando fui al Santo Cerro, para hacer el cursillo de cristiandad, en 1984.

Ahora, con mis 91 años, me gusta pasear, me encantan las convivencias de la iglesia, ir a las reuniones de cursillos, ir a la iglesia los domingos, pasar el día haciendo mis muñecas y compartir con los nietos. Me llevo bien con mis hijos, y los domingos como en casa de mi hijo Francisco, me gusta mucho. Tengo 19 nietos y nietas y 12 bisnietos y biznietas y 3 que vienen en camino.

20

Rhina Soto viuda Castillo

“Yo soy aquella mujer que escarbó la montaña de la vida
removiendo piedras y plantando flores”

Cora Coralina, pseudónimo de Ana Lins dos Guimarães Peixoto
poetisa brasileña

20. Rhina Soto viuda Castillo

“Nosotros vivíamos de hacer flores y costura. Papá no le daba nada a mi mamá. El era músico.”

Nací el 8 de febrero del 1925, en la ciudad de Baní, en la región sur del país. Donde yo vivía habían unos pájaros, los ciempiés que me daban miedo.

Tuve 7 hermanos, 5 hembras y dos varones. Estuve en la escuela hasta el cuarto curso de la primaria.

Me crié con mamá, porque mamá y papá se dejaron cuando yo estaba pequeña. El era músico y estuvo durante 7 años tocando en la sinfónica de Cuba.

Mis hermanos, mamá y papá, todos han muerto. Nosotros vivíamos de hacer flores y costura. Papá no le daba nada a mi mamá. El era músico.

De mi niñez recuerdo que jugaba mucho, algunos juegos como Matarile rile rile ron, y las muñecas de trapo. Yo me quejaba de que a otras niñas los Reyes Magos le dejaban muñecas y juegos buenos y a mí no. Le pregunté a mamá que por qué yo no tenía de las otras muñecas que eran más bonitas, y ella me contestó que porque nosotros éramos pobre.

Recuerdo también la época de Trujillo, que le tenían un zíper en la boca a la gente. En la escuela obligado teníamos que colocarnos una foto de Trujillo en la blusa las hembras y en la camisa los varones. Era obligatorio ir a la escuela; mi hermana Puchita tenía los zapatos rotos y tuvo que ir con ellos así y recuerdo que los demás niños le decían: “Puchita Soto, zapato roto”, y ella le contestaba: “¡Piojosos!”

Recuerdo las serenatas que me daban en mi juventud, a mí y a mis hermanas, pero solo tuve un novio. Iba a una piscina y a un centro de baile, una vez no quise bailar con un señor apellido Ortiz porque él estaba borracho y necio, entonces él fue con el chisme a mi casa. Mi mamá nos dejaba ir a las fiestas con Doña Rosa. Esas fiestas empezaban a las 7 de la noche y nos íbamos a las 9 de la noche.

Me casé el 27 de noviembre del 1947, en Baní, con Manuel Castillo. Tuvimos 5 hijos y la segunda murió cuando tenía 2 años. Yo crié dos de él. Cuando nos casamos, mi esposo y yo vivíamos en la casa de Doña Ramona, mi suegra. Allí vivimos por muchos años. Luego nos fuimos a Moca, porque mi esposo trabajaba en la compañía Industrias Banilejas y lo trasladaron, y luego a Baní. En 1962 nos mudamos para la capital. En el año 1966 pusimos un negocio, una panadería. Yo era la más responsable con el negocio; hacía galletas, pan, dulces. La gente venía a la panadería a comprar y también distribuíamos pan a los colmados.

Una vez, en Moca, mi esposo me llevó a una fiesta, y puso a sonar un disco con una canción de Sarita Montiel que dice: “¿por qué te encontré en mi camino si no has de ser mía?”, para que lo escuchara una mujer que yo conocía, y que luego él mudó para la capital y ella le tuvo un hijo. Eso fue años después de nosotros casarnos, cuando ya nuestros hijos estaban hombres y mujeres. Cuando supe lo del hijo, fui con unas amigas a ver al niño para ver si era verdad. y cuando la mamá de la criatura me vio no dijo nada. Entré a la habitación y vi al niño. Era igualito a mi esposo, y me fui.

Mi esposo murió en el año 2001. Murió en la casa. Unos 15 días antes de morir me dijo que si yo me volvía a casar él se moría. Le dije que no. Él tuvo tres hijos con otras mujeres. Yo le crié dos. Le aguanté demasiado. Mi recuerdo más triste fue cuando él empezó a sufrir el Mal de Párkinson.

Yo quería ser cantante. Me gusta cantar. Mi artista favorito es Marco Antonio Muñiz. Las canciones que más me gustan son las de Felipe Pirela, Danny Rivera y Charlie Zaa.

Antes me sentaba en la puerta de la casa y me ponía a cantar. Me sé todas las canciones que cantó Marta Heredia en el concurso en el que participó. Recuerdo algunas como: *"Aunque tú me has dejado en el abandono, en mis sueños te colmo, en mis sueños te colmo de bendiciones…"*.

21

Bienvenida Diogracia Torres Cabrera

"No te golpea por ser alta o baja, gorda o flaca, necia o inteligente, licenciada o analfabeta... te golpea por ser mujer"

Guía para mujeres maltratadas.

21. Bienvenida Diogracia Torres Cabrera

"Para qué volar si me cortaron un pedacito de mis alas".

Después de la desgracia que le ocurrió a mi hija, tengo momentos en que me río, pero en realidad siento un dolor muy profundo. Como muchas mujeres saben por lo que pasé, ellas vienen a mi casa para que las aconseje. Hoy por ejemplo vino a visitarme una mujer que trabaja aquí en el edificio cuidando a una señora. Su esposo es colombiano y la maltrataba. Le daba golpes, la acechaba por las calles y cuando venía al trabajo la molestaba. Un día ella dijo: "voy para donde Bienva para que ella me diga lo que debo hacer." Ella sabía lo que le ocurrió a mi hija y me acompañó mucho en mis momentos de dolor. Cuando me contó su historia le dije: "Ya no aguantes más. Las cosas se expresan, se hablan. Saca de adentro lo que tienes. Llévate de lo que te dicen las personas mayores y ve a consejería". Porque eso pasó con mi hija. Yo la aconsejaba y le decía: "mi hija, saca ese hombre de tu casa. Ese hombre es malo. Tu familia somos nosotros. El no debe dolerte a ti. Ten cuidado que tú tienes tus hijos". Le conté todo eso a la señora y al final ella le puso una orden de restricción al marido. Pero luego le permitió que viera al hijo y ella se encerraba en una habitación hasta que él se fuera, lo cual estaba muy mal hecho por ella, porque eso es exponerse al peligro. Eso no se debe hacer. Cuando me lo contó, le dije que tuviera mucho cuidado porque las personas que maltratan son chantajistas. Al final, ella entendió y no le permitió hacerlo más. Después, al hombre le cogió con buscar al niño en el colegio, pero luego ella también le prohibió hacerlo. Y gracias a Dios, ella fue a consejería y dizque el hombre se fue para Colombia. Pero aún así ella anda con miedo en la calle. Viene con miedo al trabajo y no abre la puerta de su apartamento si no está segura de quién es. Ella se quedó viviendo en el mismo apartamento (lo que no se debe hacer) y tiene dudas de que realmente él se haya ido para Colombia. Yo espero en Dios que ese hombre no venga un día con su arrebato y pase otra desgracia.

A pesar de todos los consejos que le dábamos a mi hija, ella no usó su cabeza como tenía que ser. Yo hasta llegué a decirle, mi hija, ten cuidado, yo veo que en tu casa puede correr la sangre. Así de claro se lo dije. Tú tienes tu hija y tu hijo que son de él, y a Kiosumi, que ya es un hombrecito. Ten cuidado que no pase una desgracia. Cuando pasó esa muerte terrible, yo estoy segura que si la niña y el niño hubieran estado presentes, hoy no los tuviéramos, porque ese monstruo hubiera acabado también con ellos. Pero damos gracias a Dios que nos quedaron ella y él, porque esa niña y ese niño son nuestra vida. Lo que nos hace vivir. Ellos son como una planta que uno siembra y luego se muere pero quedan los retoños. Eso es así, especialmente para mi nieta Yanelis, para mi hija Morena y mi hijo José Manuel, para Sacha y para Julio mi nuero que ha sabido ser un excelente padre para ellos. Cuando la tristeza me abraza me pongo a escribir cosas. A veces les pongo fechas:

(5-12-2012) Hija, te fuiste al cielo para siempre. Te amo aún más y te llevo en mi corazón.

(4-12-13) Son las 3:45 AM y no tengo sueño. No puedo dormir pensando tantas cosas.

(4-20-13) Nos dejaste tus dos hijos y tu hija a quienes cuidamos como si fueras tú. Kio, tu hijo mayor callado y trabajador como siempre. Gaby se porta bien y no es malcriada, quiere irse a estudiar a la universidad. Gabrielito es cariñoso y dulce, habla poco, pero siempre pegado de mí. Hija, te recuerdo

mucho cuando hago una comida de las que a ti tanto te gustaban. Cuando veo tu foto, mi mente se transforma en algo espiritual".

Mi nombre completo es Bienvenida Diogracia Torres Cabrera. Mi mamá se llamaba Albertina Torres y mi papá Abraham Cabrera. Nací en Santiago de la Cruz, el 22 de marzo de 1934. La niñez de nosotros fue muy bonita. Mi mamá era de una familia humilde, pero muy honrada y trabajadora. Lavaba por paga y me llevaba con ella. Recuerdo que cuando yo tenía 5 años ella me compró una batea pequeña que le costó 5 centavos. Cuando íbamos a lavar donde una profesora de nombre Zulema, yo cuidaba de su niña Mirna y dizque lavaba la ropita de ella. Aprendí a tener responsabilidad muy temprano en mi vida. Puedo decir que mi mamá nos crió casi sola, como madre y padre, porque su esposo (que no era mi papá) murió. Ella tuvo una segunda relación. Éramos cinco hermanos, dos hembras y tres varones: Feli, Toño, mi hermano mellizo Bienvenido, yo, y Chepe el más pequeño. Tres quedamos vivos incluido el caimán de mi mellizo.

No tengo recuerdos claros de Santiago de la Cruz, el lugar donde nací, porque mi mamá se trasladó a Monte Grande, otra sección de Loma de Cabrera, cuando yo tenía 2 ó 3 años de edad. Sí recuerdo que nos íbamos caminando a ese lugar, y mi mamá me decía: "ahí fue que tú naciste", y me enseñaba la casa que quedaba frente a un cementerio. Allá hice las clases conocidas en ese entonces como "emergencia", y llegué hasta sexto grado. Mucho después y estando ya casada completé las clases que le llamaban "rudimentarias", y terminé el 8vo grado. Cuando estábamos grandecitos nos mudamos a La Peñita, otro paraje de Loma de Cabrera, porque mi papá que era militar estaba de puesto allí. Ahí terminamos de crecer. Como no había escuela para mi grado, lo que yo hacía era sustituir a la maestra cuando ella daba a luz o se ausentaba por alguna razón. Yo ponía a los estudiantes a jugar y les daba algunas clasecitas, porque ya yo tenía el 6to grado y eso era como el 8vo de ahora. Quien hacía un 6to grado daba hasta para ser maestra.

La Peñita está localizada en la rivera del Río Masacre en la frontera misma con Haití. Ahí trabajábamos mucho con mi mamá. Despalotábamos maní, lavábamos la ropa y hacíamos los quehaceres de la casa. Pero yo era muy inteligente desde chiquita. Yo recogía naranjas y cajuiles y hacía dulces para vender y con ese dinerito me compraba mi ropa. Yo bordaba y hacía pañuelos de hombres y los vendía a los muchachos jóvenes. También hacía sábanas de macario[61], y en tela de "indiangé" (de la India) dibujaba unos patos y se los ponía a las sábanas. Con las sábanas hacía sanes. Confeccionábamos manteles, y para que no se notaran los macarios, los uníamos con un punto de bordado que se llama "pata de cabra".

Como vivíamos en la frontera con Haití, los haitianos y las haitianas cruzaban todos los días a La Peñita a vender y a comprar y también trabajaban en la propiedad de mi hermano quien les pagaba "por día" trabajado. Mi hermano mellizo también tenía bodega, recua de mulos, caballos y séminos[62] pero con el vicio de beber y el juego de gallos, lo perdió todo y ahora depende de sus hijos e hijas. No como yo, que tengo mi comida segura y no dependo de mis hijos. Cuando estábamos pequeños nosotros nunca cruzábamos a Haití. Mucho tiempo después, como en 1980, cuando ya vivía en la Capital, yo viajaba a Haití a negociar. Llevaba azúcar, sardinas, arenque, jabón, entre otros productos y con ese dinero compraba perfumes, pantalones jeans a solo $5.00, chacabanas, etc. Yo iba a Puerto Príncipe, Juana Méndez, Feliberté, Guadalupé y al alto donde vivían los ricos. Mi hija Mercedes también viajaba conmigo y

---

61 Saco hecho con tela de algodón donde venía la harina de trigo.

62 Mulo nacido de caballo y asna.

muchas de mis amigas enfermeras, para ir a conocer y a comprar porque vendían muy barato.

En La Peñita mi mamá también llegó a tener bodega. Ella mandaba a tumbar todas las naranjas que habían en la finca, que era grande, porque cada vez que se mudaba un colono (21.1), mi papá le compraba las tierras y llegó un momento en que él era el dueño de casi todo por ahí. Nosotros recogíamos las naranjas y las pelábamos y la cáscara se guardaba. Cuando pasaba el tiempo y ya no habían naranjas, mi mamá las vendía mucho más caras. Tumbábamos cajuiles y con el jugo mamá hacía vinos. También los hacía de arroz y de caña para usarlos en los momentos especiales de la familia, como por ejemplo en la navidad. Ella enterraba las botellas como por un año para que se fermentaran. Yo nunca aprendí a hacerlos pero si me pongo sé que lo hago. Sólo hay que ponerlos a fermentar, mientras más tiempo mejor porque botan su química y se hace el alcohol. Nosotros vivíamos de todo eso. Las semillas de cajuil las reciclábamos. A mi me gusta decir que el reciclaje es de toda la vida. Lo que pasa es que antes no decíamos reciclaje. Pero eso viene de lejos, porque eso lo que significa es no botar lo que se puede usar. Así, con las semillas de cajuil las poníamos a secar y las vendíamos por cajones porque era la medida que se usaba en ese entonces. Mi mamá guardaba las semillas en un cuarto aparte, bien "sequecitas"[63] en unos sacos de henequén muy grandes, que les decían "trescientas veinte". Entonces cuando nadie tenía semillas todas las mujeres que vendían semillas asadas venían a comprarlas en mi casa. Los domingo era el día en que todas esas mujeres venían también a comprar "gollejo"[64] de naranja y guandules secos. Mi mamá era una busca vida. No

---

63 Secas, protegidas de la humedad.

64 Gollejo, película blanca que le queda a la naranja o al limón después de ser mondados.

dejaba perder nada. Vendía leche. Hacía boruga y dulces de leche para su bodega.

Después de estar casada me fui a vivir a Dajabón. Mi mamá y mi papá estaban separados dentro de la casa, pero ella lo cuidó hasta que él murió. Entonces ella se quedó sola. Luego se enfermó y como yo era su hija más pequeña decidí llevármela a vivir conmigo a Dajabón. Entonces, mientras ella estaba en el hospital yo usé un dinerito de ella que tenía guardado y le compré una casita sin que lo supiera. Cuando salió del hospital se fue a mi casa pero ya tenía su casa donde vivir.

Yo me casé a los 20 años con mi único novio y con él tuve mis dos hijas y mi hijo y otra que se me murió de tres años y cinco meses que se llamaba Divina. Yo lo conocí a él cuando iba a La Peñita a visitar a una hermana suya que estaba casada con un militar. Él era de Dajabón. Mi marido era muy celoso, bebía mucho y se iba a calle y regresaba al otro día. Y por eso mucho después lo boté y salí de mi casa dejando todo. Luego me divorcié. Una le coge miedo a esos hombres. Ya yo era enfermera y me sentía preparada para criar a mis hijos sola.

Luego me fui al hospital a recibir prácticas de enfermería. Después hice el curso de auxiliar de enfermería. Cuando lo terminé, me trasladaron para San Francisco de Macorís. Dejé a mis dos hijas y a mi hijo con mi Mamá. Ya las hembras estudiaban en el Colegio La Altagracia de Dajabón y el varón en el Colegio Evangélico. Yo viajaba frecuentemente a verlos.

Por ese entonces yo tenía un enamorado y me metí a vivir con él. Lo conocí en Dajabón y pasó mucho tiempo que él no sabía de mí, ni yo de él. Pero un día me llegó a San Francisco una carta de él. Yo me dije: "¡ofrézcame, resucitó Lázaro!" En la carta él me decía que quería volver a verme y empezó a mandarme regalos por correo. Me enviaba chancletas y telas para que yo me hiciera vestidos. En ese momento, yo trabajaba en el Hospital San Vicente de Paúl. Ya en comunicación con Ventura, que así se llamaba mi enamorado conseguí mi traslado para Constanza porque él trabajaba allá. Ventura era encargado de Foresta en Constanza y ahí junto con él crié a mis hijos. Nos casamos en 1972 y rentamos una casa. El tenía tres hijos y yo tres y los juntamos todos. ¡Que locura! Yo llegué a ser Súper Administradora del hospital de Constanza. Allá duramos como seis años. En ese tiempo, hice el bachillerato junto con Morena, mi hija, mi hijo José Manuel y un hijo de Ventura. Lo hicimos en la tanda de la noche. Cuando lo terminamos, Mercedes se fue a la capital a estudiar enfermería en la universidad, el hijo de Ventura se fue a la universidad de Santiago y yo me fui a la Escuela Nacional de Enfermería, pero luego lo dejé porque tenía que vigilar a mis otros hijos. Yo me dije, aún estoy joven para estudiar y aprender pero mi familia es prioridad. Así que puedo dejar los estudios y los puedo terminar en otra época, pero para cuidar a mis hijos, ahora es el tiempo. Dejé de estudiar para que mis hijos lo hicieran.

Entonces compré una casita en la capital y nos trasladamos para allá, porque ya habían dos hijos de Ventura y mi hija Mercedes estudiando en la universidad. También ya me habían pensionado en Constanza porque me dio asma por el frío que hacía allá. Esa casita que compré dicen que pertenecía a los Trujillo. Queda en la Máximo Gómez, en el Barrio Las Flores, y por ahí queda lo que fue la cárcel la 40 donde mandaban a matar a mucha gente. En un cuarto de mi casa (porque todavía es de mi propiedad y la tengo alquilada) suena hueco y dicen que ese túnel se comunicaba con la cárcel. Además, yo le compré esa casa en 1974 a un ex–militar que era de los Trujillo.

Ahí nos ubicamos todos, Ventura y yo con nuestros 6 hijos e hijas. Él trabajaba como asimilado en la oficina central de Foresta y yo comencé a trabajar enfermería a nivel privado y particular. Trabajé en la Maternidad del Seguro Social y en el Policlínico Naco. Como enfermera particular trabajé en la casa de Donald Read Cabral cuidándole una hija que tenía hepatitis. Esas gentes grandes me buscaban porque yo me hice famosa como enfermera. También trabajé con el Vice presidente Goico Morales Troncoso cuidándole una hermana que tenia Alzhéimer.

En 1981 vine por primera vez a New York. Yo iba y venía. Me quedaba tres o cuatro meses para no pasarme de tiempo y cuidaba a unos judíos. En ese tiempo me alojaba en la casa de una hermana de Ventura. Ella es como una hermana para mi y es mi favorita. Viví en su casa y nunca me cobró. Me dio mucho apoyo en esos viajes. Así duré 6 años y luego vine con residencia porque Ventura fue pedido por una hermana y a mi también me salió porque estaba casada con él.

Cuando vinimos Ventura y yo, ya con residencia, nos fuimos a vivir a Lawrence, Massachusetts a la casa de mi hijo José Manuel que ya estaba casado. La novia lo trajo. Pero a Ventura no le gustó por allá y vino para Nueva York. Aquí tenía su familia. Yo me quedé un tiempo allá porque tenía mi trabajo. Mi primer trabajo en Lawrence fue en la fábrica de tenis *New Balance*, pero de ahí me fui porque tuve una caída muy fuerte en la nieve. Luego trabajé en un *nursing home* (hogar de ancianos). Ahí duré como año y medio. Ventura iba a visitarme y yo iba a visitarlo a él. Al final decidí dejar el trabajo y venir para Nueva York porque Ventura dijo: "o aquí o allá". En 1991, él y yo nos separamos totalmente.

Ya en Nueva York y separada, hice el curso de *home attendance* (atención a domicilio) y durante el mismo me pusieron a trabajar de una vez. Hice ese curso aquí, porque no me valía el que había hecho en Massachusetts. Allá yo hice un semestre de inglés bien aprovechado y tenía planes de estudiar enfermería en la universidad, pero al venir atrás de ese hombre, se me tronchó la carrera. Atender a una señora jamaiquina me ayudó mucho a defenderme con el inglés. En Alianza Dominicana tuve la oportunidad de hacer muchos cursos. También tomé el examen de equivalencia de Escuela Superior y lo pasé, y me aseguraban préstamo universitario para yo seguir mis estudios. Pero yo me dije: "a estas alturas qué me voy yo a poner a estudiar, mejor sigo trabajando mucho porque tengo que mandarles dinero a mis hijas" (siempre el problema de los hijos), y a mi mamá que todavía estaba viva. Así que aparte de mi trabajo regular, también vendía prendas, ropas, zapatos. Tenía un cuarto rentado y lo llenaba de mercancía y salía a regarlas cuando estaba libre. Entonces le hice los papeles a mis hijas y las traje.

Después de un tiempo apliqué para éste apartamento donde vivo y ya llevo 23 años aquí. Siempre estoy tejiendo como forma de entretenerme. Semanalmente preparo un sazón natural para regalarlo a la familia o a mis amistades. Los ingredientes que uso son los siguientes: ajíes verdes, amarillos y rojos para que hagan una buena textura. También recaíto verde, apio, mucho ajo, cebolla de la blanca y de la roja, vinagre blanco, un poco de aceite de oliva y del regular, adobo, puerro, pimienta y orégano. Con mucho cuidado mezclo todos los ingredientes en una licuadora y luego lo envaso para regalarlo.

Quiero mucho a mis nietos y mis nietas y cada uno tiene su forma especial de ganarse mi cariño. A Michael le gusta que yo le cocine pero cuando no le gusta no le pone ni el pico. Siempre me llama para que vaya a colarle café o porque quiere que yo me quede a dormir para que le cuente cuentos y le hable de mis antepasados. Yanelis es bondadosa. Siempre me saluda o se despide dándome un beso en la boca. A Sacha de solo decirle que me voy a morir se pone a llorar. A Kio, a Gaby y Gabrielito los quiero doblemente en ausencia de su madre que ya está en el cielo. Yo los aconsejo a todos con amor mientras les doy besos y abrazos. Quisiera que mi raíz se quede en ellos y ellas. Deseo que sean buenos, que ayuden a los demás, que sean útiles y que respeten a quien les hace el favor de corregirlos. En 83 años es mucho lo que uno vive y pasa. Pero a lo largo de la vida lo verdaderamente importante es el amor por la familia. Eso es lo primero y lo último.

22

Yaniris Antonia Urbáez

"El amor ha sido el opio de las mujeres, como la religión el de las masas.
Mientras nosotras amábamos, los hombres gobernaban"

Katherine Murray "Kate" Millett
Educadora, artista y escritora feminista norteamericana

22. Yaniris Antonia Urbáez

"Fui una niña que quería ser bruja, quizás porque crecí entre mujeres que parecían tener la mágica habilidad de revivir los muertos usando hierbas, velas y conjuros".

Restauración, un pequeño rincón de la frontera Dominico-Haitiana, es un pintoresco pueblecito rodeado de pinares, ríos, montañas y conucos. La gente del pueblo es sencilla pero les encanta alardear del maravilloso clima fresco de su tierra y de sus tradiciones. Allí nací el día 8 de Septiembre de 1945.

Yo crecí en una casa grande, humilde, y llena de reliquias bajo la guía de mi luchadora madre, Doña Rosario Contreras y la añoranza del padre ausente, Ricardo Urbáez. Doña Ana Julia, la matriarca abuela materna constituía el eje familiar. El clan estaba completado por mi hermana pequeña Brunilda y varias primas. Mi abuela paterna, Doña Emilia y varias tías, todas jugaron un rol importante en mi formación. Doña Rosario era una mujer celosa y sacrificada por sus hijas, una madre soltera de muy bajos ingresos. La relación con mi madre fue siempre abierta pero igual de disciplinada. Mi madre era la rezadora oficial del pueblo y su vida transcurrió entre la devoción de la iglesia católica y el mundo mágico de la sanación a través de remedios naturales. Tengo seis hermanos de padre.

Parte de mis primeras memorias son las de una niña que quería ser bruja, simplemente porque crecí entre mujeres que parecían tener la mágica habilidad de revivir los muertos usando hierbas, velas y conjuros. Como cualquier muchacha pueblerina, asistía a la única escuela del pueblo, me bañaba en el río por las tardes e iba al rosario por la noche. Después de ir a la iglesia, las niñas nos juntábamos a cantar y jugar. Los juegos terminaban siempre con el llamado de mamá o de la abuela de regresar a casa. Los apagones eléctricos eran ocurrencia habitual, así que teníamos que usar otros medios para mantenernos alumbrados. En la vieja casona alumbrada por la lámpara de gas y el fuego del anafe, en compañía de familiares y vecinos, y entre sorbo y sorbo del té de jengibre o de naranja, los niños y las niñas escuchábamos las fascinantes reseñas históricas del país, las cuales incluían los encuentros de la abuela con el Presidente Lilís[65] y los pleitos entre Los Bolos y los Rabuses. Los cuentos de Juan Bobo y Pedro Animal siempre formaban parte del menú nocturnal, seguido por las mágicas aventuras de la Güela Zapatona, La Ciguapa y otras múltiples leyendas pueblerinas. La noche casi siempre terminaba con las ya famosas "Profecías de Santa Isabel", predicciones decretadas por la abuela acerca del futuro del pueblo y de sus gentes.

En aquellos tiempos, los conciertos dominicales en el parque amenizados por nuestra Banda Municipal Santa Cecilia, eran legendarios. Clásicos de aquellos tiempos eran los populares danzones cubanos y merengues dedicados al dictador Trujillo. También legendarias eran las Fiestas Patronales de San José, los desfiles y bailes en el Club

---

65 Ulises Heureaux, también conocido como Lilís (San Felipe de Puerto Plata, 21 de octubre de 1845-Moca, 26 de julio de 1899), fue un militar y político dominicano, y presidente de la República Dominicana en tres ocasiones. Su forma de gobierno dictatorial condujo al país a la bancarrota, situación que provocó una fuerte inestabilidad política y fue la causa principal de la posterior intervención norteamericana de 1916. (Wikipedia).

Fraternidad Fronteriza que reunían la flor y nata del pueblo. Ya un poco más crecidas, las niñas teníamos permiso para pasear de gancho por la calle principal. El punto de reunión para "los paseítos", como les llamábamos, era la plaza entre la iglesia y el parque y terminaban en El Calvario situado a la entrada del pueblo.

Siempre fui una niña precoz, imaginativa y curiosa. De pequeña era alegre, me gustaba dirigir, cantar a todo pulmón, bailar, recitar poemas, escribir cosas y, sobretodo, hablar. En cuanto aprendí a leer y escribir me autonombré maestra de los niños y niñas del pueblo con quienes compartía mis sueños de viajar y conocer gentes. Siempre tuve la sensación de que el pueblo era pequeño para mí. Creo que aprendí a ser rebucera[66] desde que aprendí a hablar. También sin saberlo actuaba como feminista. Eso así, porque en el pueblo había un grupo de niños que siempre se las ingeniaban para tocarnos. A veces aprovechaban que las niñas nos estábamos bañando en el río y ellos se zambullían y llegaban al grupo a tocar nuestros cuerpos semidesnudos. Una noche reuní en el parque a un grupo de mis amiguitas para apedrear a los manoseadores, especialmente al más manoseador de todos, apodado Puto. Décadas después me lo encontré en una funeraria, se me acercó y me dijo: "soy Puto, y mira la cicatriz que me dejó la pedrada que me diste. Con ella aprendí para siempre a no tocar a las mujeres." Otra cosa era que a los jóvenes del pueblo les encantaba irse de pasadía al río y no invitar a las muchachas, pero si nosotras hacíamos uno, entonces ellos se invitaban solos y se aparecían en nuestros encuentros. Un día me inventé una fiesta en el club juvenil del pueblo e invitamos a los muchachos a que fueran vestidos de manera formal con pantalón negro y camisa blanca. Nosotras nos sentamos en el parque muertas de risa viéndolos entrar al

---

66 Derivado de rebú, que significa alterar el orden.

club. Los dejamos plantados porque ninguna de nosotras entró a la fiesta fantasma. Les hicimos esa burla porque ellos se creían los dueños del pueblo.

Siendo una adolescente de 13 ó 14 años, después de varios amoríos fallidos y todos los desórdenes que yo me inventaba, me desacreditaron en el pueblo y el sueño de llegar a ser una misionera en algún lugar exótico del mundo, toma cuerpo cuando la vida me llevó a entrar al convento Nuestra Señora del Perpetuo Socorro que funcionaba en la base militar de San Isidro. Me cortaron el pelo y me puse mis hábitos. Allí seguí siendo rebelde. Una vez, la Madre Superiora me llamó a la dirección porque otras novicias se quejaron de mí. Ella me dijo: “Sor Antonia de Jesús (todas éramos Sor tal de Jesús) quiero decirle que todos los juegos que aquí se hacen son sólo una forma de recreación” y yo le respondí: “pero yo no juego sólo para disfrutar, sino para ganar.”

Como profesora del colegio de las monjas, le di clases a Frida Virginia de Jesús Wessin, hija del General Elías Wessin y Wessin. En algún momento se comenzó a comentar que mi amiga Sor Rania de Jesús y yo éramos anti trujillistas y la Madre nos dijo que tuviéramos mucho cuidado con lo que decíamos porque el General se podía enterar a través de su hija. Un día llegué a ver a Trujillo que estaba de visita en la base junto con el Cardenal.

Yo seguí haciendo travesuras en el convento y como forma de protestar porque a Rania y a mí nos hicieron cocinar cuando no nos tocaba; entonces, encontré una culebra muerta y la puse en forma ondulada en el pasillo. Cuando una monja la encontró se armó el huidero. Cuando se descubrió todo, como yo había sido la autora intelectual, me trasladaron temporalmente al Convento Los Tres Caminos en Santiago, que estaba infestado de culebras. Para profesar había que cumplir con los votos de castidad, pobreza y obediencia pero tuve muchos problemas con el último, porque era muy desobediente. Al final, cumplí con todos los requisitos para ser monja. Pero en febrero de 1965 decidí que no iba a seguir en el convento y me salí. Eso fue muy escandaloso porque en esa congregación después que uno profesa, una es monja de por vida.

Regresé a Restauración donde me encontré con mi amigo de infancia Víctor Gómez, quien también se había salido del seminario donde estudiaba sacerdocio. Entonces se regó en el pueblo que nosotros habíamos abandonado el convento y el seminario porque teníamos amores. Por tal razón, yo le dije a Víctor: "¿tú quieres que seamos novios?" Y él respondió: "yo no solo quiero que seamos novios, también quiero que tú seas mi esposa". Así lo hicimos, y el 18 de abril de 1965 nos casamos sin nunca haber tenido una relación amorosa. El ya tenía programado viajar a Nueva York en el mes de julio. La boda fue en Loma de Cabrera y mi mamá no asistió a la misma. Mi amiga Celsa hizo los arreglos y me prestó un vestido. Como no teníamos casa donde vivir, ella nos prestó una que estaba vacía. Allí festejamos nuestro casamiento con refrescos rojos y galletitas de soda. Yo era virgen y Víctor tampoco había tenido relaciones sexuales. Ya en la noche el salió para la casa de Cosme Taveras, hermano de Celsa. Luego supe que había ido a preguntarle que qué hacían los hombres con las muchachas cuando se casaban. El amigo, que era experto en prostíbulos, le hizo su historia. Esa noche fue la noche más larga de mi vida. Le cogí miedo a tener relaciones y luego no quería que él me tocara. Con él duré 15 años y es el padre de mis dos hijas y de mi hijo que murió hace apenas 1 año aquí en New York.

Del período glorioso de nuestra historia que fue la insurrección constitucionalista del 1965 queda fijo en mi memoria los recuerdos de un pueblo valiente y la templada bravura de Lourdes Villalona (Tía del cantante Fernandito Villalona) y mi comadre Celsa Taveras, mujeres amigas con quienes tuve el honor de compartir una celda carcelaria. El estallido ocurrió el 24 y ya el día 26 en el pueblo comenzaron a recoger a las personas que se les catalogaba de comunistas. Ese día llegó una camioneta del ejército y se detuvo frente a nuestra casa y rápidamente nos apresaron a Lourdes Villallona y a mí. Lourdes, quien era maestra oriunda de Loma de Cabrera vivía en la casa de mi mamá. En el trayecto recogieron a Celsa y nos encarcelaron en un cuarto muy pequeño y sin camas. Desde donde estábamos podíamos escuchar las conversaciones de los guardias. En un momento, uno de ellos dijo que le iba a sacar el hígado a la negrita (que era yo), y lo iba a sancochar para luego echárselo a los puercos.

Yo ya tenía un precedente anti trujillista. Dentro de la iglesia llegué a ser presidenta de la Juventud Obrera Católica (JOC) cuya misión era defender los derechos de las trabajadoras y trabajadores del campo y jornaleros en general. Cuando hacíamos marchas al tiempo que exaltábamos a Cristo defendíamos los mencionados derechos. Para las distintas actividades de la JOC teníamos un uniforme llamativo de falda verde y blusa blanca con el escudo de la organización en el lado izquierdo. El mismo Antonio de la Maza, que vivía en mi pueblo y que participó en el ajusticiamiento del dictador, poseía un aserradero donde de manera continua se violaban los derechos de sus trabajadores. Su hija Lourdes de la Maza también pertenecía a la JOC.

Celsa Taveras y Lourdes Villalona tenían un historial similar al mío. Las tres formábamos parte del coro y éramos como tres pilares de la iglesia. Ante nuestro apresamiento, nuestras familias y las autoridades de la iglesia se movilizaron rápidamente. El padre de Celsa era veterano del ejército y mi padre Ricardo Urbáez detentaba en ese momento un alto grado militar en las milicias. Cuando nos soltaron nos dijeron que diéramos gracias a quienes habían intercedido por nosotras porque de lo contrario cualquier cosa nos hubiera podido pasar. Por su parte, mi recién esposo violó el toque de queda y también lo apresaron por una cuantas horas.

A las dos o tres semanas de ocurrir nuestro apresamiento decidí irme a la capital e integrarme al comando que funcionaba en el Parque Enriquillo. Llegué con todo el deseo de tirar tiros y hacer bombas pero me dijeron que hacían falta mujeres para preparar las comidas para los hombres y que esa eran las órdenes y había que obedecerlas. Entonces me asignaron al programa de comidas. Se cocinaba en diferentes casas del vecindario y se llevaba la comida a lugares muy estratégicos. Nunca disparé un tiro. Pero hice muchas cosas como era escuchar las noticias, tomaba notas y pasarlas al canal correspondiente. Al poco tiempo tuve que regresar a Restauración. Salí embarazada de mi primera hija, y en julio de 1965, mi esposo salió para acá, para New York. En ese entonces era muy fácil salir del país porque querían salir de mucha gente. Pero a mí se me metió entre ceja y ceja que yo no quería salir de mi país hasta que los gringos no salieran. Sin embargo, en 1966 durante la represiva ocupación americana en mi país, casada y con una hija de 10 meses en brazos llegué a Nueva York. Una vez en Nueva York trabajé en fábricas, estudié y quince años después, me divorcié, todo eso mientras echaba hacia adelante dos hijas y un hijo que eran la razón de mi vida.

Durante la década de los 70's mis tiempos de estudiante en City College of New York expandieron mis horizontes y mis sueños. Eran los tiempos en los que me fascinaba la idea de llegar a ser una gran escritora similar a Virginia Woolf o una compasiva humanista como la Madre Teresa. Luego de leer a Margaret Mead y a Simone de Beauvoir, y después de escuchar a una Ángela Davis y a Gloria Steinen, la posibilidad de convertirme en una ilustre antropóloga o una feminista radical me llamaban grandemente la atención también. Pero había que poner los pies en la tierra, así que me dediqué a participar en el movimiento por los derechos de los estudiantes de la universidad; una lucha que gradualmente se extendió a la comunidad.

Durante la década de los 80's y parte de los 90's, con un título de post grado colgando en una pared de mi casa, la realidad de ser una mujer negra, latina y madre soltera viviendo en Harlem, no tenía nada de glamoroso. Eso, aquejada por una serie de complejas relaciones amorosas y limitaciones financieras dio lugar a un período de gran incertidumbre en mi vida. Pero eso no fue una barrera para mi continua participación en pro de los derechos de las minorías. Durante ese período, fui fichada por la FBI por mi participación en la ocupación del Hospital Sydehem en Harlem. Soy co-fundadora de la Asociación de Mujeres Dominicanas (AMD), la primera organización feminista dominicana en New York. A mediados de la década de los 80's la organización se dividió por razones políticas. La facción liderada por mí planteaba que nuestra lucha era por la defensa de los derechos de las comunidades minoritarias, con énfasis en el derecho de las mujeres latinas en Nueva York, que luego se convertiría en la Unión de Mujeres Dominicanas. La otra facción priorizaba la participación en la política partidista de izquierda en República Dominicana que devino en el Colectivo de Mujeres Dominicanas. Hubo otro grupo que decidió mantenerse neutral y quedarse fuera, entre ellas las compañera Estela Vásquez y Amalia Peña.

También participé en múltiples comités y marchas de protestas en demanda de mejor educación, vivienda, beneficios de salud y otros servicios para nuestra gente. Soy también la primera y hasta ahora única mujer en ser presidenta del Desfile Dominicano de Manhattan. Durante ese período me sentí muy discriminada por algunos de los compañeros de la dirección del desfile, quienes se encargaron de hacerme la vida imposible. Recuerdo que en la primera reunión del comité directivo, un compañero supuestamente progresista y que había estudiado en Rusia tomó un turno para decir que yo no debía dirigir la reunión porque ninguna mujer lo había hecho antes. Yo, apegada a lo que decían los estatutos, le invalidé su argumento.

Estuve detenida varias veces en este país por mi activa participación en varias actos de desobediencia civil por lo que estaba pasando en África con lo del apartheid.

En 1995 mi última relación de pareja terminó muy mal. En una reunión pública exigí a quien era mi compañero que me pidiera perdón por cosas falsas que había dicho sobre mí, y él lo hizo. Yo gastaba mucho tiempo en esos amores. En aquel momento me prometí a mi misma no volver a estar con otro hombre en mi vida y la verdad es que no me ha hecho falta. Al contrario, me ha ayudado a esclarecer mi misión.

Para 1997, más madura y sosegada, me di cuenta que mi vida espiritual estaba profundamente asociada a mi convicción en una sociedad justa y digna para todos y todas. Consecuentemente, de ahí surgió la creación de Encuentros, un grupo que integra la espiritualidad, el crecimiento personal y el compromiso social.

En diferentes etapas de mi vida y debido a mi color, género, posición política y condición social tuve que encarar un sin número de desafíos. Pero mi reto mayor llego un frío domingo, Día de los Reyes Magos del 2013, cuando tuve que enfrentarme a la súbita muerte de mi hijo Bobby. Mi hijo era un magnifico ser humano querido por mucha gente y un día se fue tan sereno como vino al mundo. Murió en mis brazos. Se desplomó hablando conmigo. Pensé que se había caído. Pero como él tenía mucho peso, salí corriendo desesperada a buscar a mis amigas vecinas. El dolor de perder un hijo es indescriptible; es un evento que te marca para toda la vida. La gente me pregunta que cómo me mantengo en pie y mi respuesta es siempre la misma: "Me mantengo en pie gracias a mi gran fe en la inter-conexión universal; en la promesa Divina de que la muerte es solo una transición a un plano mayor. Me mantengo en pie gracias a mi convicción en el gran proceso de la vida; una convicción que me hace saber que el espíritu de mi hijo está en un buen lugar."

En septiembre del año 2014 participé en una protesta multitudinaria sobre los estragos del cambio climático. Tuve la experiencia hermosa de marchar con mi nieta Joanna, hija de mi primera hija, quien nunca había participado en este tipo de demostración y caminamos los 82 bloques del trayecto sosteniendo una pancarta cantando a voz en cuello y gritando consignas.

Las dos hijas que me quedan se han convertido en excelentes mujeres, profesionales y madres; los nietos y nietas, al igual que yo en un pasado lejano, hoy recorren los pasillos de universidades y se enfrentan a los difíciles retos de los tiempos.

Yo, mientras tanto, solo intento crecer y aprender. A medida que maduro, me doy cuenta del valor que le daba a muchas cosas que han sido substituidas por otros valores más duraderos; que la ley de causa y efecto verdaderamente existe porque he cosechado y continúo cosechando los frutos que he sembrado, buenos y malos. Que mis arrugas al igual que la corteza de los viejos árboles, son el símbolo de que he pasado por aquí y mi mejor prueba de haber sobrevivido a las tormentas.

En este recorrido por la vida he aprendido que todo tiene una salida; que el sol no deja de asomarse aun en los días nublados y que al igual que lo hacía de niña, hoy es el mejor tiempo para cantar, reír, bailar y vivir intensamente. Durante este periodo largo de mi vida he aprendido que, al igual que el cielo se aclara después de la tormenta, mi corazón siempre se siente más ligero después de una lluvia de lágrimas. Hoy reconozco que aunque he recorrido muchos caminos y conocido mucha gente, mi existencia es solo un proyecto en desarrollo.

Y, como sucede siempre, un buen día mis ojos se cerrarán y mi voz se apagará. Por eso hoy decido utilizar mi capacidad de ver y mi facultad de hablar para insistir en la lucha contra la injusticia de los privilegiados y la denigración de los desposeídos. Hoy, a éstas alturas de mi vida, no tengo la necesidad de correr porque mi única prisa es llegar a tiempo para abrazar y decirle a alguien: "Te quiero". Hoy como en los tiempos de antaño deseo continuar soñando, pero sin entorpecer los sueños de los demás. Hoy no tengo miedo a la muerte porque también he aprendido que cuando mi jornada termine aquí, mi espíritu continuará en un hermoso peregrinaje evolutivo por el cosmos.

Hoy, en honor a toda la gente que ha pasado por mi vida reconozco que la gratitud es la esencia del amor, y que el amor es una condición necesaria para vivir en paz. El agradecimiento y el amor tan estrechamente conectados, son la respuesta espontánea del corazón humano a lo que se nos da gratuitamente. Por eso hoy, casi apuntando a los 73 años de edad tengo que decir: "¡Gracias, Dios, por el regalo de la vida!"

23
Celeste Ramona Ulloa Rodríguez

"La manera más efectiva de hacer algo es hacerlo"

Amelia Mary Earhart
Aviadora estadounidense

23. Celeste Ramona Ulloa Rodríguez

"Y me dije, yo tengo cuatro hijos y no los quiero exponer a que alguien los maltrate. Entonces, lo mejor que puedo hacer es tener una relación con otra mujer que entienda todo esto. Así de sencilla fue mi decisión. Conocí a Marilyn y por 30 años he vivido en sana paz".

Mi nombre es Celeste Ramona Ulloa Rodríguez, y soy dominicana con mucho orgullo. Vivo en el exilio desde hace 47 años. La mayor parte de ese tiempo lo viví en Nueva York y hace trece años que me mudé a Connecticut. Nací en la Vega el 18 de febrero de 1945. Siendo muy pequeña a mi mamá le tocó irse a Constanza a trabajar como maestra y dejarme al cuidado de su familia compuesta por mi abuelo materno, Don Ramón Eugenio Rodríguez, de quien me honra llevar mi segundo nombre, sus dos hijos solteros y su hija más joven que también era soltera.

Mi mamá, Milagros Rodríguez Estrella, hoy Viuda Ulloa, fue maestra por 39 años, y mi papá, Pedro Rafael Ulloa Gómez, fue músico y muy amante de la literatura, pero nos faltó muy pronto. Resulta que él tenía unos terrenos que había heredado de su padre y en la dictadura de Trujillo le propusieron comprárselos. Mi papá no quiso venderlos y entonces lo asesinaron. Yo apenas tenía 4 años de edad y mi hermano César sólo tenía 23 días de nacido. Mi mamá se encontraba trabajando en Constanza y al verse sola con sus hijos pequeños no tuvo otra opción que regresar a su casa paterna. Tres meses más tarde, mi otra tía quedó viuda y también regresó a la casa paterna con su hijita de once meses.

Mi abuelo era viudo desde hacía muchos años y nunca se volvió a casar. Él entendió que su prioridad y su deber eran criar a sus cinco hijos. Y los crió y educó dándoles un gran sentido de responsabilidad para consigo mismos y para con los demás, lo que fomentó una gran unión familiar. Mi mamá era la segunda hija y ayudó en gran medida en la crianza de los hermanos más jóvenes.

A veces yo estaba con mi mamá en Constanza, pero la mayor parte del tiempo permanecía en la Vega con mi abuelo, mis dos tíos y mi tía más joven. De esa época recuerdo una ocasión, cuando tenía como cuatro años, en que yo estaba jugando al "cocina'o" en el patio y salí a la calle a llevarle a mi mamá lo que había cocinado, y me perdí. Como mi familia era muy conocida en el vecindario, alguien me encontró y me trajo de regreso a la casa.

Otro recuerdo que tengo de esa época es sobre mi papá. Él era mucho mayor que mi mamá y al momento de casarse ya tenía dos hijos con otra mujer con la cual convivía. Mi mamá pensaba que era solo uno. Mi medio hermano nació en la misma época que yo. La última vez que vi a mi papá fue cuando él me llevó a conocer a mis hermanos en la capital Santo Domingo.

Dos años más tarde, en 1951, nos mudamos a la capital. Así me crié yo, en una familia extendida, con mis tíos, mis tías, mi abuelo, mi hermanito, mi prima y mi mamá, que nunca se volvió a casar. Mi tía, compañera de viudez de mi madre volvió a casarse y tuvo dos hijas y un hijo y cuidó siempre de mi abuelo. Tiempo después, yo me casé, y luego mis tíos se casaron.

En mi casa, por tradición, los niños y las niñas se alfabetizaban en la casa. Entré a la escuela cuando tenía 7 años, pero entré al 3er grado en el Colegio María Auxiliadora de la capital. Al poco tiempo de estar allí ocurrió un incidente que para mí fue impactante. Sucede que yo quería ser la Virgen María en una velada de navidad que se hizo en el colegio. Me acuerdo como si fuera ahora mismo, cuando le pedí ser la Virgen a una monja de nombre Sor Carmen, ella me miró con mucho desprecio y me dijo: "tu sí que lo harías bonito, Ulloa!" Luego escogieron a una niña de ojos verdes y pelo rubio. Cuando eso pasó yo me desencanté mucho de esa escuela y le dije a mi mamá que no quería seguir ahí. Mi madre insistió en que continuara. Al final de ese año académico, un buen día, un grupo de niñas se juntaron para halarme el cabello. Yo tenía mucho pelo rizado y me peinaban con trenzas. El fracatán[67] de niñas me soltaron el pelo, me vapulearon y me jamaquiaron[68]. Dentro de mi gran desesperación le volví a insistir a mi mamá que ya yo no quería ir más a ese colegio. Entonces mi mamá me inscribió en la escuela pública. Me dieron un examen y resulté estar preparada no para estar en 4to sino para el 5to grado. Como a los 8 años entré al 5to grado en la Escuela República Dominicana.

Al quedar viuda, mi mamá decidió que a mi hermano y a mí no nos iba a faltar nada porque nuestro padre no estaba con nosotros. Por eso, quizás, nos inscribió en un colegio privado. Ya en la Escuela República Dominicana me adapté, pasé mis grados y luego fui a la Escuela intermedia Estados Unidos. A mediados de 1950 entré al Instituto de Señoritas Salomé Ureña. Ahí hice el primer año de bachillerato. Como tenía notas altas, mi mamá pagó para que yo fuera a unas clases particulares, hiciera el 2do del bachillerato en verano y tomara los exámenes libres para entrar a 3ero en la Escuela Eugenio María de Hostos. Ahí terminé el bachillerato a los 16 años.

---

67 Gran cantidad de una cosa.

68 Empujar, un jamaquión es una sacudida.

Poco antes de que mataran a Trujillo, yo tenía 15 años y mi mamá era maestra y dirigía una pequeña escuela. Ya para ese tiempo vivíamos solos porque cuando yo tenía 13 años de edad, ella fundó una escuela-hogar en la calle Manuel Ubaldo Gómez que tenía como 7 docentes, incluida ella. Era una casa bien grande y nos mudamos para allá dejando así la casa de mi abuelo. En esa escuela también daban clases mi tía y dos amigas de mi mamá. Pero ella además atendía en la noche una unidad de alfabetización localizada en una escuela que se llamaba María Montés, y mi tío Roberto Rodríguez, era el director de la misma. Mi mamá estaba también completando su doctorado en Educación y necesitaba tiempo para hacer su tesis. Entonces le pidió permiso al Inspector de Educación de esa área para que yo la sustituyera en la tanda de la noche y le diera clases a esas personas adultas. Aunque solo tenía 15 años, yo era bastante alta, aunque muy delgada. Empecé entonces a ponerme un poco de pintalabios y mi mamá me permitió usar zapatos con taquitos para que no pareciera tan niña en una clase de adultos. Cuando ocurre la muerte del tirano, a mi mamá la cancelaron de su trabajo debido a que su segundo apellido, Estrella, lo relacionaron con Salvador Estrella Sadhalá, quien formó parte del atentado contra Trujillo. Por lo tanto, después de un semestre, ya no seguí en la unidad de alfabetización.

Para ayudar a mi mamá comencé a trabajar vendiendo zapatos en la Tienda Lama de la avenida Duarte. Mi mamá hizo una licenciatura en la Universidad de Santo Domingo (23.1) y luego completó su Doctorado en Educación. Ella ha escrito varios libros, de los que ha publicados tres: Mi Vieja Lira, Patria, Tiempo y verso y Porvenir.

Acabando de salir del bachillerato, el 27 de mayo de 1962, me casé con Ricardo Santana, el único novio que tuve. Me fui a vivir a Los Minas con mi marido. Él tenía 21 años, era militar con especialidad en buceo y pertenecía a la unidad de los Hombres Ranas (23.2).

Al final del 1962 tengo la experiencia más importante en mi vida cuando vino al mundo Richard mi primer hijo. Casi al mismo tiempo, mi marido cayó preso acusado de perder su arma de reglamento y duró en prisión los años 1963 y 1964. Como era una costumbre familiar que las hijas sin marido regresaran a la casa de sus padres, mi mamá me obligó a regresar a vivir con ella y mi hermano César. Al cabo de un tiempo se determinó que mi mamá no estaba relacionada con Estrella Sadhalá y la restituyeron en su puesto y los mares de confusión y marasmo comenzaron a aclararse. Mi mamá ya no tenía la escuela hogar, sino que impartía dos tandas de clases en la Escuela Haití.

En 1963 ya casada, con mi primer hijo de meses y mi marido preso, inicié mis estudios en Educación en la Universidad Autónoma de Santo Domingo. Llevaba dos años de estudios universitarios en Pedagogía cuando mi mamá me llevó a la Secretaría de Educación para ver si conseguíamos una plaza para mí. La única plaza disponible era en una escuela secundaria en San Pedro de Macorís, como a 60 millas de la capital. El director de personal de la Secretaría de Educación argumentó que yo era muy joven para bregar con estudiantes de la secundaria, aparte de que era en otra ciudad. Entonces me quedé mirando a ese señor y le dije: "¿y qué le parece si mamá se va a San Pedro de Macorís y yo me quedo en la Escuela Haití?" El hombre me miró y me dijo: "¡Muchacha, pero tú si eres inteligente. Esa plaza ya es tuya!" Así fue como trabajé de maestra en la Escuela Haití durante año y medio, entre1963 y1964.

Al principio mi mamá viajaba todos los días a San Pedro de Macorís. Un chofer la buscaba a las 5 de la mañana y la llevaba al liceo de San Pedro, para luego regresarla a la casa en la tarde. La situación era muy agobiante, yo trabajando, mi marido preso, mi niño pequeño, y además, debía cuidar de mi hermano menor. Entonces mi mamá decidió quedarse la semana laboral completa en San Pedro viajaba los lunes y regresaba los viernes. Los fines de semana eran usados para visitar a mi marido en la cárcel.

Mi marido Ricardo salió libre después de dos años y una semana preso, y regresamos a vivir a Los Minas. A su manera, Ricardo se involucró en el proceso revolucionario del país. Estuvo con Caamaño en el movimiento constitucionalista. Durante la Revolución de abril, yo estudiaba y atendía a mi muchachito. Estuve cerca del proceso revolucionario, pero obviamente, mi niño era primero y además, ya estaba embarazada de mi segundo niño. No podía poner en peligro la vida de mis hijos.

En 1965, después del derrocamiento del gobierno de Juan Bosch, el ejército negoció la separación de los miembros de la unidad de buzos para sacarlos del país. Mediante la intervención de Sacha Volman (24.3) y un grupo de personas dominicanas influyentes, se consiguió que Estados Unidos recibiera a los integrantes del cuerpo de Hombres Ranas. En 1966 tuve a mi hijo Franklin, y a los dos meses salió mi esposo Ricardo hacia Texas en donde pasó ocho meses. Cuando Ricardo regresó al país es cuando se iniciaron los trámites de nuestra salida definitiva de la República Dominicana. En muy poco tiempo, mi marido, junto a otros hombres ranas, se fueron a vivir a Puerto Rico.

Siendo parte de una familia tradicional, cuando mi marido volvió a buscarme, me tuve que ir con él. Pero yo realmente no quería irme de Santo Domingo, pues ya estaba terminando mi Licenciatura en Pedagogía y mis recuerdos de Estados Unidos no eran muy agradables. Ya anteriormente, cuando me gradué del bachillerato, mi mamá me había regalado un viaje y fui a Nueva York a visitar una amiga, y no me gustó ni quería volver. Me visaron en dos o tres semanas, pero retrasé el viaje hasta donde pude. Dejé a mis hijos, el menor con mi suegra y el mayor con mi mamá.

Salí para Puerto Rico el 6 de enero de 1968, a los 21 años de edad.

Vivimos en Puerto Rico durante 11 meses. Ricardo trabajaba arreglando acondicionadores de aire y yo limpiaba casas en un vecindario en la capital San Juan. Cuando Ricardo perdió ese trabajo seguimos para Nueva York sin saber que me iba a quedar a vivir allí por los próximos 33 años de mi vida.

Cuando llegamos a Nueva York, Ricardo consiguió trabajo en una fábrica ese mismo día. Duró poco en ese su primer trabajo. Yo por mi parte, y a pesar de que nunca había pisado una fábrica en Santo Domingo conseguí un trabajo en una fábrica en la calle 14. Luego de unos meses, a través de unos amigos, mi marido sin experiencia alguna en esa área consiguió un trabajo como cortador de ropa interior para mujeres. Aprendió rápido y se hizo un buen cortador.

Un tiempo después, uno de sus supervisores buscaba a alguien que supiera matemáticas y que hiciera inventario de los adornos que se les ponían a los brassieres y pantis. El amigo que había llevado a mi marido a ese trabajo le preguntó que si yo sabía matemáticas. El dijo que sí y así entré a trabajar a la misma fábrica junto a mi marido. Trabajaban en la fábrica como 80 mujeres y alrededor de 40 hombres cortadores. A mí me pusieron a trabajar en un cuarto inmenso en medio del área de corte y el área de costura, con un escritorio grandísimo y muchísimas maquinitas de sacar cuentas. También había muchos anaqueles repletos de adornos y elásticos. Estaba encargada de contabilizar todo eso y hacer frecuentes inventarios de qué había y qué faltaba. Mi oficina quedaba en medio del corte y la costura y cada quien que pasaba por allí tenía un comentario que hacer y no precisamente positivo. Decían cosas como: "¡ay, pero tú si te lo ganas fácil!" o "¡pero que suerte tuviste al conseguir ese trabajito!" Mientras tanto, yo entre todas esas maquinitas, adornos y un molestoso polvillo lloraba todos los días. Un buen día, me decidí y le dije a mi marido que ya no aguantaba más. Le dije: "Yo lo siento mucho, no puedo más, yo me tengo que ir de aquí. Yo me voy a estudiar inglés y luego voy a entrar a una universidad porque no voy a estar toda la vida trabajando en una fábrica, pues eso no es para mí", y me fui.

Luego conocí a alguien que vendía productos Stanley y me metió a venderlos también, e hice bastante bien dando demostraciones. Eso fue alrededor de 1970-1971. Ya yo había ido a buscar a mis hijos en 1970 y trabajar vendiendo esos productos me permitía cuidarlos.

Un día me reiteré a mi misma que necesitaba aprender el idioma inglés porque no podía vivir en un país donde ni siquiera sabía cuáles son las leyes que me gobiernan. En ese entonces había unos programas que se llamaban "Man Power" que enseñaban inglés. En febrero de 1973, a los 8 meses de estar estudiando inglés empecé mi bachillerato en *Brooklyn College*. De inmediato me involucré con los grupos latinos, especialmente la "Alianza Puertorriqueña" y el "Movimiento de Estudiantes Dominicanos (MEDO), y ahí conocí a mi amiga Milagros Batista (Mily), quien mucho después, junto a Moisés Pérez fueron los cofundadores de Alianza Dominicana. Pero como lo mío era psicología fundé un club de estudiantes de esa carrera. En ese entonces mi marido solía decirme que yo era antisocial, porque donde quiera que iba llevaba un diccionario a cuestas y una libreta de apuntes. Yo insistía en que no iba a aprender inglés de la calle. Pronto superé la dificultad del idioma.

De febrero de 1973 a junio de 1981 estudié en *Brooklyn College*, donde completé el Bachillerato en Artes, Maestría en Educación y Certificado Avanzado en Psicología Escolar. Durante esos años mis hijos aprendieron inglés en la escuela y me ayudaron con mis trabajos escolares haciendo copias, escribiendo a maquinilla, o simplemente cuidándose a sí mismos y dejándome más tiempo disponible.

Comencé mi vida profesional como facilitadora en *Boricua College*, en el recinto de Brooklyn. Allí tuve el privilegio de conocer latinos con una gran preparación intelectual y un inmenso compromiso de ayudar a adultos de nuestra comunidad latina a realizar sus sueños de graduarse del colegio.

Cuando mi hijo Franklin tenía 13 años tuve mi tercer hijo, Christopher, y 25 meses más tarde tuve mi último hijo Víctor. Con deseo de proveerle a mis hijos mejores condiciones seguí mis estudios doctorales en *Nova University*, en Florida. Para ese tiempo, Nova era precursora en ofrecer cursos híbridos. Trabajaba en casa y asistía a clases una vez al mes en un recinto en Filadelfia, y completaba cursos intensivos durante 10 días consecutivos cada verano y durante tres años. Completé los cursos en Administración de Educación Superior pero no pude hacer la tesis doctoral. Cuando mi hijo Christopher cumplió 5 años me lo diagnosticaron con autismo. Mi deseo de proveerle a mi hijo los mayores recursos posibles y tener el mismo horario escolar que él, me llevaron a trabajar en la Junta de Educación quitándome el lugar de empleo donde completar la tesis en Educación Superior.

Quiero puntualizar que cuando mi marido y yo vinimos a Nueva York estábamos muy ocupados trabajando, atendiendo a su mamá y a los niños. Pero después él continuó aquí la misma lucha política que llevaba en Santo Domingo. Llegó un momento que era tanto el esfuerzo, tiempo y dinero que él gastaba en las actividades políticas que ya no pude más y me dije: "si estoy casada y soy la que lleva la casa a cuestas, entonces no quiero estar casada, porque ¿para qué?". Por esos días ocurrió un incidente que reforzó mi decisión. Yo había salido a hacer una diligencia y mi marido y los niños se quedaron en la casa. Cuando regresé mi casa era un brazo de mar, porque mi niño autista, a quien le fascina el agua había abierto todos los grifos, mientras mi marido como si tal cosa mirando el juego en la televisión con el niño menor. En ese preciso momento decidí hablar con mi suegra, porque ella siempre me quiso como si yo fuera su hija. Le conté todo lo que me estaba pasando y le dije que iba a terminar la relación con su hijo. Ella entendió. Mis dos hijos mayores ya estaban grandes. El mayor estaba estudiando en Nuevo México y el que le sigue estaba terminando la escuela superior. Mi problema eran los dos últimos, uno autista y el otro de tres años. Pero ya yo estaba agobiada con esa relación. Me sentía utilizada. Hablé con Ricardo sobre mi decisión y le dije: "nos queremos mucho pero ya no podemos seguir juntos. Sin pleitos, cada quien debe coger su camino."

Decidí divorciarme el día de Los Enamorados de 1985. Mi último hijo tenía 3 años y medio y por lo tanto no tiene recuerdos de cuando su papá vivía con nosotros. En ese momento fue que yo hice una determinación consciente de que no quería volver a vivir con otro hombre. Analizando la situación me dije: "los hombres usualmente son egoístas; ya yo tengo cuatro hijos y no los quiero exponer a que alguien los maltrate, entonces, lo mejor que yo puedo hacer es tener una relación con otra mujer que entienda todo esto." Así de sencilla fue mi decisión.

Conocí a Marilyn cuando las dos trabajábamos en Boricua College. Los viernes se hacía una reunión grande con unas 120 personas en donde se juntaba personal de la facultad y de administración y aprovechamos ese foro para hacer pública nuestra relación. El Presidente del colegio dijo a toda la facultad: "nosotros debemos darle un completo respaldo a esta pareja que surge". La respuesta fue un gran aplauso.

Por 30 años he vivido en sana paz. Marilyn me ayudó a criar a mis hijos y yo vivo con mucha tranquilidad. Por temperamento soy muy determinada. Cuando hice la decisión de convivir con otra mujer, yo tenía 38 años de edad y fue una decisión consciente y con la cabeza fría. Nunca había experimentado inclinación alguna de ser lesbiana pero, cuando conocí a Marilyn sentí una gran afinidad con su persona. Cuando me divorcié en 1985 ya la conocía y se lo dije a Ricardo. Me dijo que entendía lo que le estaba diciendo, pero por una cuestión de respeto a las buenas costumbres y los preceptos morales, era mejor que él se llevara a los niños. Yo, ni corta ni perezosa le dije, pues te los puedes llevar. ¿Resultado? No hizo nada. Asunto terminado, muerto. Más nunca volvió a mencionar el tema.

Dos años antes de que yo me juntara con Mary, mi mamá vino a Nueva York a traer a mis hijos que habían estado con ella por un corto tiempo debido a que la señora que los cuidaba estaba pasando por una situación personal y no me los podía atender. En ese momento ella me preguntó: "¿Celeste, y ya tú no tienes matrimonio?" Eran los tiempos en que Ricardo estaba metido hasta el copete en la política. Mi mamá es sumamente protocolaria y práctica y me dijo: "Yo no entiendo cómo una mujer inteligente como tú no ha resuelto este problema, porque lo tuyo no es un matrimonio". Yo le respondí: "pues fíjate que lo voy a resolver, pero no te extrañe que si decido no quedarme sola en un futuro, termine conviviendo con otra mujer, porque yo otro hombre no lo soportaría. Si yo con este que fue mi único novio, que tenemos 22 años de casados y cuatro hijos y él está más pendiente de la política que de nosotros, entonces ¿qué sería de otro que venga nuevo y me encuentre a mí con todo este rollo?". Mi mamá no dijo nada. Cuando al final tomé mi decisión, a la primera persona que llamé fue a mi madre y le dije: "¿tú recuerdas Lala, (su apodo) de lo que yo te dije cuando viniste a traerme los niños? Pues mira eso ya es un hecho". Entonces le expliqué todo. Marilyn estaba conmigo y se la puse en el teléfono. Luego, fui a

Santo Domingo y se la presenté. Mi mamá me dijo que ella no entendía mucho al respecto y que no sabía si yo había hecho una buena o mala decisión pero que me respaldaba. Mi hermano apoyó de forma total mi decisión.

Cuando le comuniqué a mi segundo hijo la decisión que había tomado, él de inmediato respondió: "¡Ay sí, eso está bien, porque papi siempre hizo lo que quiso, nunca lo que tú quisiste! Yo te apoyo en un ciento por ciento". Cuando llamé a mi hijo mayor, quien es un hombre sumamente formal y siempre lo fue desde pequeño, y le dije: "Richard, yo he hecho un cambio fundamental en mi vida, y el de comenzar a convivir con otra mujer." El me preguntó: "¿Y qué te dijo Frank?" Yo le expliqué la respuesta de Franklin. Entonces Richard me dijo, "Mami ¿y tú esperas menos de mí que de Franklin? Y yo le respondí, "!Pues claro que no!" Entiendo que el proceso de definición sobre mi preferencia sexual fue fácil y sin complicaciones porque cuando tomé esa decisión yo estaba lo suficientemente adulta y segura de mí para enfrentar cualquier cosa negativa. Yo me acepté a mi misma primero y cuando compartí mi verdad con las demás personas, todos y todas lo que hicieron fue aceptarla.

En 1990 comencé mi segundo doctorado en *Nova University*, esta vez en educación con una concentración en Servicios Especiales para Niños(as) y Adolescentes. Debido a que ese programa requería viajar a Fort Lauderdale una vez al mes por 36 meses y tres cursos intensivos de verano, Marilyn y yo nos mudamos a Howard Beach por su proximidad al aeropuerto Kennedy. Aproveché los cursos de verano para llevar a los niños a vacacionar con Marilyn mientras yo tomaba mis clases. Después de muchas noches sin dormir, 45 libras aumentadas por el efecto del estrés y un balance de $78,000.00 de préstamos estudiantiles, en 1994 obtuve mi doctorado en educación. Para mi investigación de tesis diseñé e implementé un programa de nueve meses de duración para ayudar a niños y niñas con problemas emocionales a través de ayudar a sus padres. Ese estudio fue publicado en ERIC (Education Resources Information Center), y en el 2005 lo presenté personalmente en la Universidad de Oxford en Inglaterra, en una mesa redonda de psicología.

Durante los 35 años que llevo de psicóloga bilingüe en español he visto una gran necesidad humana, especialmente en nuestras comunidades pobres. En mi primera posición como psicóloga escolar en Brownsville, Brooklyn, yo tuve la oportunidad de estar en contacto directo con la comunidad afro-americana, sus prácticas y estilo de crianza. Tuve también la oportunidad de entrenar a estudiantes de psicología internos en la escuela. Fue una experiencia muy satisfactoria en la que pude poner en práctica los métodos de cómo servir a estas poblaciones y cómo relacionarse con los padres y madres que tienen otros métodos de crianza. Además he servido en los equipos interdisciplinarios encargados de diseñar los programas apropiados dependiendo de las necesidades individuales de cada niño(a) y escribir los programas escolares de instrucción individualizada. También he tenido una gran oportunidad de consultar con los maestros(as) y administradores de la educación especial y general. Por años he servido de consultora a varias empresas relacionadas con el campo de salud mental, entre ellos: *Rainbow Psychological Services*, *Puerto Rican Family Institute* en Nueva York y *Rich Prep Academy* en Connecticut. El enfoque en Rainbow Psychological Services era específicamente orientado a la salud mental de niños y niñas bajo los auspicios de agencias encargadas de ello. En el Instituto de la Familia Puertorriqueña, el enfoque era variado ya que incluía evaluaciones psicológicas y educacionales, consejería, conferencia con los padres y/o madres y capacitación en servicios a los(as) trabajadores(as) sociales. Mi experiencia en

Reach Pep fue totalmente distinta. Trabajé evaluando niños y niñas de minorías con inteligencia excepcional y comportamientos maduros, que son recomendados por sus escuelas para competir por cupos en escuelas intermedias exclusivas para familias de altos recursos económicos. Con esta experiencia reafirmé mi propia experiencia educativa. La educación superior en este país tiene dos caras: los que tienen con qué pagar y los que no. Las limitaciones educativas que sufren nuestras comunidades son más por falta de dinero que de inteligencia.

En 1983 comencé a practicar Budismo. Soy budista. Y aquí hago un paréntesis. En 1974 hice un curso de análisis de la Biblia. Yo crecí católica, me casé por la iglesia y bauticé a mis hijos. Pero en tiempos diferentes de mi vida ocurrieron unos eventos que considero importante resaltar. Yo siempre había estado en una búsqueda de algo diferente, pero conocer sobre esos eventos me confrontaron a hacer esa búsqueda de una manera más profunda. Hubo un caso muy sonado debido a sus implicaciones, que ocurrió en 1964 en Kew Graden Queens y fue el de la enfermera Kitty Genovese (24.4), quien llegó a su casa de madrugada y fue violada y luego asesinada. Las noticias en los periódicos señalaban "and nobody called the police" (y nadie llamó a la policía). Otro caso fue el de una monja que tenía 65 años de edad y había pasado 40 de ellos en un convento. Unos malhechores entraron al recinto y la violaron. Las hermanas que habían compartido más o menos 40 años con ella no la quisieron tener más en el convento, porque ya no era virgen. Cuando supe de esos casos, me causó mucha roña[69]. Por otro lado, al estudiar la Biblia me di cuenta de que es un libro lleno de contradicciones. Entonces me dije: "¿Y qué hago yo siendo católica, si soy una mujer de color y pobre?".

---

69 Incomodarse, molestarse

En 1983 me uní a la práctica budista de Nichiren Daishonin. Una práctica de esencia humanista. Tenemos respeto por todo y por todos. Eso permite, quizás, el que yo tenga la posibilidad de ser honesta y abierta con la gente. El aspecto de ser lesbiana es sólo una ventanita más de mi vida y por tanto no es el único aspecto que me define como ser humano.

Como hija sigo al tanto de las necesidades de mi madre que ahora tiene 91 años. Ella sufre de Alzhéimer y vive con mi hermano César en Santo Domingo. Yo me la traje y le gestioné la residencia en Estados Unidos pero ella dijo que quería morir en su tierra. Mi hermano decidió cuidarla hasta que ella muera. Por mi parte voy dos veces al año a verla y proveo para su cuidado lo más que puedo. César y yo estamos muy conscientes de todo el sacrificio que nuestra madre hizo por nosotros.

Con mi ex marido y su actual esposa, mantengo una relación de amistad muy armoniosa. Él sigue siendo mi mejor amigo. Ricardo trabajó en su oficio de cortador por más de 20 años y eso le ha costado varias operaciones en las manos y los hombros. Su esposa también fue una trabajadora de la costura toda su vida. Hoy residen en Santo Domingo y su esfuerzo de la lucha política de los Hombres Ranas finalmente ha sido reconocido.

Definitivamente, le agradezco muchísimo a mi compañera Marilyn porque ella ha sabido ser una parte integral de mi vida. Por años hemos luchado juntas para sacar adelante a los niños y mantener nuestra relación. Nuestro hijo menor Víctor fue quien durante su adolescencia tuvo más dificultad en declarar nuestra relación frente a sus amigos. Para ese entonces carecía del apoyo de su papá y estaba muy afectado por el ambiente hostil y racista del área donde vivíamos en Queens. Su experiencia escolar fue muy hostil y su experiencia en el vecindario extremadamente negativa, al punto en que tuve que intervenir de una manera muy drástica. En las ocasiones en que visitaba su escuela a hablar con sus maestros(as) todos(as) me elogiaban su inteligencia y su comportamiento respetuoso y social pero condenaban su comportamiento como estudiante laxo, poco comprometido con su propio proceso y futuro, así como su falta de juicio en seleccionar sus amistades. Un día le dije de manera terminante que estaba cansada y avergonzada de verlo perder su tiempo, y hacerlo perder a sus maestros. Le dije también que debía salirse inmediatamente de la escuela y ponerse a trabajar, ya que yo no mantengo vagos. Víctor se puso a llorar y me dijo: "Todas las madres le dicen a sus hijos que no dejen la escuela, y tú me estás diciendo que me salga". Le respondí que respetaba mucho a los maestros y la educación para permitirle que él se burlara de todos haciéndoles perder el tiempo. Además le reiteré que lo iba a querer de todas maneras, con o sin estudios. Su falta de juicio en seleccionar sus amistades casi le costó la vida cuando uno de sus conocidos, a raíz de un altercado por unos boletos para un concierto de música, le propinó ocho puñaladas perforándole un pulmón, el estómago y el pericardio. A partir de ese momento, a través de Franklin, mi segundo hijo, Víctor se fue a trabajar como asistente de tostador de café. Tiempo más tarde comenzó a entender la necesidad de educarse, así que completó su grado escolar y terminó su licenciatura en Comercio con altos honores en *Boricua College*. Hoy tiene su maestría en educación y enseña español en una escuela intermedia en Connecticut.

Víctor y sus dos hermanos mayores están casados. De Franklin tengo un nieto de 20 años y una nieta de 4 años. De Víctor tengo tres nietas. Las nenas vinieron a mí a través de mis varones.

Mi hijo mayor Richard es doctor en literatura medieval inglesa y trabaja en *Rochester Institute of Technology*. Tiene dos libros publicados y está trabajando en otro dos mientras practica su pasatiempo favorito que es el de fabricar instrumentos musicales de cuerda con la madera que produce a la ladera del lago Ontario. Sus gatos y su esposa Danese son su compañía.

Franklin también se graduó econ una licenciatura en inglés y luego estudió bienes raíces. Se casó con una maestra de arte, Jessica, y administra su propio negocio donde enseñan manualidades y arte a niños y niñas.

Mi hijo Christopher, que se hace llamar un "Autista con Actitud" terminó un grado asociado en Artes Liberales en *Housatonic Community College,* y completó sus estudios como técnico de farmacia. Doy gracias a las fuerzas del Universo porque mis hijos son excelentes seres humanos. Con respecto a mi nieto y mis nietas, tengo la plena confianza de que mis hijos sabrán guiarlas(o) por los caminos del bien, para que en el mañana sean personas justas y honradas.

El 18 de agosto del 2001, Marilyn y yo nos mudamos a Connecticut y nueve meses más tarde nos mudamos a nuestra propia casa en mayo del 2002. Aprovechando la ley del matrimonio del mismo género y para sellar nuestra relación de manera legal y religiosa, el 24 de noviembre del 2012 celebramos una ceremonia con amigos y familiares. Marilyn y yo nos convertimos en la primera pareja gay budista del estado de Connecticut.

Mientras tanto sigo trabajando en Nueva York con padres y madres con niños y niñas con necesidades especiales y de educación general. Mi posición actual es con las escuelas patentizadas (chárter). Mis pasatiempos siguen siendo leer, las tertulias y sobre todo me gusta tejer. Durante el verano, en nuestro patio siembro comestibles mientras Marilyn cuida de las flores.

24

Ramona Ureña (Ramonita)

"En lugar de añadir años a la vida, es mejor añadir vida a los años"
Rita Levi-Montalcini, neuróloga italiana
y Premio Nobel de Medicina y Fisiología

24. Ramona Ureña (Ramonita)

"Siempre he disfrutado el buscarle el lado cómico al batallar de la vida".

Mi nombre es Ramona Ureña de Espinal y me llaman cariñosamente Ramonita. Nací en Santiago un 20 de abril de 1930. Mi madre, Josefa Ureña (Fefita) fue una mujer trabajadora, que durante 30 años trabajó en el Mercado Modelo de Santiago vendiendo café y arroz con leche. Con ese trabajito crió a sus tres hijos biológicos y 8 más que no lo eran, entre nietos(as) y sobrinos(as). Mi padre, Domingo Santos tenía una panadería. Fue un buen padre, buen hombre y buen esposo.

Siempre he disfrutado buscarle el lado cómico al batallar de la vida. Desde muy pequeña disfrutaba cantar y hacer cuentos con mis amiguitas. De esa época recuerdo a un noviecito que tenía y que se llamaba Arturo Fernández, sobrino de Ludovino Fernández. Mi mamá no lo quería porque según ella, él pertenecía a la alta sociedad y nosotros éramos pobres. Pero él me decía que eso no importaba porque el me quería. Pasó el tiempo y él insistía en visitarme, pero mi mamá no me permitía que nos viéramos. Un domingo, alguien me dijo: "¿y tu no sabes Ramonita? Pero Arturito se casó." Como nosotros vivíamos cerca del río Yaque del Norte, en el Barrio Nibaje, yo me sentaba en la orilla del río en una piedra y comenzaba a cantar una canción que me inventé:
"Un domingo en la mañana, /muy tranquila estaba yo /cuando me dieron la noticia /que Arturito se casó. /No me importa que se

case, /ni se deje de casar..." y así seguía inventándome esa canción que brotaba de mi desconsuelo.

En la escuela llegué hasta el 8vo curso de la primaria. Cuando estaba en el tercer grado, me la pasaba relajando a mi maestra quien se llamaba Ana Josefa Jiménez y la apodaban "Ana Jota", y a ella no le gustaba. Recuerdo que un día ella hizo una reunión con las alumnas porque se había dado cuenta de que en la esquina de la escuela se juntaba un grupo de jovencitos dizque enamorados de algunas de nosotras. Nos dijo en esa reunión: "a partir de ahora les prohíbo a todas que en el recreo vayan a la galería de la escuela". Entonces, yo reuní a mis amiguitas que siempre me apoyaban en los relajos (bromas) que yo hacía y les dije: "prepárense, porque yo sí que me voy a parar ahí". Cuando llegó la hora del recreo crucé mis brazos y calladita me planté en la galería. La maestra vino, me agarró por las orejas, y me llevó para la dirección. En el camino yo de maldad le iba diciendo: "déjame tranquila, Ana Jota". Ella me dijo, retorciéndome aún más la oreja, que ya yo la tenía "jarta" (harta) y me amenazó con que me iba a sacar de la escuela. En esos días, se quemó el Teatro Víctor que estaba ubicado frente al entonces llamado Parque Ramfis en el barrio La Joya, justo al lado de la casa de la maestra, que el fuego también quemó por completo. Como yo también vivía muy cerca fui a verla y la encontré sentada en los escombros de lo que fue su casa. Verla así me dio tanta pena que eso me arregló para siempre y más nunca la hice sufrir. Luego mi mamá me dio un dinerito para que se lo llevara, y cuando se lo entregué, ella se puso a llorar y me abrazó. Eso me dio mucho más pena y la respeté para siempre.

Por ese entonces yo leía muchas novelas románticas. Recuerdo nítidamente los títulos de tres de ellas: Malditas sean las Mujeres, Malditos sean los Hombres y Maldito sea el amor. En la primera novela había una carta de amor que me aprendí de memoria. Hasta hoy la recuerdo y a seguidas la recito: *"Me encontré en la calle cierto día un paquete de cartas amorosas que parece su dueño arrojaría, cual ramo inútil de marchitas rosas. Comencé a revisar las cartas aquellas, porque curiosa soy aunque sea impropio, y después de mirar algunas de ellas hallé la carta que llorando copio: Mirando dije, Mariano de mi vida, yo no quiero que mis cartas de ayer te mortifiquen. Yo sé que si pronuncio un yo te quiero, tus amantes presentes me critican. Yo sé que otras mujeres te han brindado para hacerte olvidar horas felices, pues veo soy para ti más que un pasado, un pasado que maldices, pues sólo soy una flor que llevaste prendida en el ojal de tu levita, una flor que más tarde despreciaste por encontrarme ya mustia y marchita. Yo no ignoro que ya tú no me quieres, aunque pienso que nunca me has querido. En este mundo ingrato, las mujeres, juguetes de los hombres siempre han sido. Sé que mis cartas van sólo a fastidiarte, pero quiero de lo nuestro la historia recordarte. Cuando apenas contaba 15 años, de amor me requeriste un baile regio. Yo entonces ni pensaba en desengaños, de salir acababa del colegio, con destreza admirable me pintaste un amor sin igual puro y vehemente y sin mucho trabajo conquistaste mi joven corazón aún inocente".* La respuesta del hombre fue la siguiente: *"que me importa saber que ya te mueras, que maldigas mil veces mi existencia pues sabes que un tiempo fuiste mía y que gocé de tu perfume y tu fragancia. Han pasado los años y el olvido, así puedo tu amor aborrecer, he sabido que vendes en un mercado tu ardiente carne de mujer. Para Lila, la mujer que hace estremecer de odio todas las horas de mi existencia".* ¿Tú te imaginas? ¡Qué forma de despreciar a las mujeres! Los hombres nunca han sido fáciles. Cuando me casé, me llevé conmigo todas mis novelas. Un mal día, mi primer marido, en un arranque de celos, me las botó. Nunca se lo perdoné.

Durante esa época me aprendí muchos poemas y los recitaba con su debida entonación. Recuerdo uno que nunca llegué a saber quién lo escribió y decía así:

"Una triste y enlutada jovencita/Iba en dirección al camposanto. /Caminaba con pasos vacilantes y sus ojos ahogados por el llanto. /Tan triste y cabizbaja iba la niña /que ni siquiera notó que la seguía /y la vi derramar copiosas lágrimas /al pie de una tumba perla y fría. /Madre del alma oí que le decía, /ya que el cielo me privó de tu ternura, /da consuelo a mi pobre alma herida, /y recompensa algún día mi desventura. /Hoy que el buen Dios, que todo lo remedia /se apiade de mi amargo desconsuelo, /ilumina mis oscuros pensamientos /y pon fin a mis noches de desvelo. /Perdóname, creador del universo, /si en la hora de dolor yo te ofendí, /pues la falta de una madre tan querida, /¡no la puedo soportar padre querido!"

Cuando cumplí 15 años, mi mamá me mandó a vivir a la capital donde una prima que se llamaba Nena Ureña. Ahí yo vivía medio amargada. Llorosa. Un día conocí un joven de nombre Alejandro Pérez que lo llamaban "Ñañán", que apodo ese, ¿eh? El trabajaba en el famoso balneario de Güibia.

Poco tiempo después nos casamos. Yo tenía 16 años de edad. Procreamos cuatro hijos e hijas. Estando embarazada de mi primera hija, él me llamó y me dijo: "ven para Güibia, que van a presentar al Trío Los Panchos", y yo enseguida salí para allá. El balneario estaba abarrotado de gente y al poco rato se armó un tremendo rebú[70] y comenzaron a romper sillas y mesas. Entonces, mi marido llamó a un policía para que me sacara de allí. El policía fue y me sacó sana y salva del gentío. Varias décadas después, ya viviendo yo en Nueva York estaba yo en una reunión del Consejo de los(as) mayores de Alianza Dominicana del que yo era parte y compartí lo que me había pasado en Güibia. Un compañero del grupo dijo: "pues yo soy ese policía que te salvó cuando se armó el pleito de lo cieguitos en Güibia hace

---

70 Dominicanismo que significa: desorden, engaño

ya tantos años". Eso me dejó con la boca abierta. ¡No podía creer tanta casualidad!

Un día estaba yo cantando y una amiga me oyó y me dijo que yo tenía que ir al programa para aficionados de La Voz Dominicana. Allá fui y me anotaron. Canté, me gané un premio y me dijeron que podía seguir cantando porque lo hacía bien. Entonces mi esposo se opuso a que siguiera cantando en ese canal de radio y televisión que era dirigido por un hermano de Trujillo de nombre Petán, porque según se decía, ese hermano de Trujillo obligaba a todas las muchachitas a tener relaciones con él, y entonces, no pude volver más a aquel programa. Eso tampoco se lo perdoné a mi esposo. Yo tenía la seguridad de que el Petán Trujillo ese no conseguiría nada de mí. Me sentí mal porque estaba ilusionada, y una vez más, lo celos de mi esposo me impedían hacer cosas. En ese caso me tronchó mis posibilidades de ser cantante. Por eso y muchas cosas más, un día me decidí a dejarlo. Sus celos me asfixiaban.

Debo decir que mi esposo me quería mucho, solo cambiaba cuando tenía esos arranques de celos. Recuerdo un lugar que vendían comida muy buena que a mí me gustaba mucho y yo le decía a mi esposo: "hoy no quiero cocinar". Entonces, él pedía permiso en su trabajo e iba a ese restaurante y me traía la comida. El nombre de esa fonda era: "Allí donde tú sabes". Pero también recuerdo aquel día diferente en que mi marido llegó temprano a casa y me dijo que se iba a bañar. "Mientras tanto ve a la pulpería y compra algo para hacer cena" me dijo. Entonces, él se metió al baño y yo salí para la pulpería. Pero ocurre que el diablo siempre anda suelto. En el camino, me encuentré con un muchacho de Nibaje y nos saludamos contentos porque hacía mucho que no veía gente de mi barrio en Santiago. Cortésmente, él me pregunta cuál es mi dirección, y no me atreví a dársela, por temor a mi marido. Pero sucede que sin darme cuenta, mi marido me había seguido. Cuando me vio hablando con el joven, me dio una galleta (bofetada) y me dijo que me esperaba en la casa. Por suerte, al poco rato, una vecina me dijo: "Ramonita, por ahí viene tu esposo con un cuchillo." Salí corriendo y me escondí en un callejón. Asustada, pedía a la Virgen de la Altagracia que me cubriera con su manto. Vi a mi esposo pasar frente al callejón donde yo estaba y, con miedo, me adentré más por el mismo. Allí encontré una señora que me preguntó qué me pasaba. Le expliqué y me dijo: "cuídate, que los hombres ahora están matando a las mujeres y a sus hijos." Yo le dije: "pero ese es su hijo, no creo que le vaya a hacer daño." La señora mandó a buscar un carro y me mandó para donde una amiga suya que vivía del otro lado del puente Duarte. Ahí duré tres días. Luego supe que mi mamá llamó a mi esposo y le dijo: "búscame a Ramonita." Luego fue a visitarme una cuñada, la mujer de un hermano mío. Mi marido le dijo: "dime dónde está ella. Yo no le voy a hacer nada." Pero mi cuñada no le dijo donde yo estaba. Al fin pude irme para Santiago de nuevo. Me fui un día, sin nada, sin un centavo, para que al llegar a Santiago, mi mamá me pagara el pasaje. Salí sin cédula a pesar de que en esos tiempos de Trujillo no se podía salir sin documentos. Tuve la suerte de que al carro en que me tocó viajar no lo detuvieron porque las demás pasajeras eran tres monjas, y yo pasaba como su joven alumna. Así llegué al Mercado Modelo y busqué a mi mamá, que se puso muy contenta cundo me vio. Pasé mucho tiempo con miedo a salir, hasta que supe que mi esposo se buscó otra mujer.

En 1965, cuando explotó la Revolución de abril, yo estaba en Santiago e inmediatamente me monté en un carro y salí a buscar a mis hijos. Cuando llegué a la capital bajando por la Duarte había una fila larga de personas con las manos levantadas porque las estaban revisando. Mi hija estaba en la calle Mella en casa de una tía suya, y hasta allá llegué como pude. Luego me fui con ella adonde mi hermano en el Barrio María Auxiliadora. En el trayecto nos encontramos un hombre muerto tendido en mitad de la calle. Dejé a mi hija donde mi hermano y traté de llegar a Villa Duarte, pero la guardia me paró en el Puente Duarte. Me dijeron que yo no podía pasar porque eso estaba muy peligroso. Me devolví apenada para donde mi hermano. Esa noche no pudimos dormir de tantos tiros que se escuchaban repetidamente. Yo me tiré en el suelo con mi hija. Al otro día me fui a pies desde el barrio María Auxiliadora hasta el kilómetro 9 de la Carretera Duarte, donde esperé por mucho tiempo un carro que me llevara a Santiago.

Estando en Santiago otra vez, me llegó el momento de enamorarme de verdad. Encontré el gran amor de mi vida. Él era del paraje Canca la Piedra. Pero su madre no aceptaba nuestra relación porque yo seguía legalmente casada. Ella tenía miedo de que por eso le pudiera pasar algo a su hijo. De todas maneras, nos juntamos. Tuve una hija con él. Cuando la niña tenía como tres años, él me dijo: "me voy a casar para complacer a mi mamá. Pero no te preocupes, tú sabes que yo te quiero mucho. Luego nos vamos a la capital y allá tú y yo ponemos un negocito". Entonces yo le contesté: "si te casas con otra, yo me meto con el primer perro que pase por delante de mi casa". Y cuando él se casó, así mismo hice. Yo tenía un loco que estaba "enamora'o" (enamorado) de mi y decidí meterme con él. Después, mi marido andaba llorándome y amarga'o (amargado). Se sentaba por horas y horas en un bar cerca de mi casa a poner repetidas veces un disco que decía "*mi debilidad, fue quererte con todo el alma*", de Aníbal de Peña. Pero yo ya tenía otro marido.

Conviví mucho tiempo con mi esposo actual sin estar casados legalmente porque no me había divorciado. Hasta que el otro murió de cáncer porque era un fumador empedernido. Me quedé viuda y con marido. Entonces me casé con mi bruto. El día que nos casamos había mucha gente en la iglesia. El sacerdote dijo: "espero que este matrimonio no se separe nunca y que estén en la vida juntos hasta que Dios disponga y así ha de ser". Entonces él contestó: "depende". "¿Depende de qué?", preguntó el Sacerdote. "Bueno, de que ella no me sea infiel", respondió mi marido. A partir de ese día, en mi barrio la gente de fresca comenzó a llamarme con el sobrenombre de "depende". Hasta el día de hoy para mucha gente ese es mi apodo.

Luego, mi esposo se fue para Nueva York porque una hija lo pidió. Yo vine mucho después. Actualmente paso la temporada de frío en mi país y el resto del tiempo aquí en New York junto a mi marido que ahora sufre del Mal de Parkinson y además pronto lo van a operar de la próstata. Tuve cinco hijos con él. En total tuve 11 hijos, seis hembras y cinco varones, quienes me han dado 23 nietos y nietas y 21 biznietos y biznietas. Uno de mis nietos ha heredado mi forma chistosa de ser.

Venir a Nueva York fue fácil. Yo tenía un hijo, que ya murió, quien hacía cortinas, y uno de sus clientes era el cónsul en ese momento de los Estados Unidos. Entonces, un día mi hijo me llevó para presentármelo. Y yo de simpática le dije que quería conocer Nueva York. Entonces el Cónsul me escribió un papelito y me dijo "cuando venga a buscar visa, ponga este papel encima de su pasaporte". Así lo hice. Me dieron 10 años de visa sin preguntarme nada. Vine por primera a esta ciudad en el 1999. Siempre me daban 6 meses de estadía y yo me quedaba cinco aquí. Cada vez, en el aeropuerto me preguntaban: "¿usted vive aquí o allá?", y yo le respondía sonriente: "lo que estoy haciendo es seguir las reglas para no dejar vencer la visa", y me dejaban tranquila sin hacerme más preguntas.

Te voy a contar algunas cosas cómicas que me han pasado durante mi vida. Un día, fui a Santiago a pasarme unos días y un primo mío que manejaba una ambulancia me dijo: "Ramonita, como tú vas para la capital vete ahora conmigo en la ambulancia y así no tienes que pagar pasaje". Entonces, otra prima y yo nos montamos en la ambulancia y arrancamos para la capital. Cuando íbamos por un lugar llamado La Cumbre donde siempre los guardias de Trujillo hacían chequeos, uno de ellos hizo señas para parar la ambulancia. El guardia se acercó a la ambulancia y con cara de pocos amigos le preguntó a mi primo: "¿qué usted lleva en esta ambulancia?" Mi primo le respondió: "llevo dos locas para el manicomio, señor". Entonces el policía abrió la puerta para chequear y yo inmediatamente "etaqué"[71] los ojos como una loca y agitando las manos le dije al guardia: "¿y usted qué es lo que tanto nos mira?" El policía "juyendo" (huyendo) cerró la puerta y le ordenó a mi primo que siguiera. Era tanta la risa que teníamos todo el resto del camino, que en un momento pensé que mi primo podía chocar, por los lagrimones que le caían de los ojos de la pura risa.

En otra ocasión iba yo de la capital para Santiago sin mi cédula y otra prima mía que se parecía mucho a mí, me prestó la suya. Sucede que en la foto de su cédula, mi prima había quedado con los ojos muy abiertos. Me monto en una guagua y por la mitad del camino los guardias mandan a parar el vehículo. Viene uno y dice: "todo el mundo con su cédula en la mano". Cuando me toca mi turno, abrí los ojos lo más que pude y el guardia dice: "pero esa no eres tú" y mostrando la cédula a los demás pasajeros dice: "¿verdad que ésta no es ella? Yo con mis ojos más abiertos aún le respondí: "¿cómo que esa no soy yo? ¡Míreme bien! Al final, el guardia dijo: "está bien, te voy a perdonar, pero estoy seguro de que esa no eres tú". El resto del camino fui el hazmerreír de la guagua.

Me deleita oír canciones románticas, pero de las viejas. Tengo un montón de *cidís* (Disco Compacto) con

---

71 Abrir los ojos de forma desmesurada.

muchísimas de esas canciones. Mientras cocino, yo prendo mi toca-cidí, y ¡a cantar y a recordar se ha dicho! Otra de las cosas que me gusta mucho es jugar bingo. Aquí en New York una amiga me puso el apodo de "Ramonita la rapadora", porque siempre estoy raspando una tarjetita de esas que venden para premios instantáneos. Ese apodo nuevo me provoca risa.

Soy diabética y admito que me cuido a mi manera. Estoy plenamente segura de que mi azúcar es muy dulce conmigo.

25
Magaly Pineda

"Debemos por todos los medios crear un poderoso movimiento internacional de mujeres sobre una base teórica clara"

Clara Zetkin
Teórica marxista alemana, activista
y defensora de los derechos de la mujer

25. Magaly Pineda, una vida dedicada a la lucha por la construcción de una sociedad más justa con igualdad de género.

"Otra cosa que me ha dado el feminismo, y lo digo con relación a mi enfermedad, es la conciencia de que mi cuerpo es mío. De la misma manera que no se lo entregué a ningún hombre nunca, ni a mi compañero con el que ya llevo 50 años conviviendo, tampoco se lo entrego a los médicos y/o las médicas. Pienso que reviste mucha importancia esa dimensión del cuerpo como nuestro territorio, que las feministas han desarrollado, y nuestra sexualidad como una fuente de poder y placer".

- **Mi niñez**

Nací en Santo Domingo, el 21 de marzo del año 1943, cuando el mundo estaba casi a punto de salir de la Segunda Guerra Mundial. En la República Dominicana, la era de Trujillo sacaba ventajas de ese contexto económico que la guerra le permitía, y el tirano lo aprovechó para fortalecer su dictadura.

Mi padre se llamaba Pedro María Pineda Alburquerque. Su madre era de Monte Plata y su padre, a quien mataron muy joven en las luchas de los Bolos y los Coludos era de Bayaguana. Cuando eso ocurrió, mi padre tenía apenas 4 años, y mi abuela se quedó embarazada del que fue su último hijo. Mi otra abuela y mi abuelo tuvieron cinco varones y una hembra que es mi madre. Ella nació en

San Francisco de Macorís pero muy pequeña se la llevaron a vivir a Salcedo donde Leonora Toribio, quien aparentemente fue como una gran matrona, muy especial en la familia. Entre nosotros hay muchas mujeres que llevan ese nombre. Mi madre y mi hija, precisamente se llaman Leonor.

Según me cuentan, yo nací en unas circunstancias muy especiales porque mi madre había estado luchando por más de cinco años por salir embarazada y no había podido. Cuando al fin lo logró, le nació un bebé que fue muy bien recibido. Era el cuarto hijo de mi padre. Pero ese niño, lamentablemente murió a lo diez meses de una meningitis. Eso fue algo devastador tanto para mi madre y mi padre, como para toda la familia extendida de la calle José Reyes, entre las calles Benito Monción y la avenida Mella, donde nació ese niño. Así era nuestra ciudad en ese entonces, todas las personas eran amigas y conocidas. Mi padre dice que ellos ni siquiera recuerdan el entierro, porque fueron sus amigos, los compadres y los familiares, quienes se encargaron de hacerlo.

Con la muerte de su primer bebé, mi mamá cayó en una depresión muy fuerte. Me cuentan que lloraba mucho e iba todos los días al cementerio. Entonces vine yo. De hecho, el embarazo ella lo vivió como una violación, porque al parecer no estaba lista para tener relaciones sexuales e intentó en alguna medida no tenerme, porque se sentía que estaba traicionando a su bebé muerto recientemente. Ella estaba tan encerrada en su dolor que la posibilidad del placer era casi como una afrenta a la memoria de su hijo. Por eso rechazó el nuevo embarazo e intentó provocarse un aborto lanzándose de un lugar alto. Pero lo cierto es que quizás, de donde se tiró o no era lo suficientemente alto o yo ya estaba bien prendida en su vientre. Lo otro es que mi padre era un típico machista y había procreado sus cuatro hijos anteriores con tres mujeres diferentes. El siempre había pensado que nunca llegaría a tener una hija. Yo nací en la casa con una comadrona. Fue un parto normal. Cuando le dijeron a mi padre que era una niña, él no lo podía creer y ni siquiera lo celebró. Cuenta mi mamá que durante mis tres primeros meses, lo llegó a encontrar delante de la cuna mirándome y que a veces me levantaba el pañal como para comprobar que yo era una niña y no un varón.

Fui una niña regordeta de ojos claros. Todos decían que era muy simpática. Era como la niña del barrio. Mi madrina y mi padrino eran nuestros vecinos. Con mi llegada, la vida de mi familia comenzó a girar alrededor de mí porque traje alegría a la casa después de tanto dolor por la muerte de mi hermanito. Vine a ser como un consuelo para la familia. Tengo fotos de mi madre cuando yo tenía tres meses. Hay una foto muy bella, donde ella me tiene cargada y me está mirando, pero se le nota en su rostro una profunda tristeza. Una foto que denota los sentimientos encontrados por los que ella estaba pasando.

Fui un tanto precoz, ya que caminé antes de los nueve meses y tenía mucho vocabulario. Era muy bajita. Dice mi mamá que yo llamaba mucho la atención. Cuenta ella que me llevaba a pasear al Parque Colón y que la gente se quedaba mirando a esa muchachita tan chiquita que corría por allí como una loquita. Luego, para remate, le nacieron dos niñas más, que nos llevamos poco tiempo entre nosotras.

Mi papá trabajaba para una farmacia. El era como una especie de visitador a médico, aunque ese término no existía en aquellos tiempos. Era como un comisionista que llevaba productos como Vicks Vaporub y Alka Seltzer, algo casi mágico en esa época, por todo el país. Aún hoy yo resuelvo muchas cosas con Vicks Vaporub porque en mi casa se usaba para todo. Si me daba un golpe en la cabeza, si me caía, si tenía gripe, todo mi mamá lo solucionaba frotándonos un poco de Vicks Vaporub.

Entré a muy temprana edad al Colegio Serafín de Asís que estaba localizado en la calle Mercedes esquina José Reyes. En ese colegio estuve hasta el tercero del bachillerato. Entré a kinder, que es hoy como un pre-primario, porque desde ese nivel empezábamos a aprender a leer y nos daban las bases de la escritura. Mi papá me contaba, yo no lo recuerdo, que un día íbamos en un auto y en la ruta yo iba leyendo todos los letreros y que de pronto le pregunté: "¿papi, y cómo yo pude vivir tantos años sin saber leer?" Mi amor por las letras se convirtió fundamentalmente en un amor por la lectura.

- **Una mudanza que marcó mi vida**

Mi mamá era muy emprendedora. Ella tenía una pequeña tienda donde vendía botones y cintas de todas clases. En esa época era muy común en el país tener esas mercerías. Cuando yo tenía como 6 años de edad, ella había logrado juntar lo suficiente como para comprar un "punto", nombre dado en aquel entonces a un espacio ubicado en un área comercial. Lo compró en la calle Duarte, que en esa época se llamaba José Trujillo Valdez casi esquina Benito Monción. Allí puso un bazar y le puso por nombre "Bazar Magaly." Tanto mis hermanas como yo disfrutábamos mucho jugar en la parte trasera de esa tienda.

Creo que mudarnos a ese lugar marcó mucho lo que fue toda mi vida, y marcó también todo mi pensamiento social y político. La José Reyes era una calle residencial, y de repente, nos mudamos a esa avenida, que junto a la Avenida Mella y el Conde, eran las principales arterias comerciales de la capital. Pero la José Trujillo Valdez (actual avenida Duarte) era de origen más popular, había más circulación de los sectores populares. Así que, de repente, de vivir en un barrio donde yo iba a ver a mis vecinos o iba caminando al colegio, me llevaron a un barrio donde veía a los marineros que llegaban periódicamente al país y subían a la parte norte de la ciudad, concretamente a Villa Francisca, a buscar prostitutas, y luego, los veíamos bajar borrachos y haciendo escándalos. Se orinaban en las calles, tocaban a las mujeres y rompían puertas. Todo el mundo se encerraba. La presencia de esos marinos provocaba como una especie de terror en mi barrio, especialmente cuando bajaban de los cabarets. Pero vivir en esa zona me permitió ver a esos hombres y al mismo tiempo ver por primera vez lo que era una mujer prostituida, o un "calié". Un poco más abajo de mi casa, en la calle Benito con Avenida Mella estaban los bares más famosos de la época, como por ejemplo, "El Trocadero", y la gente sabía que en esos lugares estaban los vigilantes de Trujillo (25.1).

- **En la librería La Ronda**

Pero por otro lado, al mudarnos la vida me premió con un gran regalo y fue que la librería La Ronda quedaba exactamente frente a la tienda de mi mamá. Su dueño era un señor grandote que debía medir quizás 6'7". Puntualizo que tan pronto aprendí a leer, todo el dinero que me daban era poco para comprar paquitos[72], muñequitos. Cuando yo ya tenía varios meses en esas compras, el dueño de la librería me llama y me pregunta: "¿y tú de verdad ya te leíste todos los paquitos que compraste?" Y yo le respondí: "¡claro que sí! Yo sé leer desde el año pasado." Entonces, él dijo: "a ver léeme aquí", y yo leí, y él dijo: "¡Ah pero tú lees bastante bien!" A los dos días, ya yo tenía dinero suficiente para comprarme "La Pequeña Lulú", que llegaba semanal en un paquete y yo siempre lo esperaba. Como también a otros paquitos de esa época como "Lorenzo y Pepita", "Archie", etc. Un día, al llegar a la librería el dueño me dijo: "toma éste, ya no tienes que comprar más paquitos. De ahora en

[72] Nombre dado a las revistas de historietas.

adelante tú puedes tomar el que quieras y leerlo aquí o en tu casa, lo único es que nadie debe notar que alguien lo abrió para leerlo". Y eso fue así hasta que nos mudamos de ahí cuando yo tenía 17 años. De tal manera, que primero fueron los paquitos pero luego fui entrando en otras lecturas de libros y fue como descubrir el mundo. Obviamente, sin ninguna orientación. A veces el señor de la librería se percataba de que yo había tomado un determinado libro y entonces me decía: "yo pienso que ese no es para ti todavía", pero nunca me llegó a quitar un libro de mis manos. Allí yo entré en contacto con los clásicos y era como tener una biblioteca para mí sola.

Un poco más tarde, ya en el bachillerato empecé a leer novelitas y me encantó Corín Tellado. Lo mejor de leerla con relación a otras lecturas que yo hacía en la librería, es que no había que pensarla ni analizarla y era definitivamente un método de lectura rápida. Yo le doy el crédito a Corín Tellado de que gracias a ella desarrollé el método de lectura rápida. El tema de esas novelas siempre era un hombre alto, con un hoyuelo en la mejilla. Lo erótico era de una sensualidad nada evidente. Pero aún así, las monjas del colegio nos tenían prohibido leer esas novelas. Yo me tiraba cinco novelitas de esas en el entonces conocido puesto del señor Torres que estaba ubicado en un paseo que tenía la Avenida Trujillo Valdez. El señor Torres alquilaba y vendía esas novelitas. Los varones leían las de vaqueros que eran muy famosas y las niñas leíamos las de Corín Tellado. Eran a 5 centavos y a mí me daban 25 para mi merienda. Yo no merendaba, y cuando salía del colegio alquilaba cinco novelitas, me las llevaba a mi casa, e inmediatamente me ponía a leerlas. A las 9 de la noche ya las había terminado. Entonces a esa hora era que yo me ponía a estudiar. Como antes el método era que había que memorizar todo, a esa hora era que yo empezaba a memorizar el capítulo tal de tal o cual libro. Acostarme tarde lo heredé de mi padre que acostumbraba oír noticias de fuera en contra de Trujillo, escondido hasta muy tarde. Luego, como a eso de las 12 de la medianoche, mi papá cruzaba a uno de los bares cercanos a tomarse un jugo de lechosa con leche. En esas dos horas que él hacía su ritual de cada noche, yo estaba memorizándome la tarea del día siguiente.

- **Yo quería ser monja**

En el Colegio Serafín, durante un tiempo descubrí que quería ser religiosa, y entre los 9 y 13 años oía misa y comulgaba diariamente. Cada primer viernes del mes había que hacer sacrificios. Las monjas nos decían que yendo a misa el primer viernes de cada mes y durante nueve meses se ganaba uno el ir al cielo. Yo lo hacía diario para ganar más y regalarlo a quien lo necesitase. En ese tiempo llegaron unos sacerdotes al país que hablaban mucho del infierno, y oyéndolos yo concluí que mi papá era uno de los que se podría ir al infierno porque no iba a misa y a mí eso me daba mucho miedo. El resultado provocado por esos sermones tan drásticos y gráficos sobre las cosas del infierno hizo que algunos padres y algunas madres fuesen a quejarse con las monjas porque la mayoría de nosotras no podíamos dormir del miedo pensando en todos esos monstruos. Entonces, en tercer grado le conté a una monja que mi papá no iba a misa y que yo estaba sufriendo mucho porque él se iría al infierno. Ella me dijo que yo tenía que hacer pequeños sacrificios por mi padre, entre los que estaba el ponerme piedras en los zapatos. En mi casa se dieron cuenta de mis laceraciones en los pies y le protestaron a las monjas. Como era de esperarse me fue prohibido seguir con ese tipo de penitencia. Entonces, la monjita me permitía arrodillarme sobre las piedrecitas, detrás del armario que estaba en un rincón del aula. Mi monja de tercero tenía 17 años, así que era tan niña como yo. En ese tiempo era mi ídolo y yo andaba todo el tiempo detrás de ella.

Con lo de mi vocación las monjas estaban divididas: unas estaban dudosas sobre ello y otras me veían como un potencial. Fui muy buena estudiante. En ese tiempo me gané muchas medallas y unas bandas de honor de color rosado que eran un reconocimiento a la estudiante sobresaliente de la semana. Yo siempre andaba toda orgullosa con las bandas que me ganaba. Fui estudiante de honor pero también me gustaba inventar cosas en la escuela. Cuando comulgaba me ponía muy eufórica y algunas monjas consideraban que si yo quería ser monja tenía que estar recogida en ese momento, mientras otras decían que estaba bien porque esa era la alegría del Señor. Pero hubo una monja que siempre vio la verdad y decía: "si, dizque monja, tú vas a ser Sor Barril de minoran."

- **Nace en mí la conciencia anti trujillista**

Reitero que el vivir en la Duarte me permitió tener la vivencia de que no era verdad ese mundo ideal que pintaba Trujillo, que pintaban los diarios y el que vivían mis amigas, o sea yo vivía dentro de la pobreza y podía constatar que no era eso lo que se decía. Pero además, yo oía más que el promedio. En algunos casos empecé a cuestionar a mi padre sobre palabras como democracia y elecciones. Mi papá era anti trujillista, una persona muy pasiva pero coherente. Él nunca fue a un desfile de Trujillo. Y es que él tenía una coartada muy buena para hacer eso y eran sus continuos viajes al interior, específicamente al Cibao, como parte de su trabajo. De tal manera, que si había un mitin en la capital, él perfectamente podía decir que iba de viaje. Entonces empecé a darme cuenta que cuando había mucha gente, él comenzaba a decir en voz alta que al otro día se iba de viaje; luego no lo hacía, se quedaba en casa, y no salía de su habitación. A decir verdad a nosotras eso nos fascinaba porque él era una persona muy imaginativa. Se inventaba historias y nos contaba cuentos interminables. Mandaba a que nos hicieran sándwiches y los trajeran en una canasta y se inventaba que estábamos en un safari o jugábamos a las cosquillas que él le puso "quili-quili". La cosa es que durante esos días de desfiles trujillistas, nosotros vivíamos prácticamente en esa habitación. Pero un día, ya yo tendría como 12 años, le dije a mi papá: "tú siempre nos obliga a que digamos la verdad y dices que eso es algo muy importante y hasta nos has puesto de castigo en muchas ocasiones por ello (él no nos pegaba), pero ya van varias veces que te agarro con la mentira de que te vas de viaje y no lo haces." En aquel momento, él les pidió a mis hermanas que salieran de la habitación y ya solos, con mucha seriedad me dijo: "como tú eres la mayor y eres madura para tu edad, quiero decirte que yo no creo en Trujillo. Por lo tanto, yo hago esto porque reniego ir a los mítines de este gobierno. Quiero que sepas que esto es lo que se llama una dictadura. Ahora, si tú le cuentas a alguien que yo te he dicho esto, a mí me van a matar y no sé lo que te podría pasar a ti. Así que esto tiene que ser un secreto entre tú y yo, y no se lo puedes decir ni siquiera a tu mamá porque ella se pondría muy nerviosa". Y de eso yo estaba consciente porque veía cómo ella se ponía tensa cuando mi papá decía esas mentiras o escuchaba noticias hasta altas horas de la noche. Las palabras de mi padre me cambiaron la vida porque entonces comencé a indagar sobre lo que significaba una dictadura o una democracia. Lo cierto era que no se encontraba mucho sobre ello en los libros de entonces, pero en las novelas sociales se podía encontrar alusiones ligeras. Eso me marcó tan profundamente que si lo común era que en la adolescencia se escribieran poemas a un amor idílico, los míos eran alusivos a la libertad. No los conservo porque mi papá me encontró escribiendo y parece que preocupado buscó los que yo tenía escondidos y me lo dejó saber. En ese tiempo era muy importante lo del secreto y para mí fue un dolor muy grande que él viese lo que yo había escrito. Lo sentí como una traición. Rompí el cuaderno y por mucho tiempo no volví a escribir.

Pasado un tiempo, mi papá comenzó a dejarme escuchar la radio con él. Yo diría que el gran salto fue cuando comenzó a funcionar Radio Rebelde y ya yo pude dar seguimiento a todo el proceso de Cuba. El señor que vivía al lado de nuestra casa también era antitrujillista. El tenía una zapatería y son una familia maravillosa. Aún hoy seguimos siendo amigos, casi hermanos. Un día de esos en que ellos se juntaban a hablar sobre la situación, mi papá le dijo que podían hablar todo delante de mí. Ellos comenzaron a tratarme como a una adulta. Ya yo estaba bastante politizada.

- **Mi tío Manuel Tejada Florentino**

Entonces se juntaron dos cosas, por un lado el proceso cubano y por otro, el regreso de México de mi tío Manuel Tejada Florentino. En realidad, él era primo de mi papá, pero fueron criados juntos por la abuela Leonor Toribio, y se trataban como hermanos. Mi tío era médico y pasaba por nuestra casa con mucha frecuencia hasta que se fue a hacer una especialidad en cardiología. Él era como mi ídolo, un hombre alto que cantaba precioso y era muy amoroso. Para estudiar medicina en la Universidad de Santo Domingo mi tío hizo de todo, fue zapatero y ebanista y en sus ratos libres se ponía a estudiar. Por él, yo tuve un tiempo que además de monja quería ser médica. Entonces a su regreso él retomó las visitas a mi casa. Siempre encontraba un ratito para pasar con nosotros entre una cita y otra dentro de sus labores como cardiólogo. Entonces, mi papá y él empezaron a tener reuniones políticas. Mi tío había quedado muy impresionado por la revolución mejicana y el Partido Revolucionario Independiente (PRI). Un día, ellos entablaron una conversación sobre la reforma agraria y yo estaba presente. Mi tío nos explicó todos los detalles al respecto. Mi papá no estaba de acuerdo y por primera vez en mi vida disentí de él y estuve de acuerdo con lo que planteaba mi tío, cuyo sueño era que en el país se formara un partido como el PRI. Yo no tenía suficiente criterio, pero sí sabía que mi tío tenía razón. Y ahí empezaron otras pequeñas diferencias. Por ejemplo, mi papá me dijo: "tú sabes que nosotros estamos en contra de Trujillo, pero a ti ni se te ocurra hacer nada, pero absolutamente nada en contra". Pero la advertencia llegó tarde, pues ya mi proceso había comenzado.

Estando en el colegio La Milagrosa, en el 4to del bachillerato, un día a escondidas un grupo de estudiantes estábamos mirando una edición de la Revista Times que se hizo muy famosa en esa época pero que la retiraron muy rápidamente, porque en la portada aparecía una foto de Fidel Castro. En mi mente casi la puedo ver todavía, porque él estaba con un arpón en un bote, como si estuviera pescando, y su barba larga llena de agua, de la que se desprendían minúsculas gotas brillantes. En ese momento, yo dije: "bueno, ¿pero aquí no hay personas que puedan hacer lo que hicieron los cubanos?" Un amigo me miró y me dijo: "¿y quién te dijo eso?". Ese día hablamos mucho al respecto y la decisión fue conformar una pequeña célula.

- **Acciones anti trujillistas**

En ese momento se estaban produciendo acciones anti trujillistas por todos lados. Mi primo Wellington Peterson se me acercó y me dijo que él también estaba haciendo algo, y yo le dije: "mira eso, pues yo también estoy en algo". Luego me habló Julio Marchena, quien vivía por la calle José Martí, y cuando lo vi vestía unas medias rojas. Significo que quien osara usar medias rojas en aquellos momentos, de inmediato era catalogado de comunista. Entonces comenzamos a reunirnos como en tres diferentes lugares. En mi casa había una máquina de escribir y con copias a papel carbón yo escribía las últimas estrofas del himno nacional, que son las que nunca cantamos pero que hablan de arengas y libertad. Cortaba el papel en partes pequeñas y entre las muchachas y yo las tirábamos por debajo de las puertas y en los carros. También se puso de moda poner C.T (las siglas de Ciudad Trujillo) y la escribíamos en la pizarra del colegio y las monjas vueltas locas tratando de averiguar quién lo hacía. Entonces mi papá se dio cuenta y su medida fue que yo no podía juntarme ni hablar por teléfono con los varones. Pero eso era difícil porque nosotros encontrábamos la manera de comunicarnos.

El Padre Elcano fue el profesor de Religión en 1ero del bachillerato. Ese sacerdote fue uno de los primeros que Trujillo deportó cuando comenzó la campaña en contra de la iglesia católica después de la pastoral del '60. De manera que en mi colegio se decía que Elcano había desparecido. El segundo fue un dominico que vino a sustituir al Padre Elcano. Y ese sacerdote hablaba desaforadamente en contra de Trujillo a sabiendas de que una sobrina de Balaguer era parte del alumnado. Un día yo le pregunté durante la confesión: "Padre, ¿y usted cree que Trujillo es malo?", y él respondió "pues claro que sí hija, es malísimo". A mí eso me entusiasmó mucho y me convertí en su aliada. Entonces las monjas comenzaron a indagar el por qué yo pasaba tanto tiempo en el confesionario y por qué yo me confesaba tantas a veces a la semana. A solas yo me reía, porque lo que estaba haciendo era hablar de política con el cura. A ese cura también lo deportaron. Primero le robaron el automóvil que usaba, el que luego apareció en un barrio donde había mucha prostitución con pantis en los asientos. Inmediatamente sacaron ese sacerdote del país. De tal manera, que en el colegio también se comenzó a sentir lo de la situación política, a pesar de que era como una bola de cristal, aislado de todo. Pero también, dentro del alumnado del colegio estaban las hijas de la familia Vallejo que habían tenido problemas con la dictadura, y de eso no se hablaba. Estaban también las hijas del Doctor Lithgow (25.2), que había sido asesinado por orden del tirano. Además, habían dos tres monjas que mostraban cierto desacuerdo con el orden de cosas en el país. Las monjas de mi colegio eran de la misma congregación de las del colegio donde estudiaron las hermanas Mirabal. Habían cuatro colegios en el país dirigidos por esas monjas. En la capital estaba el Serafín donde yo estudié; la Inmaculada Concepción de la Vega, donde estudiaron las hermanas Mirabal; el Sagrado Corazón de Jesús, en San Pedro de Macorís, y el Divina Pastora, en Barahona. En esos colegios también habían monjas dominicanas, quienes eran muy discriminadas por las monjas españolas. Esas monjas dominicanas tenían más conciencia, y una podía hablar un poco más con ellas sobre la situación del país.

Mientras todo ese proceso estaba pasando llegó el Movimiento Popular Dominicano (MPD) (25.3) y se instaló precisamente en la calle José Trujillo Valdez #12, y nuestra casa era la #22. Cada día yo tenía que pasarle por el frente del local. Viví todo ese proceso de ver cuando abrieron su local y a partir de ahí, la calle quedó completamente vacía. En la tiendecita de mi mamá no se vendía un centavo. Pero, poco a poco eso fue cambiando. La gente comenzó a pararse como si estuvieran viendo vitrinas, pero más que todo, se podía notar que estaban atentas a las arengas que se oían desde cierta distancia por el amplificador. Un día, una turba que bajó a todo lo largo de la José Martí asaltó el local. Yo vi todo desde el balcón de un segundo piso de una familia amiga. Mi primo Wellington estaba en el local y toda mi familia con mucho miedo viendo que ese muchacho estaba metido en eso.

- **Mi mamá empezó a viajar a Puerto Rico**

La situación entró en un momento álgido. Ya a mi papá lo habían apresado por pocos días y a mi mamá la habían detenido en el aeropuerto regresando de Puerto Rico. Mi mamá empezó a viajar a Puerto Rico como en el 1955, a comprar ropa para vender y comenzó a acunar la idea de que nos fuéramos para allá porque la situación económica se estaba poniendo muy mala. Mi papá también había perdido su empleo. Después del '55 la economía había entrado en crisis. Mi mamá decía que lo más conveniente era el irnos para Puerto Rico porque allá habían más posibilidades y mi papá decía que no. El era unos 15 o 16 años mayor que mi madre y decía que no estaba en edad para salir para otro país. Claro que yo tampoco me quería ir. Pero sucedió que en 1958, en uno de sus viajes a Puerto Rico, mi mamá se encontró con un primo que vivía en Nueva York y al regreso en el aeropuerto la apresaron porque su primo era un exiliado de la tiranía. Pero mi mamá no lo sabía porque ella era lo más trujillista que uno se pudiera imaginar y además muy miedosa. Entonces hubo que buscar un padrino que intercediera y hablaron con un general amigo de la familia. El día 10 de junio del 1959, mi madre salió del país. Unos días después, a mi papá se lo llevaron preso de noche y lo acusaron de que tenía una rifa de aguante. Estuvo unas 48 horas detenido. Con él hubo más dificultad para sacarlo de la cárcel. Entonces mi mamá, sin que él lo supiera comenzó a hacer los trámites para que nosotros nos fuéramos del país. Sé que en ese momento mi papá comenzó a asustarse un poquito porque el mismo General que había ayudado a que ambos salieran de la cárcel, le dijo: "dile a tu mujer que no regrese porque yo no podría hacer nada por ella". Nosotras nos quedamos con mi papá hasta octubre de 1960, cuando mi mamá pudo sacarnos del país. A mi papá le negaron la salida. El gobierno norteamericano le dio la visa porque en ese entonces no era tan difícil conseguirla, pero el gobierno dominicano no le dio el pasaporte. A mi me resultó muy difícil salir de mi país, por un lado porque no pude graduarme junto con mis compañeras de estudios de toda la vida, y además porque tuve que dejar ese proyecto político que iba creciendo, el cual era el centro de mi vida.

- **Mi llegada a Puerto Rico**

En Puerto Rico, yo lloraba todos los días. Además, en principio no me gustaba la forma en que los puertorriqueños se referían a mi país. Ese era un momento en que la isla estaba en la efervescencia del independentismo. Entonces, mi mamá me inscribió de nuevo en otro colegio de monjas, quienes resultaron ser bastante autoritarias. Entré al 4to del bachillerato pero todo lo que ellas impartían en ese nivel, ya a mí me lo habían dado en tercero. Las únicas asignaturas que me faltaban eran el inglés y el español de 4to. Así que yo me pasé un año entero con dos asignaturas. La primera vez que fui a misa en el colegio el cura estaba despotricando contra Fidel Castro. Entonces me levanté y salí de la iglesia. Nunca más volví a misa.

En mi ruta al colegio que quedaba en Río Piedras, el autobús pasaba frente al recinto de la Universidad de Puerto Rico y un día vi una bandera dominicana y unos estudiantes que vociferaban: "¡Abajo Trujillo!" Yo prácticamente me tiré de la guagua y corrí hacia el grupo, pero eran puertorriqueños. Me explicaron que ellos eran independentistas y que ese era la facción del "Movimiento Estudiantil de Liberación Dominicana" (MELDO), y que como ese movimiento solo eran tres personas, ellos los estaban apoyando. Hice una cita para regresar a conocer a los coordinadores del movimiento. El día de la cita me estaban esperando Rafael de Prats y un hermano de los Ducoudray que eran quienes habían formado ese movimiento. Comencé a involucrarme, y mi mamá muriéndose de miedo, a pesar de que en cierta medida ya ella había tomado más conciencia, dado a que en mi casa vivían algunos anti trujillistas, entre ellos, Salvador Barinas Coiscou y Miguel de Soto, quien era abogado y tenía una sólida formación marxista, así que mi mamá empezó a verle el lado bueno de estar con todos ellos. Es importante señalar que mi madre puso una casa de huéspedes, que era la misma donde ella vivía cuando tuvo que quedarse en Puerto Rico. Trabajando duro ella la pudo comprar y con ese negocio le fue muy bien. Pero además, de esa manera pudo apoyar a los exiliados dominicanos porque les daba la comida y les alquilaba las habitaciones por prácticamente nada. Por mi parte, comencé a hacer mis primeras lecturas políticas y fue precisamente Miguel de Soto quien me prestó a: Escucha Yanqui de Henry Mill, un libro en defensa de la Revolución cubana. El segundo libro que leí fue: El manifiesto comunista.

Por otro lado, también empecé a participar en diferentes esfuerzos. Entré en contacto por primera vez con la gente de Haití, específicamente con un sacerdote que dirigía un movimiento que se llamaba "Joven Haití", y empecé a colaborar con él. Como mi papá estaba ausente dejaba de tener sentido su posición de que las mujeres no se juntaban con los varones, ni siquiera con mis primos a menos que hubiera una persona adulta, porque esa fue la forma en que nos criaron. Lo cierto es que a nosotras nos criaron como niñas mimadas. Yo nunca había planchado, nunca había lavado ni siquiera mis pantis. No sabía cocinar. Además, se me incentivó mucho eso de que fuera una lectora y era como un orgullo para mi padre el que yo me pasara el tiempo leyendo. Para él era un deleite comprarme música y libros.

Llegué a Puerto Rico en octubre de 1960, en un momento en que ya la dictadura confrontaba problemas serios. Habían asesinado a las hermanas Mirabal en noviembre del año anterior y fue un gran escándalo. Es importante señalar que el núcleo del exilio en la isla era fuerte. Eran personas pensantes, abogados, médicos, gente con 15 ó 20 años de exilio y muy respaldadas por la sociedad puertorriqueña y por la intelectualidad independentista y por el propio Gobernador Muñoz Marín, quien era un enemigo declarado de Trujillo. Un poco más tarde, mi familia comenzó a sentir la presión por parte del Buró Federal de Investigaciones, mejor conocido por sus siglas en inglés como FBI (Federal Bureau of Investigation).

- **En la universidad de Puerto Rico**

Cuando entré a la universidad ya Trujillo lo habían asesinado unos meses antes. De manera que toda la intelectualidad dominicana en el exilio estaba eufórica y planeando el regreso, y yo consciente de que no me podía ir porque ya estaba en la universidad. Los vínculos que había hecho con los dos dominicanos se habían ido acrecentando con los días, y por igual con la Federación de estudiantes universitarios de Puerto Rico. Los dominicanos eran muy pocos, no pasaban de cinco, y los más activos eran De Pratts y Ducoudray. Eran ellos quienes se paraban con la bandera dominicana y hacían las recolectas. Entonces cuando yo entro a la universidad, el MELDO prácticamente se disuelve y es el momento en que se fortalecen mis lazos con los independentistas puertorriqueños. Fui muy bien recibida y los compañeros(as) hicieron un gran esfuerzo para asimilarme y atraerme al trabajo. Nunca me hicieron sentir como extranjera. Los independentistas teníamos nuestro rincón dentro de un centro enorme, con grandes comedores, que habían inaugurado en la universidad para los estudiantes. Las chicas que estudiaban secretariado se conocían por la forma como vestían y por las pulseras con todos los dijes con un tintineo constante; las independentistas no usaban pulseras pero sí chancletas de la India y eran un poco hippies. Los muchachos andaban descamisados y con el pelo medio largo. A veces no iban a clases y sosteníamos discusiones políticas interminables. Allí conocí a personas brillantes de quienes aprendí muchísimo.

La universidad también tenía una librería bastante económica donde me gastaba todo el dinero que me daban y luego le decía a mi mamá que se me había perdido. Uno de los primeros libros que encontré fue una historia sobre la guerra civil española. Tenía mucho interés en conocer sobre ello debido a que las monjas del colegio donde estudié nos habían contado muchas historias de horror sobre los comunistas y cómo mataban a las monjas y a los niños en la guerra civil española. Así que esa fue una de mis primeras lecturas. Y bueno, sí hubo ciertos excesos contra una iglesia que por tanto tiempo había apoyado a la clase dominante, pero era normal que ocurriera así. Obviamente, no era el cuento que nos habían contado las monjas. Así que con esas lecturas era como despojarme de pesados mitos. También fue importante el conocer a poetas que nunca había leído como Neruda, Vallejo o Miguel Hernández, de quien me enamoré. Me parecía el poeta más grandioso del mundo. Recitaba sus poemas y andaba con una pequeña antología de su producción. O sea que a mí se me empezó a abrir el mundo en Puerto Rico, específicamente en las librerías, y un poquito menos en las clases.

Dejé de llorar y de lamentarme de no estar en Santo Domingo y de no estar en aquel proceso político. A pesar de que realmente no tenía un proyecto más allá de Trujillo, ya él no estaba, y tampoco me imaginaba qué podía venir después de la dictadura. Estaba descubriendo que después que se moría un dictador se podían hacer muchas cosas: democracia, regímenes conservadores; también el socialismo. Yo empezaba a ver un proyecto a más largo plazo. Entonces pensé que debía aprovechar la oportunidad de estar en Puerto Rico para luego ir más formada a mi país y poder ayudar de una manera más efectiva. Creo que nunca se lo dije a mi gente puertorriqueña, quizás por no parecer como la más tonta, pero todo lo que estaba viviendo en ese momento era nuevo para mí; el vocabulario, las palabras, las discusiones críticas, eso de acabar con el rector y con el gobierno. Todo eso era una novedad para mí.

En el primer semestre de la universidad me mantuve un tanto indecisa entre mis amigas, las de las pulseras tintineantes y los independentistas. Esas amigas por nada del mundo se sentaban en la mesa donde estaban los independentistas pero además criticaban el que yo lo hiciera. Me decían que eran personas locas, que no estudiaban. Pero lo cierto es que ya yo tenía un deseo enorme de militancia que se me había agigantado lentamente desde la época de clandestinidad. Entonces, poco a poco me fui acercando al grupo de los(as) independentistas y les pedí que me asignaran tareas y una de ellas fue por ejemplo, el repartir volantes. Hasta que formalmente me pidieron que me integrara a la organización. Lo tuve que pensar, básicamente porque no sabía cómo lo iban a tomar en mi casa. Eso así, porque en una ocasión que le hablé a mi mamá sobre ello, ella me respondió de forma muy clara: "nosotras somos extranjeras aquí. En nuestro país no había ningún problema en que lucháramos contra Trujillo, pero aquí no podemos meternos en la política de Puerto Rico". Entonces tuve mis dudas acerca de qué tan correcto o no era el que una extranjera incidiera en la política interna de un país, y además de que el movimiento independentista era una corriente minoritaria. A pesar de mis dudas, creo que todas mis lecturas sobre la cuestión del nacionalismo, acerca también de la Unión mundial de estudiantes, el conocer lo que fue el accionar de Julia de Burgos (25.4) y su cercanía con los dominicanos, y además, conocer más sobre la gente que llegó en la expedición del 14 de junio (25.5), sus distintas procedencias (fue en Puerto Rico que pude saber que procedían de Venezuela, de Estados Unidos, de Cuba, de Costa Rica y del mismo Puerto Rico), todo eso me fue aclarando que había algo internacional que iba más allá de lo que simplemente era el haber nacido en un lugar o en otro. Así que en algún momento entré a militar formalmente en la Federación Universitaria Pro Independencia (FUPI). Eso tuvo sus consecuencias con el desacuerdo de mi mamá, pero ella ya no podía controlar mi decisión.

- **Perseguida por el FBI**

Mi problema más serio fue que unos meses después el FBI visitó mi casa en un momento en que yo estaba en la universidad. Ese agente le contó a mi madre que yo andaba con unos comunistas y que por lo tanto corría el riesgo de perder mi residencia y de que ella perdiera su negocio. Empezaron así a hacer una serie de presiones que pusieron a mi mamá histérica. De todos modos, seguí con mi proceso de militancia tratando un poco de disimular que había reiniciado mis reuniones con las amigas de las pulseras. Le decía que me iba a dormir a casa de una de ellas, pero me iba quizás a la casa de Ramón Albona o al apartamento de uno de los independentistas donde se hacían reuniones, y como estudiantes al fin, se tomaban tragos. Yo nunca tomaba, pero ahí amanecíamos entre tragos y ardientes discusiones sobre política, y a las cinco de la mañana, nos íbamos para una playa o al Viejo San Juan a "chancletear" cuando todavía no era turístico como ahora. Pero el FBI se mantenía diciéndole a mi mamá: "su hija sigue en eso, hable con ella". Lo cierto es que yo era menor de edad en esa época y eso también le podía acarrear problemas a ella. Era algo típico, pues todos mis amigos y amigas independentistas estaban fichados(as) y seguían nuestro quehacer. A la mayoría de mis amigos y amigas los(las) habían botado de sus casas y estaban malviviendo. Se podían mantener en la universidad porque eran brillantes, tenían becas porque se las habían ganado, y estaban en el cuadro de honor. Los hombres eran mayoría en la FUPI pero para la época habían muchas mujeres participando, a quienes había que respetar por su nivel. Mujeres con mucho conocimiento y cultura, que podían discutir tete a tete con los compañeros.

- **Era muy difícil ser independentista**

Yo he pasado dos veces por el momento de sentirme una minoría acosada. Recuerdo que una vez uno de los compañeros que había viajado a un evento internacional de estudiantes nos trajo unos botones con el nombre de la FUPI impreso. Contenta, me lo enganché en mi blusa. Al montarme en una guagua pública que iba para el Viejo San Juan, todos comenzaron a mirarme y una señora me gritó: "muchachita, pero ¿cómo es que tú andas con eso? ¡Quítatelo inmediatamente!". La gente me acosó. Al otro día entré al autobús sin mi pin (botón) porque me di cuenta de que en la calle no lo podía usar. Sólo lo usaba en el rinconcito de la organización dentro de la universidad, porque era un espacio cerrado. Por cierto una profesora pro estadidad me reprobó en una clase sólo por el hecho de yo ser independentista. Me puso una F.

El segundo momento difícil fue cuando me inicié en el feminismo. Recuerdo a militantes de izquierda rompiendo nuestro afiche de la primera conmemoración en contra de la violencia contra la mujer, bajo el alegato de que nosotras estábamos dividiendo al proletariado. Todos los afiches que habíamos colgado en sindicatos, centros, partidos fueron rotos. Los curas progresistas tampoco lo aceptaron. Gente amiga en los sindicatos nos llamaban para recriminarnos el que estuviésemos dividiendo a la clase obrera. Me sentí muy discriminada en ese entonces.

Como militante de la FUPI comencé a preguntarme qué podría hacer estando allí y cuál podría ser mi aporte. Yo entendía que no tenía el nivel teórico e intelectual de todos esos muchachos que ya habían viajado a grandes cónclaves estudiantiles mundiales, como por ejemplo a Praga. Entonces me analicé a mí misma y me dije: "lo primero es que yo no tomo, lo segundo es que no quiero involucrarme en una relación sentimental con nadie porque mi meta es regresar a Dominicana, y además mi mamá no me ha botado de la casa, o sea que tengo un espacio". Yo era algo así como una persona estable dentro de toda aquella locura que era la FUPI. Yo era alguien que estaba aprendiendo pero que ni siquiera tenía el nivel para intercambiar. Así que una de mis primeras tareas fue limpiar el cuarto que el Movimiento Pro Independencia (MPI) nos había prestado en su local. Allí teníamos un mimeógrafo, pero el desorden era tal que creo que en cinco años no habían sacado ni un papel de allí. Todo estaba sucio y desordenado. Durante una semana me puse a limpiar y a ordenar ese espacio. Un poco después aprendí a manejar el mimeógrafo y compaginaba los volantes. Comenzaba a aterrizar en mi quehacer. Luego empecé a identificar a los profesores que simpatizaban con nosotros. Habían algunos que no eran independentistas pero que eran muy progresistas o que no eran tan radicales como la FUPI pero eran del Partido Independentista. Los muchachos me iban guiando en ese proceso de identificación. Logré así crear un sistema de cuotas. Cada mes, cuando los profesores recibían su pago, yo iba y me plantaba delante de cada uno y les pedía el dinero para la FUPI. Así logramos tener una finanza un poquito más estable, que nos sirviera para comprar papel e imprimir los volantes. También desarrollé otro contacto, porque como tenía que ir al local del MPI que estaba en Río Piedras en la misma avenida de la universidad, allí conocí a Juan Mari Brás, un hombre bello, de ojos azules y voz maravillosa. Siempre iba al local a oir todo lo que él decía. Entonces, todo eso agravó mi situación porque además de ser parte de la FUPI ya estaba en el MPI, por lo tanto había más presiones para mi mamá. A pesar de que muchos de mis compañeros consideraban que Mari Brás era un atrasado políticamente, para mi significó un gran aprendizaje. Así pasé todos esos años colaborando de igual manera con la FUPI y con el MPI. Desde la universidad y con la colaboración de la FUPI, yo también apoyé el movimiento 1J4 (25.6).

- **Mi colaboración desde la FUPI**

Recuerdo que cuando el golpe de estado, Juan Bosch fue a Puerto Rico, y en una ocasión, yo estaba en la puerta de la universidad con una bandera del movimiento 14 de junio y él pasó en un carro, entonces le grité a voz en cuello mientras ondeaba la bandera: "¡Yo soy dominicana!" Bosch me miró y siguió su ruta. Corrí como una cuadra detrás del carro en el que él iba, pero no se detuvo.

Esa era una época en que el tema de la virginidad era un atraso, pero yo me mantenía al margen de toda esa dinámica. Y es que me decía en mi interior que la mujer que se enamoraba en el extranjero y se casaba, allí se quedaba, pero yo lo que quería era regresar a mi país. Algunas veces me enamoraba platónicamente. Recuerdo que estuve muy enamorada de Federico Acevedo y me aprendí su horario para entrar a mirarlo cuando él daba sus clases. Él se daba cuenta de mis miradas pero no pasó nada. También, tuve un noviazgo corto casi al final de mi estadía allá. Él y yo éramos muy amigos, nos tratábamos casi como hermanos y estaba en un proceso de auto aceptar que él era gay. De esas cosas no se hablaba en ese entonces. Pasábamos mucho tiempo juntos y era una relación de mucha ternura pero muy ambigua. Por mi lado, porque no me quería enraizar, y él, como no estaba muy seguro de su preferencia sexual, era importante que saliera con alguien porque si no lo iban a cuestionar. Eso lo pudimos hablar años después cuando volví a Puerto Rico. El tiene un lugar muy especial en mi corazón. Lamentablemente, ya murió.

- **La izquierda puertorriqueña era muy intelectual**

Esa también fue una época de descubrir una fase que siempre he añorado ver en la izquierda dominicana, y es que la izquierda puertorriqueña era muy intelectual. Nosotros íbamos a exposiciones de pintura y a los cine-fórums, nos juntábamos con pintores que eran independentistas. Íbamos a los estudios y conocíamos gente que estaban haciendo cosas novedosas en la música. También leíamos literatura devoradoramente ya fueran poemas de escritores famosos o ensayos específicos o sea, había una afiliación muy cercana con el arte. En ese tiempo me enamoré del cine. Recuerdo que había un cine forum todos los viernes que se llevaba a cabo en un centro católico, pero que quienes íbamos éramos los independentistas, donde se analizaban por ejemplo las películas de Buñuel o todo ese cine europeo que yo nunca había visto y que nos obligaba a pensar. De ahí salíamos como a las diez de la noche a discutir lo que entendíamos o lo que no. Esa fue una dimensión que siempre eché de menos cuando regresé a mi país. Con una izquierda que se centró demasiado en el dogmatismo y que hizo muy poco ejercicio intelectual y muy poco acercamiento con los intelectuales, ciñéndose más que todo a aquellos que ya pertenecían a los partidos.

Yo estaba estudiando Ciencias Sociales y acumulaba créditos para hacer una especialización en Política (Major) y otra en Etnografía política (Minor). En el último año tenía los créditos suficientes para graduarme un semestre antes que mi promoción. Mi graduación estaba prevista para mayo de 1965 y yo me gradué en diciembre del 64. Entonces ese verano se casó mi hermana Milagros y fue cuando pasé más tiempo en el país después de la caída de Trujillo. Lo cual también fue muy importante para hacer la transición. Sin embargo, fui creciendo mucho más en la FUPI. Ese mismo año se hicieron elecciones y quedé en la directiva convirtiéndome así en la segunda mujer elegida a un puesto en la dirección de la FUPI. Sucedió entonces que por el hecho de ser extranjera ocurrió el primer choque de posiciones, algo a lo que no le vi sentido alguno. El hecho fue que había un viaje propuesto por la Unión Internacional de Estudiantes Mundiales para visitar países del campo socialista, y como nunca enviaban mujeres, habían solicitado que para ese viaje específicamente tenía que ser una mujer. Entonces fui la candidata de quien en ese momento era el secretario general, al igual que de algunas otras personas. Pero perdí por un voto de la persona que tenía el argumento de que no me debían mandar porque yo no era puertorriqueña. Lo entendí, aunque me dolió mucho, y por suerte, también le dolió a mucha gente más. Pero el desenvolvimiento de la compañera que fue en representación del grupo no fue muy bien recibido. Debido a eso, en el siguiente viaje que se presentó mandaron a decir que no querían que enviasen otra mujer. Benjamín Ortiz, quien era en ese momento el Secretario General y quien era un gran amigo, casi éramos como hermanos vino donde mí y me dijo: "aunque estén diciendo por ahí que no vaya ninguna mujer, tú vas a ir a ese viaje porque tú lo vas a hacer bien". Casi al instante, luego de salir del lugar donde me hizo la propuesta, me llamó y me preguntó que si yo tenía pasaporte. Le dije que sí.

- **Un viaje a la Unión Soviética**

Entonces él me dijo: "prepárate porque te vas en tres días para la Unión Soviética. ¿Te atreves?" y yo, ¡pues claro! Debía viajar con dos compañeros más, y yo pensando: "¡Diablos! Tres días y no tengo ni siquiera un abrigo." Yo vestía como una hippie. A un amigo que vivía con nosotras en la pensión de mi mamá le dije lo que me pasaba y él me dio, si mal no recuerdo, unos 50 dólares. Con eso me compré lo mínimo, y una amiga me prestó algunas ropas. Del dinero que me regaló el amigo, me sobraron 20 dólares, y con eso me fui a mi viaje. Mi mamá estaba en República Dominicana y quien estaba en mi casa era mi abuela. Le dije que me iba de viaje pero ella no iba a entender hacia donde iba. Cuando me fueron a buscar para llevarme al aeropuerto, mi abuela salió de la cocina con un cucharón gritando: "¡comunistas, comunistas! Ya vas a ver, Magaly, cuando tu mamá regrese". Mi abuela armó tremendo espectáculo. Nosotros salimos corriendo.

Iniciamos nuestro viaje y cuando llegamos a Nueva York nos percatamos de que alguien del FBI nos estaba siguiendo. De Nueva York viajamos a Bruselas. Ninguno de nosotros había viajado a Europa y nos encontramos el viaje maravilloso. Era un servicio de primera clase para todos los pasajeros. Ya en Bruselas nos tocó un hotel espectacular. Mi cuarto con unos teléfonos antiguos como los que se veían en las películas, y en el cuarto de baño una tina esmaltada montada en cuatro elegantes patas. Al otro día, partimos para Rusia en un avión de Aeroflot. Hasta ahí llegó la vigilancia del FBI. Ese vuelo nos lo gozamos aún mucho más. Éramos pocos pasajeros, quizás no más de doce personas, y la atenciones fueron realmente de primera. Entonces, llegamos a Moscú.

- **Congreso Mundial de la Juventud y los Estudiantes del año 1964**

Ese evento fue el Congreso Mundial de la Juventud y los Estudiantes del año 1964. Era un congreso enorme, con muchos participantes. Nos hospedamos en el Hotel Ucrania, frente al Río Moscova (Moskva), el cual da el nombre a la ciudad. Yo estaba alojada en el piso 22, toda emocionada, porque nunca había estado en un edificio tan alto. Desde ahí podía ver las colinas de la ciudad de Moscú, y a lo lejos la Universidad Patricio Lumumba. El hotel queda a un costado del Kremlin, donde nos hicieron una recepción inolvidable y en donde por primera vez pude ver todo tipo de caviar. Era algo extraordinario, como si fuera una actividad de estado. Para resolver en parte nuestra limitación con el idioma, en el hotel hicieron cosas muy interesantes. En cada cuarto colocaron una especie de ticket que tenía el dibujo de artículos específicos, por ejemplo un botón y una aguja, y si uno quería que le cosieran algo le colgábamos el ticket y ellos hacían el arreglo. También nos adornaban las camas con cajas de chocolates deliciosos o con frutas diversas. Era una atención esmerada con cada uno de los 1,500 estudiantes hospedados allí. Dentro de esa delegación tan grande solo habían 18 mujeres. Éramos realmente una minoría. De ese total, seis eran vietnamitas, y otro grupito de asiáticas que solo se reunían entre ellas. De Latinoamérica éramos tres, una cubana que no lo parecía, una chilena recién casada con el director de la federación de estudiantes cubanos, y yo. Puedo decir que nunca en mi vida había tenido tantos enamorados. Al segundo día eran colas. Allí yo era lo más bello del mundo. La cubana era demasiado cara seria, no hablaba, no bailaba, y casi nunca salía de su habitación. El primero que se enamoró de mi fue el traductor que nos asignaron a nosotros y que nos acompañaba y nos traducía todo. Después, un joven venezolano que acababa de bajar de las guerrillas; luego un dirigente, el segundo en mando, de la federación de estudiantes cubanos. Así que andaba un paquete de hombres detrás de mi. Si yo preguntaba: "¿quién quiere bajar conmigo?", al unísono como siete respondían y me iba con todos ellos a pasear. Pero no tuve nada con ninguno. Esa fue la parte más chistosa.

Allí también tuve por primera vez la oportunidad de hablar en público en un evento internacional. En un momento dado, el compañero representante permanente de la FUPI en Praga se me acercó y me dijo: "yo pedí que no viniera ninguna mujer. Pero, usted va a hablar mañana en tal sitio, entonces escriba lo que va a decir y me lo enseña". Así lo hice. Cuando terminó de leerlo solo dijo: "¡Oh! Usted sabe escribir". En la reunión señalada leí en español con traducción simultánea y delante de un público numeroso. A todos los presentes les encantó mi exposición. Me hicieron bulla. Entonces fui invitada a pasar por Praga para que conociera la OIT. Mi círculo de amistades en el congreso creció. También, el representante de la FUPI que era ya un tanto mayor que yo cambió su actitud y comenzó a tratarme de forma respetuosa. Por otro lado, los compañeros que fueron conmigo contaron el show que hizo mi abuela y entonces se corrió la voz de que me había ido prácticamente a escondida de mi madre. Entonces el jefe de recepción me preparó una bandeja de regalos maravillosa, con vasos, pañuelos, cristal de bohemia y me dijo que era para que yo se los llevara a mi abuela, a mi mamá y a toda mi familia porque los regalos siempre ablandaban un poco el corazón de las personas. Aún hoy después de cincuenta años de ese viaje, todavía conservo una de esas bandejitas que tenían una foto de Lenin pintada a color y que ya el tiempo y el agua se han encargado de hacerla un tanto borrosa.

- **En Barcelona con solo 20 dólares**

Ese fue un viaje como de 15 días. Al regreso pasamos por Praga. En esa época habían muchos problemas con los vuelos. Nuestro vuelo de regreso era con una conexión Praga, Zúrich, Madrid y de ahí a Puerto Rico. Pasó que cuando llegamos a Zúrich perdimos la conexión a Madrid. Luego apareció un vuelo a Barcelona y decidimos irnos en ese asumiendo que como se hablaba español no tendríamos problemas. Cuando arribamos a Barcelona, que llegamos con esos tickets de Aeroflot que tenían una bandera roja con la hoz y el martillo, cada empleado del aeropuerto que les tocaba revisarlos, los soltaban como si los tickets quemaran. Además, yo no tenía visa. Los dos compañeros no la necesitaban porque tenían pasaporte americano, pero yo no. Entonces tuvimos que ir hasta la policía para que me dieran un permiso especial, porque no había conexión inmediata, sino que teníamos que estar dos días en Barcelona. Yo tenía aquellos veinte dólares con los que salí de Puerto Rico y mis dos compañeros no tenían nada. La policía nos obligó a que nos registráramos en un hotel; por suerte, pudimos conseguir uno pequeño por cinco pesos la noche por una habitación doble. Así que tuvimos que ingeniárnosla haciendo malabares comiquísimos porque éramos amigos del partido, pero nunca habíamos dormido juntos ni nada que se le pareciera. Esa noche teníamos hambre y salimos a comer y yo dije: "tenemos que comer trucha porque he leído muchísimo sobre las truchas y nunca las he comido." Eso nos costó ocho dólares y pico. Ya sólo nos quedaban $4 y debíamos pagar la siguiente noche. Pero a mí se me prendió un bombillo[73]. En Barcelona había y creo que todavía sigue laborando, un oftalmólogo muy famoso de nombre

[73] Dominicanismo que significa encontrar rápidamente la solución de un problema.

Barraquer, y una amiga de mi mamá tenía una niña que se había pinchado un ojo con una tijera y ella consiguió que ese doctor le diera una cita para tratar de salvarle la vista. Yo no sabía la fecha de la cita y tampoco tenía posibilidad de llamar a mi casa, pero recordaba perfectamente el apellido del médico porque tenía mucho renombre. Así que llamé a la clínica y me dijeron que la amiga de mi mamá tenía tres días que había llegado. Conseguí el número de la pensión donde se estaban quedando y llamé. Le expliqué mi situación y ella me dijo: "vengan para acá que les voy a pagar habitaciones separadas". También nos dio dinero y nos fuimos a conocer Barcelona. Entonces nos quedamos unos cuatro días. Regresamos a Puerto Rico a comienzos de octubre. Mi compañero en ese viaje se llama Tony Díaz Arroyo y es un sicólogo muy conocido, que fue decano de la Universidad de Río Piedras y ya está retirado. Es un hombre maravilloso. Somos muy amigos.

- **Protestas en la Universidad de Puerto Rico**

A nuestro regreso nos encontramos con que habían protestas en la universidad en contra del servicio militar obligatorio implementado por Estados Unidos. Se convocó a una acción (seat-down[74]) en donde los estudiantes iban a impedir el tránsito vehicular sentados en el pavimento. El día de la protesta nosotros estábamos sentados en la calle, cuando de repente llegó la policía y entraron al campus. La policía, por un acuerdo tácito, no entraba al campus universitario. Pero esa vez entraron abruptamente y ordenaron que nos levantáramos del pavimento, y al nosotros no obedecer, nos entraron a macanazos[75] limpios. Eso fue un asombro muy grande porque esa generación de

---

[74] Es la obstrucción de una actividad normal por la acción de un grupo grande de personas sentadas en público para expresar una queja o protesta.

[75] Golpe fuerte dado con una macana, arma policial.

estudiantes nunca había recibido maltratos. Nunca había experimentado la represión física. Yo estaba paralizada del asombro de que eso estuviera pasando en Puerto Rico. En medio de tanta confusión salí corriendo para el lado por donde venían más policías. De ese momento, sólo recuerdo a un policía muy alto, de cara muy porosa como si hubiera sufrido de un acné muy fuerte, que cuando me vio levantó la macana para golpearme. Rápidamente giré y corrí en sentido contrario pero el me alcanzó y me dio un macanazo que me sacó el aire. Fue tan fuerte que el gancho del brasier se me incrustó en la carne de la espalda. Perdí el conocimiento. Como fue muy cerca de la puerta de salida de la universidad, los compañeros me pudieron arrastrar y llevarme a una sala de emergencia donde desperté. Pero al instante dijeron que tenían que sacarme inmediatamente de allí porque como era extranjera estaba corriendo doble peligro. Ya fuera del campus montaron una manifestación frente al local del MPI y yo me convertí como en una especie de heroína. Me subieron a la tribuna como una muestra del maltrato policial y me bajaron de inmediato. Fue una especie de tira y jala entre quienes me querían proteger y los que querían sacar provecho de la situación. Al otro día un titular periodístico decía: "Agentes del comunismo que viajaron a Moscú prepararon el desorden en la universidad", con toda una historia tejida de que nosotros fuimos a recibir instrucciones para planificar desórdenes en Puerto Rico. Eso fue en octubre de 1964.

- **De regreso a mi país**

Ya yo estaba terminando la universidad y pensaba regresar a la República Dominicana. De hecho, mi mamá había vendido su negocio. Mi hermana estaba casada y estaba viviendo en Dominicana. Maritza, mi hermana menor, se quedaría un poco más en casa de unos vecinos en

San Juan, hasta que terminara sus estudios de secretariado. O sea, todo estaba listo para mi regreso. Incluso, en ese último mes, cuando ocurrieron los disturbios, mi mamá no estaba y yo me quedé viviendo en la casa de Benjamín Ortiz y su compañera. En diciembre del 1964, tan pronto terminé los exámenes salí para mi país. Me fui llorando, y es que en Puerto Rico nací de nuevo.

Es Asdrúbal Domínguez (25.7) a quien había conocido previamente, quien me llevó a la UASD y me introdujo con el grupo FRAGUA. Llegué en una "navidad con libertad"[76] y me recibieron muy cálidamente. En conversaciones con Wellington Peterson, quien había sido mi novio por muy poco tiempo, se decide en base a mi experiencia adquirida en la FUPI y además porque hablaba un poco de inglés, que yo formara parte del comité de propaganda del 1J4 junto a otro compañero que acababa de llegar clandestino y quien era el encargado de dicho comité. Además, debía integrarme a un programa de radio que aunque no se decía que pertenecía a la organización de hecho lo era. Me asignaron a Liki Florentino como mi mentor. Como las mujeres no salían solas en esa época, Liki era quien me buscaba y me sacaba a pasear. Yo era la puertorriqueña que llega a liderar, con toda la mala fama que eso acarreaba. Porque lo cierto es que la sociedad puertorriqueña en aquellos momentos era mucho más liberal que la dominicana. Me pasó casi lo mismo que me ocurrió en la conferencia de Moscú: todos esos hombres floreteando a mi alrededor y haciendo cola a ver quién se iba a acostar conmigo.

---

[76] La expresión "Navidad con libertad" se hizo popular en casi todos los niveles sociales del país después del ajusticiamiento del dictador Trujillo.

- **En el comité de propaganda del 1J4**

Pero un día paseando por el Malecón vienen dos hombres caminando de frente a nosotros y Liki dijo: "Mira que casualidad, ese es el compañero que acaba de llegar clandestino y con el cual vas a trabajar". Nos presentó. Era Raúl y no me acuerdo el otro seudónimo, pero eran Rafael (Fafa) Taveras (25.8) y Guido Gil (25.9). Liki comenzó a explicarles que yo era la compañera que se iba a integrar a propaganda. Que yo tenía mucha experiencia y llegaba recomendada por la FUPI, y que ellos debían convocarme, porque ya se había decido que no me integraría a la universidad sino que yo trabajaría básicamente con ellos dos.

Luego comenzamos las reuniones del comité de propaganda donde participaban Guido, Emilio Herasme Peña, Moisés Blanco Genao, Fafa y Antonio Lockward entre otros. Al final de las reuniones, Moisés y Liki hacían cosas cómicas para ver quién de los dos me sacaba a pasear. Mientras tanto, Fafa solo observaba. La segunda vez que salí con Fafa fue un 14 de febrero y ese día se me declaró. Le dije que la verdad era que ni siquiera me había fijado mucho en él. Quizás porque lo sentía mayor para mí, a pesar de que solo me lleva 4 años o quizás porque era la figura máxima del comité y eso más que todo inspiraba respeto. Le expliqué que aprendí en la FUPI a sentirme cómoda en el trabajo que hacía, pero que aquí me sentía asediada e incómoda en los grupos. Esa noche sentados en el Restaurante Roxy con una cerveza enfrente para justificar el estar allí, porque ninguno de los dos tomábamos alcohol, le expliqué toda la incomodidad que estaba sintiendo en apenas un mes de haber retornado al país. Entonces le dije: "tú me estas pidiendo que inicie una relación contigo, así que si tú quieres y como eres el mayor, yo me meto en amores contigo porque necesito tranquilidad y quiero que todos esos hombres dejen de asediarme. Pero los amores que vamos a comenzar no son de verdad, eso es sólo para yo lograr que toda esa gente me deje tranquila. Eso será un proceso porque tampoco es que te estoy cerrando las puertas". Porque repito, Fafa me inspiraba respeto y admiración por haber nacido en el pueblo de las Hermanas Mirabal y haber sido entrenado en Cuba. El me respondió que con mucho gusto aceptaba las condiciones que yo le proponía. En eso quedamos, pero de una vez que salimos de allí me agarró de mano. Al día siguiente en un reunión del comité, yo ni corta ni perezosa compartí que me había metido en amores con el líder Raúl. Eso cayó como una bomba.

Señalo de nuevo que en el verano del '64 tuve una relación muy corta con Wellington Peterson. El y yo nos conocíamos desde nuestra niñez. Juntos asistimos a una escuelita hogar y nos criamos como si fuésemos primos. Pero yo sabía que esa relación no iba a funcionar porque no iba a pasar de ese cariño de amigo que yo sentía por él. Fue una relación muy corta, a la que le di punto final cuando regresé a Puerto Rico. El insistió en que me esperaría. Entonces, cuando regreso al país, Wellington quería continuar la relación pero le dije que eso no era posible. Le conté incluso que cuando yo había estado en Moscú tuve un relación y él dijo que no le importaba. Pero mi posición fue firme de no seguir. El pertenecía al buró militar del partido y yo, como dije anteriormente era del comité de propaganda. Entonces, para muchas personas, yo era la novia de Wellington, porque él en ningún momento dijo que entre nosotros no había nada. Por eso mi confesión de que estaba de novia con Raúl (Fafa) cayó como una bomba.

En aquel momento, las tendencias ideológicas que se mantenían dentro del 1J4 estaban muy álgidas.

Toda la gente del Buró militar que eran de los transformistas[77], de la gente de Fidelio, criticaron mucho mi decisión. Luego, Emma Tavárez (25.10) me llamó para decirme que se había enterado de que yo estaba de novia con Fafa y que ella creía que no era la mejor idea. Dijo que: "Fafa es muy bueno, Minerva lo quiere muchísimo y Manolo también le tiene un gran aprecio y de hecho fue él quien lo trajo, pero tú tienes que saber que eres una mujer marxista-leninista y él tiene una tendencia cristiana. Además a él lo formaron en Cuba y los cubanos no le dan importancia a los temas ideológicos. Recuerda que eres un cuadro marxista", y por ahí siguió objetando. Ante esa posición tan cerrada de ella, le argumenté que Fafa era muy inteligente y que no me parecía que fuera una persona tan atrasada como ella lo estaba pintando, y además, que con las cosas del amor no se podía ser tan analítico. Ante mi posición, ella dijo que sólo me quería alertar. Bueno, la cosa es que entonces para muchas personas yo quedé como que había traicionado a Wellington, a quien le dio una crisis y se fue para Puerto Rico. De hecho yo era como su niña mimada y él me puso de sobrenombre Krúpskaya, el nombre de la esposa de Lenin, reconocida figura del Partido Comunista Ruso y quien fue la responsable de la creación del sistema educativo soviético.

---

77 "Desde los días finales de la revolución de Abril de 1965, el Partido 14 de Junio se desgarraba afectado por un estéril debate que enfrentaba dos "líneas políticas". Ese enfrentamiento se estaba dando, entre los "transformistas" y "no transformistas". Los primeros, dirigidos por Fidelio Despradel, planteaban que el 14 Junio era la organización que tenía las condiciones para convertirse en ese partido de la clase obrera, con el prestigio y la experiencia para dirigir con exito la revolución dominicana. La segunda posición, encabezada por Rafael—Fafa—Taveras, le negaba al 1J4 las referidas condiciones. Por el contrario, los seguidores de Taveras planteaban que era el Movimiento Popular Dominicano (MPD), y no el 14 de Junio, el partido marxista-leninista de la clase obrera. **Politica. La izquierda y la lucha armada: la guerra del "campo que rodea la ciudad", 1966. Acento.com**

Mientras, por su lado, Fafa comenzó a presionarme y le dije claramente que se estuviera tranquilo porque él en realidad no era mi novio sino una especie de tapadera como habíamos acordado. Un día, después de una reunión, él me invitó a ir al Típico Quisqueyano en la feria y cuando llegamos estaba el conjunto de Ramón Gallardo tocando el merengue "La mulatona", y yo, como soy loca con el baile, lo invité a bailar y él me contestó que no sabía bailar. Entonces le dije: "¿y por qué no me lo dijiste antes?" Y él me respondió: "porque tú no me lo preguntaste y no sabía que ese era un requisito para ser tu novio." Yo de inmediato me fui a bailar con los demás compañeros, entre ellos estaba Guido. Cuando regresé, Fafa estaba dormido en la mesa. Eso ha sido así a lo largo de los cincuenta años de matrimonio: él se queda sentado mientras yo bailo como una loca con quien sea.

Empecé a trabajar en el partido ayudando a preparar material para el programa radial. Pero también teníamos un grupo con Antonio Lockward, con Guido, Moisés Blanco y algunos otros, con el objetivo de visualizar un proyecto más cultural. En ese grupo tuve la oportunidad de conocer al poeta Jacques Viau Renaud (25.11), quien era muy amigo de Antonio. Luego, Antonio lo llevó a mi casa. Era un hombre muy tranquilo, suave, maravilloso. Se encantó porque yo había traído el libro de Miguel Hernández. Esa tarde, Antonio quien tenía una voz muy bonita leyó poemas de Miguel Hernández.

Un poco después, como yo vivía en la calle Meriño casi esquina Portes, se decidió que yo militara orgánicamente en la Juventud Estudiantil del 14 de junio, en una célula que funcionaba en Ciudad Nueva. En esa célula me pusieron junto con Mirna Santos, quien era la novia de Amín, y con Margarita Cordero[78], que éramos casi vecinas.

---

[78] Destacada periodista y feminista dominicana.

Ellas eran tres o cuatro años menores que yo y ya estaban estudiando en la universidad.

Margarita y yo comenzamos a salir juntas a reuniones y asambleas del partido. En esa época se armó un escándalo porque el grupo de los marxistas recibió una carta de una novia que Fafa tuvo en Cuba en donde ella le enrostraba que él se hubiese ido y que se sentía engañada. Era una carta de una mujer muy dolida y empezaron a decir que Fafa la había dejado embarazada. Pero en la carta no se decía nada al respecto. Entonces, en esa asamblea se planteó que a ese compañero había que sancionarlo y sacarlo del Comité Central. Ese fue como el tema básico de la agenda de ese día. Yo busqué unos cuantos párrafos de Clara Zetkin (25.12), tomé un turno y hablé sobre el amor libre. Recuerdo que esa reunión tuvo lugar en el Paraninfo de Medicina y a la salida Amaury Justo, a quien yo tampoco conocía mucho, se me acercó y me dijo: "tú eres una mujer muy valiente, porque pararte a defender a tu novio con esos argumentos, hay que ser muy valiente", y yo le respondí: "no, yo lo que soy es marxista." Así que discutiendo esos disparates estaba la juventud del 14 y toda la organización, cuando en el país los militares ya estaban conspirando y habían huelgas.

- **El llamado de Peña Gómez**

El día de la segunda asamblea, donde se tomarían decisiones, Margarita Cordero y yo bajábamos por el Conde en un carro público, cuando escuchamos a José Francisco Peña Gómez[79] arengando al pueblo y todos los carros empezaron a tocar bocinas. Margarita y yo prácticamente

---

[79] Abogado y político dominicano de ascendencia haitiana. Líder del Partido Revolucionario Dominicano tras la renuncia de Juan Bosch en 1963. Candidato tres veces a la presidencia de la República Dominicana (1990, 1994, 1996) y ex síndico de Santo Domingo (1982-1986). (Wikipedia).

nos tiramos de ese carro que acabábamos de tomar en la calle Nouel y corrimos hasta la calle Santomé, hasta la casa de Doña Marina Mieses, una reconocida dirigente del 14 de junio a quien yo visitaba mucho porque su casa era como un local del partido. Doña Marina era la madre de Sagrada Bujosa, quien a su vez era una dirigente de los grupos de las escuelas secundarias. Todos pasábamos por esa casa donde se comía y se dormían siestas. Fafa llamó por teléfono y le dijeron que yo estaba allí y entonces él también se dirigió hacia allá. Cuando llegó nos dijo que todavía no tenían claro cuál era la situación, pero que estuviésemos pendientes porque se iban a bajar informaciones muy precisas.

Es importante señalar que en ese momento no se le prestó atención a lo que Óscar Santana (25.13) había compartido en el partido de que él estaba en la conspiración con los militares. Pero esas declaraciones le valieron que quisiesen sancionarlo porque andaba con los guardias.

- **Comienza la Revolución de Abril; consigna "Armas para el pueblo, 1J4"**

Luego, el partido acepta el convertir esa acción conspirativa en un golpe de estado militar enarbolando la consigna: "Armas para el pueblo, 1J4". A las mujeres nos asignaron pintar con spray esa consigna en las calles de Ciudad Nueva, que en ese momento era el centro político de la capital. El 24 de abril estuvimos quemando gomas, y entre el 25 y el 26, fuimos llenando las calles con esos letreros. Para nosotras era más fácil hacerlo porque burlábamos al patrullaje con más facilidad que los hombres.

Luego, los compañeros se fueron para el Puente Duarte y empezaron a trabajar y reorganizarse. Se creó una sede en una casa ubicada en la José Gabriel García que llegó a ser el comando central del 14 de junio y era un poco más conocido, y otra en la calle Caracas, que era más clandestino.

Así, la dirección del movimiento se dividió en dos partes, y el partido quedó con dos facciones militares dirigidas por dos de los compañeros que no generaban mucho conflicto y que representaban a los transformistas y no transformistas. Fafa Taveras y otro compañero fueron seleccionados, porque tenían una sólida formación militar, dando inicio así a todo ese proceso.

Ya para el día 27 empecé a quedarme a dormir en el comando, y poco a poco fui asumiendo funciones específicas. Por ejemplo, yo estaba a cargo del teléfono porque me sabía de memoria los números telefónicos de casi todos los compañeros y compañeras del círculo. Resolvía situaciones de logística. De tal manera que durante la guerra yo fungí, se podría decir, como la encargada de intendencia, cuidando el buen funcionamiento del comando ubicado en Ciudad Nueva. Lo mismo cuando comenzaron a consolidarse los comandos de más de 4,000 hombres armados organizados dentro del 1J4. En tal sentido, es importante señalar que el número de militares que participó en la guerra en la primera fase fueron muchos, pero a partir del día 28 esa participación se redujo al mínimo; entre ellos estaba un grupo de oficiales que se quedó alrededor de Caamaño. Pero el grueso de los combatientes fueron civiles y el grueso de los civiles eran militantes catorcistas.

- **"Las mujeres también hicieron abril"**

Por su lado, tanto mi mamá como mi abuela se integraron desde sus posibilidades al proceso revolucionario. Ellas vivían en el segundo piso de una casa donde funcionaba un comando. Entonces, ellas les cocinaban a los muchachos y les lavaban la ropa. Luego de su separación de su esposo, mi hermana Milagros también bajó a vivir en la zona y se integró al comando obrero con Juan B. Mejía y Julio de Peña fungiendo como un apoyo secretarial para ellos. Mi hermana Maritza, que seguía en Puerto Rico terminando su secretariado, tan pronto se normalizó el tránsito aéreo y comenzaron a entrar a arribar los primeros aviones, también vino y colaboró de alguna manera. Eso es algo que Margarita Cordero y yo resaltamos mucho en el libro: Las mujeres también hicieron abril (25.14) publicado en 1985, y es que cuando se habla de la guerra solo se habla de los elementos militares, pero cuando se analizan bien esos elementos se evidencia que los mismos fueron mínimos.

- **Zona constitucionalista**

Después que entraron los norteamericanos y luego que ellos destrozaron la resistencia en la parte norte tuvimos que refugiarnos en la zona constitucionalista. No hubo un combate grande hasta el 15 ó el 16 de junio. Después de esas fechas vino la tregua y no hubo más combates. Entonces la zona se mantuvo por seis o siete meses no por los combates o la vigilancia militar, sino porque un grupo de personas se quedaron a vivir en la zona aún pensando que la podían arrasar, y se quedaron con sus hijos y sus familias. Es innegable que mucha gente se fue para el interior pero hubo mucha gente que se quedó. También hubo miles de personas que dieron su apoyo trayendo comida, gasolina, entre otros recursos para que la zona siguiera sobreviviendo, es decir, haciendo posible el desarrollo de una vida cotidiana y que nosotros fungiésemos como un estado o una pequeña república libre. Y eso estuvo muy sustentado en la realidad de las familias y de las mujeres que estuvieron en la zona. Entonces, como siempre, solo se mira la heroicidad militar sin ver los miles de héroes y heroínas anónimas que se quedaron en la zona. Incluso hubo personas que se fueron en los primeros combates y que luego regresaron después de la toma de la Fortaleza Ozama ocurrida el Jueves 29 de abril y que fue el único combate grande en Ciudad Nueva.

Por esos días ya éramos muchas las personas que nos quedábamos a dormir en el comando. Como una forma de poder dormir, un compañero puso a disposición su casa. Así que de noche íbamos a dormir un grupo de nosotras allá. Luego de que saliera una lista elaborada por el gobierno norteamericano con los nombres de 54 supuestos agentes del comunismo infiltrados en el movimiento constitucionalista quienes pretendían convertir a la República Dominicana en otra Cuba, esa casa fue asignada a Emma Tavares como una medida de precaución por ella ser hermana de Manolo.

Fue un momento de decisiones muy importantes. Se dio inicio a la academia. Cuando se formó la misma, hice una demanda pidiendo que las mujeres no siguieran cocinando y lavando y que tuvieran un papel más activo. Aunque apoyé esa demanda, sin embargo, consideraba que el trabajo que yo realizaba era valioso. Por ejemplo, Caamaño (25.15) me llamaba a las tres de la madrugada y me decía que le diera el teléfono de tal o cual comando. Una noche me llamó y me dijo: "localízame a Montes Arache (25.16) que lo estoy buscando y no sé dónde está". Nosotras también preparábamos los desayunos para los comandos, salíamos a buscar pan y se hacía un desayuno de pan con chocolate. Al mediodía, ellos cocinaban o les cocinaba la gente del vecindario. Por la noche, en los últimos meses, nosotras les dábamos otra comida. Lo cierto es que abastecernos de comida en una zona controlada era muy difícil. A algunos propietarios de almacenes se les permitía entrar a sus negocios pero no podían sacar comida. Otra cosa era que los dueños de vehículos entraban a la zona con sus tanques de gasolina llenos y mangueras para abastecernos a nosotros, algo que ocurría a diario. O sea, era toda una población apoyando el proceso.

Un intento que no resultó fue el tratar de extender el movimiento a otras zonas del país. Esos intentos fueron liderados básicamente por el Movimiento14 de junio.

- **Un aborto frustrado**

En ese transcurso, Fafa y yo empezamos a convivir juntos, o mejor dicho dormíamos juntos. En los primeros días éramos como 20 en una misma cama. Luego, quedé embarazada y traté de no tenerlo porque todavía no me sentía segura de la relación y de nosotros como pareja. Yo tenía muy claro lo del derecho al aborto. El único médico al que teníamos acceso era un militante del partido que después que me dijo que sí me haría el aborto, se echó para atrás y no me lo quiso practicar. Que a propósito eso fue algo bien cómico porque en ese momento se excusó diciendo que nunca había hecho un aborto. Que además yo tenía un útero revertido, y que si en un futuro yo no podía tener más hijos, eso a él le iba a quedar en la conciencia. Así que tuve que bajarme de la camilla, coger mi macutico[80] con el que había llegado allí e irme.

- **Me casé durante la revolución**

Cuando se lo dije a Fafa, su respuesta fue que nos casáramos. Entonces decidimos buscar un juez civil porque en la zona constitucionalista no había. Cuando localizamos uno, yo quería que nos casáramos el domingo, pero el juez dijo que él no trabajaba ese día y que nos podía casar ese jueves a las 12 del día en la casa de mi mamá. Llegado el momento había unos cuantos compañeros presentes y esperábamos por el novio que no acababa de llegar cuando de pronto se armó un tiroteo. El juez se estaba muriendo del susto porque pensaba que los gringos habían entrado, y

---

80 Dominicanismo. Macutico diminutivo de macuto, cesto hecho de hojas de palma o guano

quería irse, pero los compañeros le dijeron: "usted no se va hasta que no llegue el comandante". Pero el tiroteo no fue nada más que la algarabía de un barco que había atracado en el puerto. Más tarde, Fafa llegó por fin todo sudoroso, con una ametralladora en las manos y turbado entre cómo dejar la ametralladora y agarrar mi mano.

En días pasado me tocó hacer un cambio en mi cédula y pedí un acta de matrimonio extendida y ahí volví a rememorar quiénes fueron los testigos del día en que Fafa y yo nos casamos. Los testigos fueron mi mamá, Guido Gil, Norge Botello, Juan B. Mejía y Bienvenido Castillo. Eran más, porque estaban todos los amigos de nuestro círculo más cercano, pero el juez se opuso a agregar alguien más porque dijo que tenía prisa en irse. Sentí tristeza al ver las firmas de Norge y de Guido. En al acta había una cláusula que decía que en cualquier momento cualquiera de los dos podía declarar nulo nuestro matrimonio. Entonces Juan B. Mejía, quien era el testigo principal firmó como Juan Estrella, que era su seudónimo. ¡Un testigo falso!

- **Un momento difícil**

El día 29 de abril fue un momento muy difícil para todos y todas cuando nos enteramos que habían desembarcado los infantes de la marina norteamericana. Aparte de que una parte del partido estaba preparando documentos para sacarlo de la zona y a nosotros no se nos había dicho nada. Ni siquiera a Fafa, que en ese momento era el comandante y jefe del 14 de junio, ya que Juan Miguel había muerto en mayo en el asalto al palacio. Entonces, en ese momento nosotros pensamos que íbamos a morir ahí. No tengo una idea precisa pero creo que esa fue la primera vez que Fafa y yo estuvimos solos como pareja. Un poco después fue que salí embarazada.

Luego vino todo el proceso de negociación de la paz y nosotros y nosotras tratando de esconder todos los rifles que pudiésemos. Caamaño nos decía: "¿y esos Mauser viejos que no sirven es que ustedes me van a entregar, si yo sé que ustedes tenían muchísimas ametralladoras Thompson nuevas?" Pero la cosa es que estábamos limpiando los hierros y engrasándolos para guardarlos donde se pudiera porque realmente pensábamos que habíamos perdido una batalla pero no la guerra.

- **Años de represión**

Aunque los yanquis habían llegado, no había una represión hacia los dirigentes. La represión mayor comenzó con los combatientes que regresaron a sus pueblos y con los combatientes de aquí de la ciudad, porque cada noche aparecían en los barrios dos y tres hombres muertos. Pero en cierta medida, a los dirigentes del 14 de junio y de los otros grupos se les mantuvo una cierta capacidad de maniobra hasta que vino la campaña electoral y el 14 de junio decidió ir a elecciones con candidaturas propias y solo para diputación. Se había hablado con Bosch, pero él no estaba en disposición de estar cerca de los izquierdistas buscando quizás hacerse un poco más potable, porque ese era su programa.

Como nosotros teníamos mucha gente que trabajaba en el sindicato de la telefónica, muchas veces escuchaban conversaciones y en algunas ocasiones llegaron a escuchar a Bosch diciéndole a Caamaño: "ten cuidado con esos muchachos del 14 de junio, que tú sabes que son unos cabeza caliente", y tratando de que las negociaciones avanzaran.

Luego del triunfo de Balaguer en 1966, fue cuando comenzó una represión brutal contra las organizaciones y sindicatos. Empezaron a asesinar a todos los dirigentes; una persecución feroz contra los dirigentes estudiantiles, líderes sindicales y comunitarios. Fueron años muy duros. Luego, la desaparición de Guido el 17 de enero de 1967. Ese mismo día en que a Guido lo desaparecieron, en mi casa hubo un allanamiento que duró doce horas, con la cuadra entera rodeada y helicópteros sobrevolando la zona. Fafa se salvó por pura casualidad, pero nosotros pensamos que eso formaba parte del mismo paquete.

- **Solidaridad en la dificultad**

En ese entonces, ya yo tenía a mi primera niña, que había nacido en marzo del 1966 en una clínica que quedaba en la Avenida Bolívar, con un doctor sumamente solidario, quien no cobró por hacerme el parto. En 1966 estábamos en plena época de la persecución, pero yo tuve mucho apoyo. Por ejemplo, nunca pagué por consultas pediátricas. El reconocido pediatra Sergio Incháustegui y Nelson, su compañero de consulta, siempre atendieron a mis hijos gratuitamente. Ellos también fueron los pediatras de los hijos de Amín Abel y de muchos otros compañeros, y nunca cobraron por sus servicios. En esos tiempos de la represión dura, ese apoyo siempre estuvo ahí de parte de distintos profesionales de la medicina. Fueron muy solidarios con las personas que estaban en la clandestinidad. Uno les decía: "mira, tengo a alguien enfermo y está escondido en tal casa", y ellos iban y los atendían gratuitamente. Dentistas que se ofrecían, oftalmólogos que decían "llévame esa persona a tal hora que no va a haber nadie más en la oficina". Realmente en esos años teníamos una clase médica muy progresista y comprometida con el proceso. Muchos de ellos eran militantes del 14 de junio y otros se involucraron con el Movimiento Popular Dominicano (MPD). Si no hubiera sido por ese apoyo, muchas de las personas que estaban en la clandestinidad, no hubiesen podido sobrevivir.

Constantemente había que cambiarlos de casa y mudarlos de un sitio a otro. Hace poco, en una fiesta que hicimos para celebrar entre amigos nuestros 50 años de casados, una de las cosas que hizo Fafa fue agradecer a todas esas personas que lo ayudaron en sus tiempos de clandestinidad, que lo escondieron y que facilitaron el proceso para que nosotros lo pudiésemos visitar exponiéndose con ello a los peligros que eso acarreaba.

En enero del 1969, Fafa cayó preso. A él lo agarraron en Baní. Esa vez fue una prisión corta como de seis meses. En esa ocasión, por primera vez conocí la cárcel de la Victoria (25.17), inaugurando así lo que serían mis visitas rutinarias a la misma. Habían otros presos políticos, que hicieron un trabajo con los presos comunes muy interesante, ya que elaboraban un periódico que les llegaba a todos ellos.

- **Renuncia del 1J4 e integración al MPD**

Ya en diciembre del 1966 nosotros habíamos renunciado del 14 de junio y se fue una parte de la dirección y otra de la dirección media. En ese momento yo era dirigente de Ciudad Nueva. También habíamos comenzado a trabajar con la Federación de Mujeres Dominicanas que había empezado en 1961 y se había mantenido, y estaba mucho más controlada por el Partido Comunista Dominicano (PCD). Después de la guerra, el 14 de junio bajó una línea de trabajar más intensamente con ellas. Ahí nos integramos Mirna, Margarita y yo entre otras. Cuando pasamos al MPD continuamos trabajando en la Federación.

En ese tránsito, el MPD tomó una decisión de que como éramos catalogados como pequeños burgueses, debíamos pasar por un proceso de reeducación. Así que yo, que era dirigente de una zona pasé a ser simpatizante del MPD. Quien era miembro del comité central pasó a ser miembro del comité de distrito, o sea, le bajaron el rango de la militancia a todo el mundo. Eso tuvo sus consecuencias en un país donde la gente valora mucho de que: "es mejor ser cabeza de ratón que cola de león", o sea donde todo el mundo quiere sentirse grande aunque no tenga a nadie que lo siga. Debo decir que ese fenómeno de la ruptura lo he valorado como un acto de respeto al 14 de junio. Fue una situación muy dolorosa, pero ya era imposible trabajar desde esa instancia.

Después de Manolo, Fafa fue el segundo Secretario General del 14 de junio y fue elegido en una asamblea en el año 1966, pero el grupo de los transformistas siguieron empujando su agenda. Ellos planteaban que el 1J4 debía ser un partido proletario y nosotros sosteníamos que el mismo jugaba un papel más amplio de liberación nacional. Y bueno, creo que la historia nos dio la razón, porque perdimos ese instrumento de liberación nacional como lo era el 14 de junio. Lo cierto es que nosotros nos fuimos para no dividirlo, porque no todos estábamos tan confiados de que el MPD era maravilloso, pero sí de que ya era un núcleo marxista y si existía ese para qué crear otro si lo mejor era fortalecerlo y cada quien jugara su papel. Esa era la idea de Amín Abel (25.18), de Moisés, de Fafa y de todos aquellos dirigentes que renunciaron de todos los niveles y se fueron al MPD. También eso fue una prueba de humildad, porque como ya dije, el MPD puso condiciones y la más importante fue precisamente que todos tenían que empezar desde abajo. Pero dada la experiencia y militancia de ese grupo "pequeño burgués" como lo habían denominado, el MPD tuvo que reconocer la labor que estaban realizando y como que las aguas comenzaron a tomar su debido curso. Recuerdo que en el año 1969, el Moreno (25.19) me llamó para decirme que le informara a Fafa que había sido ascendido a que formara parte del Comité Central del partido, precisamente por el trabajo que él y Amín estaban haciendo en la cárcel.

Yo también pasé a militar en el MPD, el cual tenía una política que cuestionaba a toda la población. Por ejemplo, nosotras fuimos a la Federación de mujeres a plantearles que la misma fuese disuelta y que las mujeres nos organizáramos en comandos clandestinos, o sea, convertir un organismo de masas en comando clandestino. Me tocó hacer dicho planteamiento sin yo estar segura del mismo. Pero había una disciplina partidaria que había que seguir, aunque yo todavía ni siquiera era miembro, sino una simpatizante. En esa asamblea, la federación, en medio de sillazos, se dividió, empezó su decadencia, y no duraría muchos años más.

Esa fue también la época del famoso golpe de estado revolucionario donde el MPD conspiró contra Balaguer junto a otros sectores, y donde hubo muchas víctimas también. En 1970 ocurre el secuestro de Crowley, que fue una victoria para el partido. Luego de todo eso gana Balaguer y la masacre y represión ejercidas durante sus dos primeros mandatos, prácticamente hizo desaparecer al MPD. Ocurrió el asesinato de Amín; de Otto Morales (25.20), y de innumerables compañeros valiosos. Todos los días estábamos llorando a alguien. Eran uno detrás de otro, y el apresamiento de casi toda la dirección.

- **Por los caminos del feminismo**

Junto con la muerte de Otto Morales y la ausencia del Moreno comienzan a surgir muchos problemas dentro del MPD. Surgen también algunos planteamientos con los cuales yo no estaba de acuerdo y entonces a raíz de Fafa caer preso en julio de 1970, yo renuncio del partido. Ahí terminó mi etapa de mujer militante de partido. Fue algo muy duro porque yo comencé esa práctica desde muy joven, como ya dije anteriormente. Después de esa larga trayectoria de militancia me pregunté: "¿y ahora para dónde voy?", y fue en ese justo momento que me encontré con el feminismo. Contradictoriamente, lo encuentro en la mano de un hombre y por demás un gringo. Eso fue algo interesante, porque los compañeros de Nueva York del MPI me mandaron a ese periodista con una carta donde decía que él era de izquierda, y yo que ni siquiera me imaginaba que había una izquierda en Estados Unidos. Así que llegó ese periodista acompañado de un fotógrafo, quienes tenían un servicio de noticias y fueron a cubrir las elecciones. Entonces, yo les facilité los contactos para entrevistar a Juan Bosch, para hablar con dirigentes, entre otros contactos. Alan Howel que así se llama el periodista, quien se convirtió en un gran amigo mío empezó a hablar con mucho entusiasmo del movimiento de liberación de la mujer. Y yo le preguntaba: "¿y esas son las mujeres que se quitan los brasieres y los queman o es algo sexual?, porque aquí nosotros en la clase obrera no estamos de acuerdo en poner a las mujeres en contra de los hombres." Y él respondía: "no, eso no es así, eso podría ser la base de una revolución cultural".

Luego de cubrir la elecciones, el periodista y el fotógrafo se fueron, y un tiempo después Howel me mandó un libro desde México que se llama: Mujeres, de Margaret Randall, una recopilación de documentos de la historia del movimiento de mujeres en Estados Unidos y de Inglaterra. Cuando leí algunos de esos artículos se me abrió un mundo nuevo. Porque la verdad era que yo no concebía un cambio social sino era desde el partido. Entonces esa idea de la existencia del patriarcado y no solamente del capitalismo me atrapó, me abrió la cabeza y toda esa necesidad que yo tenía de acción política se volcó ahí. Pasé entonces de andar con el libro rojo de Mao Tse Tung a andar con el libro lila de Margaret Randall. Pero el mismo Mao decía que una cosa mala se puede transformar en una buena.

- **Presos políticos**

En aquella época yo estaba teniendo momentos muy duros con Fafa preso, una niña pequeña y un niño pequeño y dando clases en la universidad, lo que no me generaba mucho dinero. Pero mi mamá me ayudaba enviándome dinero desde del extranjero para yo poder balancear el presupuesto familiar, porque lo cierto era que los viajes a la Cárcel La Victoria me rompían el presupuesto.

En ese tiempo habían muchos presos políticos cuyas familias no tenían dinero ni siquiera para ir a visitarlos. La comida era otro problema. Entonces todo eso lo teníamos que suplir nosotras. Yo salía a hacer las compras. Así que algo que aprendí en la FUPI lo comencé a poner en práctica. Elaboré una lista de cooperantes para poder comprar la comida de los presos. Pero yo también tenía un marido que no sabía comer solo y que me decía que si yo sólo tenía para llevarle algo a él que no lo hiciera porque ellos eran muchos. El número de presos políticos variaba de manera constante. A veces eran 20, luego podía subir a 50 o a 100 y había que llevar suficiente para que pudieran compartir. Luego ellos se organizaron para cocinar dentro de la cárcel y nosotras comenzamos a llevarles productos crudos. Comían sardinas y pica-pica[81] en cantidad. Nosotras éramos cuatro o cinco mujeres del Movimiento Popular Dominicano (MPD) que nos encargábamos de sustentar a todos aquellos que sus familias tenían condiciones económicas muy difíciles. Se daban diferentes formas de apoyo y recuerdo a una señora que su aporte era lavar la ropa de varios presos. En nuestra casa teníamos dos personas presas, porque el esposo de mi hermana Milagros también cayó preso con la alternante de que en ese momento ella estaba sin trabajo. A los presos también yo les llevaba mucho espaguetis cocinados que era

---

81 Sardinas enlatadas picantes, muy populares debido a su bajo precio.

una comida que rendía bastante. A veces tenía que resolver el problema de las medicinas de algún familiar que regularmente eran madres o esposas enfermas de pena. Los juguetes de Reyes también me tocaban a mi. Pero eso me encantaba. Yo me iba para la avenida Duarte después de la las diez de la noche a comprar los juguetes. Como a casi nadie le gustaban los juguetes Fisher-Price, siempre los encontraba en buenas ofertas, así que compraba todos los que pudiera y me los llevaba para regalárselos a los niños y las niñas de los presos políticos, un momento que disfrutaban mucho.

- **Mi cuarto propio**

Con todo eso sentí que tenía un tiempo que era mío. Que no era el de ir a las reuniones del partido, ni a las de la Federación de Mujeres a las que también yo iba a través del partido. Fue un tiempo en que empecé a buscar literatura feminista, pero también a hacer una vida cultural que yo había hecho mucho en Puerto Rico y que se había cortado. Eso era con todo ese grupo de artistas, intelectuales y poetas que apoyaron la revolución de abril, pero que no cayeron presos. Para suerte mía la creación, por ejemplo, de Casa de Teatro que quedaba a una cuadra de mi casa hizo que allí mi hija y mi hijo pudieran tomar clases de pintura con los pintores Ángel Haché y Elsa Núñez, o de teatro con Rómulo Rivas. También podían ver buenas películas. Estuvieron involucrados con "Siete días con el pueblo", (25.21) donde conocieron a Silvio Rodríguez, entre otros artistas.

También había un grupo de profesores en la universidad que me daban mucho apoyo. En muchos círculos tradicionales, las mujeres piensan que como yo tenía mi marido preso, no debía andar sola, y además una se convierte en una especie de amenaza. Por otro lado, una de las cosas que me encontré es que los hombres pensaban que si yo estaba sola y tenía necesidades, ahí estaban ellos para resolverme. Se me ofrecían para suplir esas necesidades, entre ellos maridos de parientas, amigos de mi marido, conocidos, en fin, era un acoso continuo. Por suerte, yo contaba como ya dije, con el grupo de la universidad, donde estaba Isis Duarte. Empecé a tomar clases de francés y también sentí el apoyo de Carmen Cole y Marcio quienes me llevaban a pasear a las ruinas de Engombe. Pedro Ureña y su mujer realizaban unas fiestas maravillosas, donde yo bailaba como una loca y a nadie le importaba pero tampoco me molestaban. En suma, ese fue un tiempo de una vida cultural muy intensa. Fueron cinco años que yo los defino como "mi cuarto propio".

- **Las mujeres de los presos políticos**

Cuando comenzaron a llegar libros yo logré que me trajeran algunos sobre feminismo. Como en la cárcel no dejaban entrar libros marxistas, cuando leía esos libros luego se los llevaba a Fafa. Así que él pudo, un poco ir viviendo mi proceso. Pero dentro de los presos políticos habían dos posiciones con relación a sus mujeres. Un grupo que pensaban que ellas no podían salir solas. Si en algún momento alguno de ellos se llegaba a enterar que su mujer había salido sola, entonces ese hombre se ponía muy depresivo en la prisión. Por otro lado, estaba el otro grupo que no trataban de controlar a sus mujeres, claro no es que quisiesen que ellas anduvieran por ahí con alguien ni mucho menos, pero sabían que si les cortaban mucho la soga se iban a quedar solos. Como de hecho ocurrió con muchos de ellos. Porque no todas pudieron esperar ese período de 5 ó 6 años de prisión de sus maridos. Además, tampoco era fácil, porque eran las más pobres, las que no tenían un trabajo fijo, las que tenían muchos niñas y/o niños o encontraron otras parejas.

En el caso de Fafa y yo se daba la siguiente dinámica. Por ejemplo, si había una fiesta en el Carmen Cole donde siempre había mucha comida, yo andaba siempre con un envase plástico, lo llenaba de cuantas cosas había allí como quipes, pastelitos, etc., me pasaba la noche bailando, pero ya tenía una merienda para llevarle a Fafa al día siguiente a la prisión. En la visita a la cárcel que era de tan sólo 15 minutos, yo llegaba con esos quipes para que él comiera y le contaba lo mucho que había gozado en la fiesta. Otra cosa es que cuando comenzaron a llegar libros de literatura a la Librería Hostos, la cual quedaba cerca de mi casa, yo le compraba libros y se los llevaba y discutíamos sobre literatura. De tal manera, que cuando a Fafa le decían, "mira que a tu mujer la vieron que andaba con fulano", él respondía: "ella es mi cordón umbilical con la vida". Otros le decían: "tienes que divorciarte de ella porque hace cosas que no le convienen al partido; te está pegando cuernos y anda por ahí hablando de feminismo". A lo que él respondía: "ya ella no es miembra del partido, así que yo no me meto en eso y nosotros desde aquí solo podemos respetar". Era una forma de control, pero Fafa siempre fue muy respetuoso de lo que yo hacía. Así que yo llegaba con mi cara alegre a la cárcel y podía compartir con él lo que me había pasado, mientras que muchas mujeres llegaban aburridas, amargadas y desesperadas y no aguantaban mucho esa situación.

También hice mucho trabajo con los medios de comunicación. Me hice amiga de los redactores y de los jefes de redacción y eso me creó una base para denunciar lo que estaba pasando. Esa era una tarea política. Yo tenía que asegurarme cuándo habría un juicio y qué pasaba en los mismos. También de que Fafa tuviera siempre sus vitaminas y asegurarme de que estaba comiendo. Hubo momentos muy difíciles, por ejemplo cuando la Banda Colorá (25.22) en que Emma Bujosa, la esposa del Chino Ferreras y yo, nos íbamos cada día a la Cárcel La Victoria porque temíamos por la vida de nuestros esposos. Ya un 24 de abril le habían dado una golpiza a todos los presos y aislaron al Chino Bujosa y a Fafa, que en esos momentos eran los más conocidos. Para las visitas a la cárcel, como yo no tenía carro, dependía mucho de Emma.

Solo a veces yo llevaba a mi niña y a mi niño a ver a su papá, precisamente por la logística de transportación para hacer los viajes. Por eso prefería llevarlos los sábados. De esa manera, tanto él como ella sufrían menos porque no tenían que pasar todo el proceso de chequeo. Eran visitas más cortas y relajadas pero menos impresionantes para ellos dos. En 1969 Fafico mi hijo mayor, era apenas un bebé y al entrar a la cárcel le quitaban el pañal como parte del chequeo, lo cual era una situación muy desagradable para mí como madre. Obviamente que en los momentos de crisis no lo llevábamos nunca. En mi casa todas éramos mujeres, mis dos hermanas, mi hija, mi abuela y mi mamá cuando no estaba de viaje. Así que cuando mi hijo tenía como cinco años, en una de las visitas yo le dije a Fafa que lo llevara al baño para que el niño viera que su papá tenía un pene igual que él. Lo cierto es que en ese tiempo recibí apoyo de muchas personas. Una de ellas lo fue, Isis Duarte que éramos compañeras porque las dos impartíamos clases para el Departamento de Sociología de la Universidad Autónoma de Santo Domingo (UASD). Recuerdo que ella venía en su carrito y se llevaba a mis niños a pasear. Importante resaltar que en el Departamento de Sociología llegué a tener una carga académica intensa cuando fungí como coordinadora de la cátedra de Ciencias Sociales con la materia Introducción a la Sociología, que era la cátedra de Sociología que se impartía en el Colegio universitario. En ese entonces, yo supervisaba unos(as) 15 profesores(as) y hacía todas las coordinaciones inherentes al cargo. De igual manera, yo tenía mucha responsabilidad con el Proyecto de Escuela Nueva (5.23) que fundamos en 1973, y que fue un proyecto muy importante en mi vida. Todo lo que significó pensarlo y llevarlo a la práctica, junto con Purita Sánchez, con Mechy, con Milagros Concepción que estuvo en la primera etapa y que fue pensado precisamente para hijos e hijas de personas de izquierda con una educación laica, alternativa, democrática. Todo un sueño que todavía estamos muy lejos de lograr en la educación dominicana y que ya lo estábamos pensando desde la izquierda en los años 70s. O sea que yo tenía una vida profesional muy intensa. Hoy me admiro de que pudiera hacer tantas cosas al mismo tiempo. No quería que mis hijos se sintieran tristes por la ausencia de su padre. Un día, una profesora del Colegio Los Benjamines donde yo tenía a mi hijo Fafico, me dijo que el niño siempre tenía una mirada triste. Yo le respondí que ella estaba equivocada. Que mi niño lo que tenía eran unas pestañas largas que le hacían sombras en su rostro. Que además él no podía estar triste porque él nunca había vivido con su papá y que por tanto no lo podía extrañar.

Me hice la fuerte y mi muchacha y mi muchacho aprendieron de igual manera. A ella y a él les gustaba ir a la playa, y como no teníamos dinero yo preparaba unos sándwiches o una espaguetada[82] para cada quien y nos íbamos al parque Enriquillo a coger una guagua para Boca Chica. Ninguno se podía antojar de nada, porque quien lo hiciera estaba amenazado con no volver de paseo a la playa. A veces me decían: "¿tú ves mami que no te hemos pedido nada?". Eso lo decían para que de nuevo los volviera a llevar. Finalmente, Fafa sale libre luego de cinco años en la cárcel.

82 Palabra criolla derivada de espaguetis.

- **Feminismo en acción**

Para 1974, en el país se había comenzado a hacer algunas acciones con relación a la celebración del Año Internacional de la Mujer (25.24) y había todo una movilización al respecto. Yo había estado haciendo trabajos con Vivian Mota y logramos hacer el primer evento feminista que se llamó Promoción de la mujer. En la universidad estaban también trabajando alrededor de eso Lusitania Martínez, Vilma Weiz e Irma Nicasio, entre otras. Vivian y yo organizamos el primer seminario sobre el aborto que salió en la Revista Ahora (25.25). Entonces me invitaron a un evento en Costa Rica y no me dejaron salir del país, porque tenía impedimento de salida, algo de lo cual yo no estaba enterada. Eso fue un golpe muy duro para mí. Ya me habían deportado de Puerto Rico, porque después de la guerra del 65 volví y me detuvieron en el aeropuerto por unas cuantas horas, y luego me devolvieron el pasaporte. Yo estaba embarazada. Pero en el año 1966, al entrar de nuevo, me retuvieron el pasaporte. Iba a buscar apoyo para el partido y me habían dado dinero para comprar un mimeógrafo y altoparlantes para la campaña electoral de Fafa en ese año. Me dejaron entrar pero me quitaron la residencia porque según me dijeron ellos tenían pruebas de que yo estaba viviendo en República Dominicana. No pude pelear mi caso por el estado avanzado de mi embarazo. Lo que hice fue decir que yo entregaba mi residencia en contra de mi voluntad. Entonces me llevaron deportada y ya no pude volver a entrar a Puerto Rico. Por lo tanto, como no había intentado volver a salir del país, no sabía que tenía impedimento de salida.

Entonces, como no pude ir a Costa Rica decidí que quería ir a México a la 1era Conferencia Mundial de la Mujer que se realizó en 1975. La vice- canciller en ese momento era Licelott Marte y ella, junto con Clara Leila

Alfonso consiguieron que me levantaran el impedimento de salida. Desde el año anterior yo había estado ahorrando para comprarme mi pasaje para ir a México. Cuando se decidió la fecha de la conferencia, la misma coincidía con el día en que Fafa iba a salir de la cárcel. Yo estaba en una encrucijada. Aunque tenía la duda de si realmente el gobierno lo dejaría salir, porque lo que usualmente se hacía con los presos políticos era elaborarle un nuevo expediente cada vez que se acercaba la fecha en que se cumplía su condena. En ese momento se decía que a Fafa lo iban a mandar para Santiago y yo estaba apenada. Pero ahí actuó la buena cabeza de Fafa y él me dijo: "yo pienso que tú debes irte a México, porque si yo te digo que no, tú luego no me lo vas a perdonar y yo prefiero que nuestro matrimonio se mantenga saludable". Entonces acordamos a que yo me fuera luego de que él saliera el 19 de julio de 1975. Ese día nos fuimos al Palacio de la Policía. Había mucha tensión porque no sabíamos si lo iban a deportar. Pero luego me lo entregaron por la puerta trasera del Palacio de la Policía. En la parte delantera estaba toda la prensa. Tres días después yo salí hacia México. La gente habló de más argumentando de que si ese feminismo me había quitado la sensibilidad. El hecho de que yo hubiera ido a fiestas en los cinco años de prisión de Fafa y ese hecho de yo salir le añadió como más salsa a que se dijera que las feministas eran putas, libertinas, o sea, reforzó una imagen incorrecta.

La Conferencia Mundial de la Mujer en México fue muy importante porque me permitió hacer nuevos contactos y construir relaciones. Allí conocí a Domitila Barrios de Chungala, ama de casa boliviana, que la periodista brasileña Moema Viezzer compiló su testimonio para el libro titulado "Si me permiten hablar". Luego, esa periodista fue a vivir a República Dominicana y es a través de ella que entro en contacto con Novib[83], la agencia holandesa de cooperación que luego me propuso que creara el Centro de Investigación para la Acción Femenina (CIPAF).

Ya de nuevo en el país, Fafa y yo comenzamos a construir una vida juntos, lo que no era fácil. A los niños le dio mucho trabajo acostumbrarse, porque en mi casa había mucha organización con leyes claramente definidas. Pero Fafa era diferente: un día los disciplinaba y otro no. También les compraba todo lo que quisiesen.

- **Nuevo apresamiento de Fafa**

Al poco tiempo de mi llegada de México, Fafa dio unas declaraciones a la prensa en donde hablaba sobre lo que estaba pasando con los militares en Portugal planteando que el papel de los militares debía ser revolucionario. Como consecuencia de ello, el gobierno le impidió hablar por radio y televisión y el periódico El Caribe sacó un editorial diciendo que eso era ilegal. Fafa respondió diciendo que él no había violado ninguna ley, y que si el gobierno así lo creía, entonces le correspondía ir a buscarlo preso. Dicho y hecho, fueron a mi casa y lo apresaron de nuevo. Nosotros habíamos tenido 17 allanamientos anteriores en la casa, pero ese fue muy diferente. Fue algo muy agresivo, la policía entró a todas las habitaciones. Nosotros estábamos desnudos, la niña y el niño estaban durmiendo. Mi mamá, mi abuela, la muchacha del servicio estaban todas llorando. Hubo un momento de tanta tensión que Fafa le dijo al jefe del servicio secreto que sacara sus agentes de allí para evitar que ocurriese una tragedia, porque él se dio cuenta que nosotras teníamos tanta rabia que queríamos saltarle encima a los miembros policiales presentes. Cuando ya se lo llevaban e iban a bajar las escalera vino a mi mente lo que le habían

---

83 Organización Holandesa para la Cooperación Internacional al Desarrollo (NOVIB).

hecho a Amín Abel Hasbún cuando se lo arrancaron a Mirna y lo mataron en las escaleras. Entonces yo comencé a gritar como una loca: "¡él baja conmigo! ¡si no baja conmigo no va a salir de aquí!". Al final, me dejaron que lo acompañara hasta la planta baja. Por suerte ya se había llamado a todos los medios de comunicación, los que se habían aglomerado frente a la casa. Yo todavía cuando hablo sobre ese suceso siento que se me quiebra la voz. Porque un hombre recién salido de la cárcel luego de haber cumplido una condena de cinco años tras las rejas sólo por su posición política, y pocos días después se lo llevaron de nuevo de esa manera tan indignante, frente a toda su familia.

Pero eso ocasionó una conmoción enorme en todo el país y una gran expresión de solidaridad hacia nosotros. Recuerdo que José Joaquín Puello llegó esa noche y estuvo ahí con nosotros apoyándonos. La revista Ahora colocó un foto mía en su portada, cuando subía por las escaleras con mi hija Sira quien tendía unos siete u ocho años, aferrada a mis rodillas. Las personas pensantes se desbordaron escribiendo artículos periodísticos en rechazo a lo que había pasado y exigiendo justicia. El escándalo fue tan grande que Fafa sólo estuvo preso como tres meses. Se vieron obligados a soltarlo mediante un recurso de habeas corpus. Isis Duarte consiguió la grabación de lo acontecido para ser presentada en los tribunales. Se determinó que no había razón alguna para el apresamiento y dieron la orden de libertad.

Así estuvimos con salidas imprevistas de Fafa de la casa para esconderse por varios días, hasta el año 1978 cuando triunfa el Partido Revolucionario Dominicano. Para los presos políticos eso significó como el renacer a otra vida. Un momento muy importante de apertura. De volver a recuperar espacios. De poder ir solos a los parques. De no sentir miedo, porque lo cierto es que los cogían presos hasta por la forma en como se dejaban el pelo, y los mataban por cualquier cosa. Aún hoy, mucha gente no tiene conciencia de lo que fue la apertura de 1978.

A partir de ahí comencé a participar de otras experiencias. Empecé a colaborar con el proceso de lucha Sandinista, lo que me llevaría a Nicaragua en 1979. La primera vez fui a llevar unos recursos que habíamos levantado en Escuela Nueva, donde se recibieron las donaciones de ropas, comida y medicinas. Volví a Nicaragua en el primer avión con ayuda para los Sandinistas (25.26), como parte de un programa de la universidad que enviaba a Managua a estudiantes de las carreras de enfermería y medicina por un año. Ese tiempo se lo convalidaban como dos años de pasantía o internado. Fui invitada por el Embajador Javier Chamorro para que yo trabajase todo el proceso referido al tema de la mujer. A ese punto ya yo había ido a Holanda y habíamos escrito el proyecto del CIPAF entre Quintina Reyes, Thelma Gálvez y yo.

Eso ocurre después de haber tratado de hacer algo más colectivo entre mujeres, pero las diferencias entre los partidos de izquierda no nos permitió concretizar ese tipo de accionar colectivo. Las mujeres que comenzaban a acercarse al feminismo, en su mayoría, eran militantes de partidos. Y lo cierto es que eran más militantes que feministas. Entre ellas puedo citar a Miriam Zapata, del Núcleo Comunista de los Trabajadores (NCT), Irma Nicasio y Cossette Erickson. También estaba Lourdes Contreras (Lulú), del Partido Comunista de los Trabajadores (PCD), Sergia Galván de los CORECATOS[84], entre otras. En general todas ellas estaban interesadas en el tema del la mujer y estaban acercándose a la perspectiva feminista pero lo partidario tenía más fuerza.

---

84 Siglas de los Comités Revolucionarios Camilo Torres (CORECATO), integrado por jóvenes, llamado así en honor al sacerdote colombiano Camilo Torres que profesaba la teología de la Liberación y murió en combate.

Recuerdo que convoqué a una reunión para hablar de ese proyecto pero no se pudo. En estos días precisamente encontré una carta histórica, porque fueron militantes del NCT quienes más recalcitrantes fueron conmigo. Ellos le exigían a Fafa, quien era la figura máxima del partido, que el proyecto del CIPAF fuese un proyecto manejado por el partido. Aludían que no había otra manera de evitar la corrupción al permitir un proyecto de corte personal.

También recuerdo que hasta mi amiga Isis Duarte, quien siempre me había apoyado en todo, tampoco estuvo de acuerdo con el proyecto. Me dijo que cómo me iba a meter en algo así siendo yo una profesora universitaria a tiempo completo. Que le robaría mucho tiempo a mi carrera académica. Dijo también que llegaría un momento que yo no iba a poder con las dos responsabilidades. Y así mismo sucedió, yo dejé la UASD en 1986 y proseguí con el proyecto del CIPAF con el apoyo de Thelma Gálvez, una economista chilena que tenía su hija en el Colegio Escuela Nueva, y de Quintina Reyes, puertorriqueña, quien era cuñada de uno de mis mejores amigos, Fefel Varona (5.27) un dirigente estudiantil puertorriqueño que lo habían matado en Vietnam. El estaba en un gira estudiantil y bombardearon el automóvil donde ellos iban. El hermano de Fefel es Nano, el entonces esposo de Quintina Reyes. Así que mandamos la propuesta para Holanda y yo me fui a Nicaragua.

Allí me integré al equipo que estaba diseñando el proyecto para la creación de la Oficina de la Mujer del gobierno de Nicaragua con el sector que era más feminista y donde estaba la Secretaría de Bienestar Social. Un proyecto que no cuajó, básicamente, porque en 1980, en el Frente Sandinista las tendencias estaban muy latentes. Entonces se comenzó a pensar que la oficina iba en contra del modelo. Estaban además las cubanas que buscaban replicar el modelo de la Federación de Mujeres Cubanas que funcionaba como si fuera estatal por un lado y por el otro, como sociedad civil, y ellas querían que ese fuera el modelo que se diera en Nicaragua. Así que ese proyecto, aunque se trabajó y se discutió y luego se retomaría, al final se engavetó.

Inicios del Centro de Investigación para la Acción Femenina (CIPAF)

Luego, como parte de la delegación nicaragüense, en 1980 fui a Copenhague donde se efectuó la Segunda Conferencia Mundial de la Mujer. Un poco para darle apoyo a la delegación porque era la primera vez que salían a un evento internacional. Allí conocí a otras feministas latinoamericanas sumando a las que ya había conocido en México. De Argentina estaba Gloria Bonde, Gina Vargas de Perú, y ahí se plantea hacer un encuentro feminista latinoamericano en Venezuela pero que luego se decidió que fuera en Colombia. Al regreso pasé por Holanda y encontré que ya habían aprobado los fondos para establecer el proyecto. Así nace el Centro de Investigación para la Acción Femenina (CIPAF). Durante sus tres primeros años funcionó en el local de Escuela Nueva, en una oficina pequeña que adaptamos para trabajar. Recuerdo que en ese entonces, tanto tú Miriam que ahora me entrevistas, como Quintina trabajaron conmigo a tiempo parcial. Desde esa oficina, me dediqué a coordinar la delegación dominicana que iba a participar en el encuentro feminista de Colombia. Fuimos la delegación más grande. Eramos 16 dominicanas representando distintas organizaciones. Yo logré que una agencia de viajes nos fiara los pasajes, y además que nos salieran más baratos. Entre las que viajaron a Colombia en esa delegación estaban Maritza Feliz, Maritza Burgos, Belkis Mones, Isis Duarte, Mariví Arregui, que era monja, Sergia Galván, Ángela Hernández, Kelva Pérez, entre otras. Ese fue un momento muy importante para el movimiento. Creo que hay un antes y un después, luego de ese primer

Encuentro. Siempre me alegra saber cuántas de esas mujeres han mantenido una militancia cercana a las mujeres o levantan la bandera del feminismo donde quiera que estén. Muchas de las que participaron en el Encuentro han permanecido siendo feministas, y creo que ese evento nos marcó enormemente

El proceso de desarrollo del CIPAF continuó y logramos mudarnos a un local más grande. Para ese fortalecimiento pienso que pesó mucho lo que fue mi experiencia de Puerto Rico. Eso así porque para nosotros los(as) independentistas fue muy importante la relación con Naciones Unidas y la solidaridad internacional. Por tanto, desde el CIPAF puse en práctica el desarrollar relaciones internacionales, como también con los medios de comunicación, y eso ayudó a que creciera en su relación con otras organizaciones, y que se aprendiera a desarrollar lazos. Así se implementaron los cursos de formación, especie de diplomado que hoy día equivaldrían a post grado, porque tenían 120 horas de docencia en tres meses de duración, como fueron los de Mujer Rural y Mujer Urbana. O los de Metodología de investigación, Historia y participación política que impartíamos los veranos. Los mismos no se hubiesen podido implementar sin la construcción previa de esas relaciones con esas mujeres que vinieron de otros países de forma solidaria, sin cobrar por sus servicios, y a quienes sólo les cubríamos los pasajes. Por ejemplo, para comenzar el curso de Mujer Rural tuvimos un módulo intenso de tres días sobre Feminismo, donde participaron todas las feministas que así lo deseasen, y creo que el mismo impactó a muchas mujeres. A la coordinadora del módulo le fue negada la entrada al país, pero se pudo resolver. Un tiempo después volvimos a tener problemas, porque a unas cubanas que vinieron a un curso también las deportaron. Eso pasó cuando estaba Martha Olga García en la Oficina de la Mujer, que ya se había convertido en una anticomunista a rabiar. En una reunión del Instituto Internacional de Investigación y Capacitación de las Naciones Unidas para la Promoción de la Mujer (Instraw por sus siglas en inglés), Irma Nicasio la cuestionó y le dijo que cómo era posible que eso hubiera pasado, pues ella misma había sido perseguida durante el gobierno de Balaguer. A lo que Martha Olga respondió que las habían deportado porque esas mujeres se habían metido en la política interna y que además habían ido a hacer comunismo. ¡Así pasó!

Otro gran logro del CIPAF fue el periódico "Quehaceres" que salía mensualmente y se enviaba a unas mil direcciones nacionales e internacionales. Todavía me encuentro con personas en distintos países de América Latina que me dicen que tienen ejemplares guardados y me dan los testimonios de cómo los distintos contenidos les servía de gran ayuda para el trabajo con grupos de mujeres o a nivel individual. También estuvo todo el trabajo que hicimos sobre las zonas francas, con la significación de que era la primera vez que las feministas dominicanas incursionábamos en el tema de economía y empleo. Estuvieron también las investigaciones que hicimos sobre prostitución, que fueron muy novedosas. Otro punto muy importante fue en los '90 cuando apostamos por una agenda mínima feminista y la campaña "La política es también cosa de mujeres".

También es importante el impacto que tuvo el estudio de Mujer Rural, porque estuvo basado en metodologías cuantitativa y cualitativa que incluyó estudios de casos con observación participante. Las mujeres del equipo se fueron a convivir en los hogares de las mujeres entrevistadas. Esa fue una investigación que no pudimos publicar y que en otros países hubiese sido sumamente importante. Siempre recuerdo que la investigadora Helen Saffa quería que yo le diese los resultados del estudio que hicimos sobre las zonas francas. Le facilitó becas a Quintina

Reyes, Rita Mella y Milagros Ricourt, para que así trabajasen en el análisis de los datos. Ellas se fueron al exterior y hoy Rita Mella es una Jueza del Sistema de Justicia de Nueva York y Milagros Ricourt es profesora universitaria en Lehman College.

En los años '90 comenzamos a incursionar en todo lo relacionado a tecnología. Por el impacto que ha tenido en la región ese trabajo que hemos hecho, al CIPAF acaban de darle un premio internacional. Estamos contentas porque a dos mujeres jóvenes con las que trabajamos en los clubes de matemáticas y tecnología, y que vienen de sectores populares muy depauperados, las becaron en UNIBE para que estudien ingeniería de computadoras, y al mismo tiempo, recibieron una premiación de una empresa telefónica del país.

Siempre pensé que tanto el trabajo del CIPAF como el mío era proponer modelos que luego llegasen a ser políticas públicas. Así también lo pensé con relación a Escuela Nueva. Nunca la visualicé como un negocio, ni como un medio para que nos dejara dinero, sino para que un día el estado pudiera asumirlo como una política del país. Lo mismo con el tema de participación política. Lo que se buscaba era tener una legislación, cambiar el marco legal y abrir el sistema de cuotas. Ahora la perspectiva que tenemos es que hemos logrado un convenio con el Ministerio de Educación para desarrollar esos clubes en toda las escuelas del país. Los mismos buscan influenciar en las niñas para que vean a las ciencias, las matemáticas y la tecnología como un área de aprendizaje, de formación y de carrera y luego pueda convertirse en una política del estado dominicano tendente a romper la brecha digital y de género del país.

A este punto de mi vida a veces me miro en el espejo y me digo: "¡diantre, pero yo estoy vieja!", porque lo cierto es que a mí se me olvida que ya tengo 71 años. Parece que heredé los genes de mi papá que murió a los 90 años y no parecía que tenía esa edad. Mucha gente me dice que yo aparento tener menos edad. Pero tampoco siento que tengo 71 años ni me preocupa ser vieja. Nunca he tenido una sensación de rechazo al hecho de haber llegado a esta edad. No quiero tener una vejez larga. Quiero ser vieja hasta donde pueda mantenerme independiente. No quiero ser una envejeciente que esté en un lecho, por las implicaciones que generaría en las personas a mi alrededor. Puedo afirmar que no soy buena para que me cuiden y estoy consciente de que eso no es bueno, pero definitivamente no quiero ser una vieja a quien haya que cuidar.

El proceso de envejecer

Tenemos que aprender a ahorrar un poco más en nuestros tiempos de juventud, para cuando lleguemos a esta edad. Yo nunca lo planifiqué. Mi primera casa la compré a principios de los 80, a pesar de que fui profesora universitaria desde 1967, o sea, esa no fue mi preocupación. Nosotros vivimos por varios años en esa casa que era bastante pequeña, no como ahora que yo tengo un estudio, y que cada cual tiene más espacio. En el 1990 nos mudamos de esa casa porque terminó el contrato del CIPAF y las relaciones con Novib, y el dilema de qué yo haría si no había financiamiento. Pero estar con un compañero con el cual se han compartido los proyectos jugó su papel. Ya Fafa era diputado y me dijo: "tú me mantuviste por muchos años, ahora yo te mantengo para que el CIPAF se mantenga". Entonces alquilamos la casa que teníamos, e incluso comenzamos un trámite para venderla. Pusimos al CIPAF en mi casa y nosotros nos mudamos a un apartamento. Ahí estuvimos dos años ahorrando y en el 2003 compramos un apartamento. Gracias a todos los arreglos que hicimos, el CIPAF puede sobrevivir con una pequeña subvención del gobierno y las consultorías que hago. Mantengo un personal mínimo. Si aparece un contrato de cierta relevancia, entonces contrato personas por el tiempo que dure el proyecto. Ahora mismo en el CIPAF somos cuatro personas, una contable a medio tiempo, dos apoyando en la parte organizativa, y yo.

Hubo un tiempo en que tuvimos una empleomanía de 60 personas. Siempre me opuse a que las personas tuviesen que pelearse en su lugar de empleo para que les dieran sus prestaciones laborales. En tal sentido, todas las personas que salieron de CIPAF se fueron con lo que les correspondía. Obviamente, eso hizo un hoyo enorme en el presupuesto de la institución. Se pagaron millones de pesos en prestaciones porque había personas que ya tenían entre 10 y 15 años laborando con nosotros. Como ya no teníamos la cooperación internacional, me inventé una red de ingeniería y esa red ha funcionado. Ser elegidas para un premio grande, como fue el medio millón de dólares que nos ganamos en el concurso del Fondo de igualdad nos permitió trabajar todo el tema de género y tecnología y ponerlo sobre el tapete tanto en nuestro país como en la región. También ayudó a traer al país la conferencia de la CEPAL y el Foro Feminista. Lo que quiero plantear es que el hecho de que el proyecto terminara, no significó un problema para mí porque tengo el personal básico que continúa laborando.

En la económico, Fafa y yo hemos tenido que bregar con la inestabilidad económica de nuestras hijas e hijo y darle mucho apoyo a nuestros nietos y nietas. En el 1978 tuve a mi última hija que también agregó mucho al gasto. Marcelle no fue a un liceo público como fueron los grandes. Ella no fue a estudiar a Cuba como lo hicieron su hermana y su hermano mayor, sino que tuvimos que pagarle sus estudios universitarios. El hecho es que cuando nosotros compramos la casa donde hoy vivimos, nos quedamos sin una base económica y nos ha dado mucho trabajo construirla. Y como una persona mayor eso es algo que a mí me preocupa. Porque quiero que cuando ya no pueda trabajar, ya sea por mi enfermedad o porque alguno de los dos tenga algún impedimento físico tengamos la posibilidad de tener una cierta base económica y así no depender de nadie. No tengo seguridad porque cuando se implementó el sistema de pensiones, ya yo tenía más de 45 años. Así que, yo cotizo pero ese dinero no se me va a entregar como una pensión permanente, sino que cuando yo decida retirarme puedo retirar el dinero que se ha acumulado. Fafa sí tiene una pensión, porque por suerte se creó el Instituto del legislador y como estuvo dos períodos como diputado, él recibe esa pensión que es podríamos decir, como la base del mantenimiento de la casa. Lo que yo pueda generar es adicional. Pero reitero que nosotros siempre hemos tenido una carga económica muy fuerte. Esa ha sido la única nube en mi vida.

Quiero agregar algo más al proceso de envejecer. Acabo de ver los resultados de una investigación que muestran que el orgasmo vaginal no existe. Que lo del Punto G es una gran mentira, cosas que nosotras como feministas ya habíamos desmitificado. Puse esa noticia en el correo del Foro Feminista y de otro foro que agrupa a muchas mujeres y ninguna de ellas respondió al mismo. Yo me dije o están todas frígidas o ya no hacen nada o es que tienen una vida sexual fabulosa, porque en otro momento eso hubiera generado una discusión muy interesante. Durante mucho tiempo para nosotras las feminista, lo del cuerpo femenino y la sexualidad fue como un punto de mucha importancia en la agenda y ahora prácticamente ha desaparecido de la misma. Ya no se discute sobre esa temática y la agenda se ha ido más a la discusión del tema de la diversidad, la orientación sexual, etc. Es como si todas las mujeres tuvieran orgasmos. Nos metemos en derechos sexuales y no se discute lo del placer sexual que a mi me parece que es una de las cosas más reivindicadoras del feminismo. Recuerdo que una mujer campesina del sur del país me dijo en una ocasión que supo de su clítoris y tuvo su primer orgasmo cuando ya tenía cinco hijos. Y es esa cosa maravillosa de que el feminismo te permite apropiarte de tu cuerpo. Hacerlo tuyo, conocerte, darte y buscar el placer. Recuerdo que en nuestras discusiones, cuando se hablaba de estrategia en el feminismo, a mí me gustaba más hablar de coreografía porque lo otro era como un lenguaje de guerra.

Mi cuerpo es mío

Otra cosa que me ha dado el feminismo y lo digo en relación a mi enfermedad, es la conciencia de que mi cuerpo es mío. De la misma manera que no se lo entregué a ningún hombre nunca, ni a mi compañero con el que ya llevo cincuenta años conviviendo, tampoco se lo entrego a los médicos y a las médicas. Cada tratamiento, cada indicación con mi enfermedad yo los he estudiado, los he discutido y he tomado la decisión última, no los(as) médicos(as). No a cualquier médico(a). Ni siquiera a mi maravillosa doctora que tengo ahora que es capaz de aceptarme que no soy médica y ella me diga que yo soy su oncóloga favorita. Veo tantas mujeres que se enferman de cáncer y que cuando les pregunto que cuál es el tratamiento, que qué le hicieron y ellas no pueden explicarlo, porque sus cuerpos no les pertenecen. Se los entregan al primer médico(a) que les dice algo, o a la primera enfermera que les inyecta algo. Pienso que reviste mucha importancia esa dimensión del cuerpo como nuestro territorio que las feministas han desarrollado, y nuestra sexualidad como una fuente de poder y placer. La posibilidad de poder compartido y de construir a través de ella una relación hombre-mujer, mujer-mujer u hombre-hombre, de solidaridad sexual se podría decir. Creo que no lo decimos suficientemente y la gente sólo ve la angustia de ser feminista, que es de por sí angustiante. Y la alegría y la maravilla de saber que nadie tiene poder sobre ti y que puedes buscar el placer. Lo mismo con cualquier enfermedad. Por eso espero que también en algún momento de mi vida, aún en éste país tan atrasado, quiero tener el poder de decidir cuándo mi vida termina.

Magaly Pineda se despidió de la vida el martes 29 de marzo del 2016. A seguidas el panegírico de despedida que le escribió su compañero de vida Rafael (Fafa) Taveras.

Mi papel es darles las gracias a ustedes, a esta manifestación de solidaridad inmensa de todos los dominicanos y dominicanas de todas las clases sociales, que he visto expresarse en este país.

Ustedes saben, que Magaly y yo compartimos la guerra, las persecuciones, las cárceles y mi pobreza. Porque yo era un perseguido, yo era un prófugo. Y en todo ese proceso, ella siempre tuvo la fuerza y el coraje de asumir sin quejas, el compromiso de ser mi compañera.

Fue una historia larga, y me decía: "¿Y dónde comenzó esta desgracia que hemos heredado de la separación entre los gremios de las mujeres y los hombres? Más de una vez me expresó: "En la caverna para sobrevivir, cada quien tenía que apoyarse en su fuerza. Porque al principio era tan rudimentario lo que somos hoy que hasta se devoraban unos a otros. Y entonces, las mujeres tuvieron fuerzas para sobrevivir en esas condiciones tan fantásticas, y también para reproducirse."

Y rastreaba la historia encontrando los momentos en que se consolidaba esa separación. Y terminó diciéndome: "Eso es una buena ayuda para los historiadores. El desafío de nosotros es, ¿qué hacer con esa funesta herencia de la desigualdad en la que vivimos hoy?

Y entonces, ella fue capaz de pensar en una experiencia para párvulos. En ir a Alemania, en ir a Perú que había un ensayo, en ir a Cuba y ver cómo podía abrirse un espacio que mostrara que desde la infancia había que luchar para que hombres y mujeres se consideraran y fueran iguales. Y así surgió Escuela Nueva, con Purita Sánchez, con Mechy Hernández, con Enma Bujosa, un proyecto que ella creyó que podía marcar un camino. Para mostrar desde abajo que la noción de la igualdad había que construirla desde la escuela.

Era profesora universitaria. Dejó la universidad también, cuando se dio cuenta que tenía que asumir en una forma frontal la fuerza que la pasión interior de ella -ganada por la lucha por la igualda- imponía.

Y Escuela Nueva era un brillante negocio para esos años, y nosotros éramos unos pobres combatientes en esos años. Y ella dejó a Escuela Nueva y dejó la universidad también, y se consagró solo a la investigación y el apoyo de los derechos de la mujer.

Yo no había visto nunca una pasión, arrastrar en una forma tan evidente el alma y la actividad de una persona. Pidió fundamentalmente para descubrir en todos los aspectos de la sociedad donde se expresaba esa diferenciación, y nunca temió confesar sus conclusiones.

Me decía: "Nada, ha contribuido tanto con esta discriminación heredada como la Iglesia católica. Una institución que es la base de la cultura de occidente, que no puede explicar todavía por qué sus ministros no pueden ser mujeres, ni los ministros suyos pueden casarse. Reducir a la mujer, solo a ayudar en el altar y a los curas. Y cuando usted proyecta ese ejemplo en la sociedad, cuando usted proyecta ese ejemplo en los pueblos, tiene que darse cuenta entonces, que le está dando un esquema a los hombres para que sepan que las mujeres en su casa deben ser como en la iglesia, para asistirlos a ellos."

A esta altura de la vida, todavía parece intocable ese inmenso pecado de una Iglesia que tiene que mirarse a sí misma en esta época, y que yo en esta despedida de Magaly no puedo callarme. Y ustedes saben, que ella no respetó ningún dogma. Que abordó la vida con una intransigente determinación.

Aquí se han escuchado los campos donde ella actuó, y ayer cuando estaba aquí ante el hermoso homenaje de la Universidad Autónoma de Santo Domingo y escuchaba la presentación de su currículum, yo me sorprendí, porque ellos recogieron todo lo que uno no tenía presente. Porque nosotros no teníamos vanidad para mirar hacia atrás, ni lo que hacíamos, ni las cosas que nos reconocieran. Pero me sorprendió el curriculum de Magaly ayer. Y creía que era inmenso, pero esta tarde recibí una sorpresa de Nandy Rivas que viene y me dijo: "Te voy a traer una copia de un premio mundial que ganó Magaly conmigo sobre un spot de televisión de la lucha por la mujer." Que aquí fue popular y yo había olvidado.

Y es que, en todos los campos, ella dejó una huella. Y yo la vi con sus amigas creando una fraternidad que me hacía decir, que la hermandad de la vida era superior a la de la sangre, porque yo fui compañero de ella. Que sólo en el afecto y en la complicidad construyeron esos vínculos. Y decía: "La hermandad de la sangre es impuesta por el amor de los padres, pero la de la vida es fruto de nuestra propia escogencia personal. Por eso, los hermanos de la vida son superior a los hermanos de la sangre".

Con esa inmensa fortaleza yo quiero recordarla hoy como una avecilla, que le crecieron tanto las alas como un águila, que fueron limitados los espacios del cielo y de las aguas en las que ella siempre flotó.

Por eso quiero con ustedes, agradecerles su presencia y despedirla no con las lágrimas, sino con un aplauso.

c. Notas al margen.

Esta sección fue concebida tomando en consideración a las generaciones de descendientes de todas las mujeres entrevistadas. En tal sentido, estas notas las dedicamos enteramente a esas nuevas generaciones de hijas e hijos, nietas y nietos, biznietas y biznietos y todas aquellas que les sucedan, como una forma de que ellas y ellos puedan poner en contexto palabras, hechos y/o situaciones expuestas y que en el transcurso de la lectura del libro les hayan resultado desconocidos. Es al mismo tiempo un recurso para facilitar la profundización y quizás ampliación de su nivel de conocimiento en lo relativo al momento histórico que les tocó vivir a las protagonistas de cada una de las historia que han sido recopiladas.

1.1 – "Una familia que no permaneció indiferente al drama que se inició en 1930 con la llegada de Trujillo al poder fue la familia Bencosme. En efecto, el General Cipriano Bencosme fue un digno exponente del patriotismo y del valor, al desafiar abiertamente a Trujillo, alzándose en una guerrilla con unos 500 hombres en su finca de El Mogote, de Moca, poco antes de que el incipiente dictador se juramentara como Presidente". La periodista investigadora de asuntos históricos Ángela Peña publicó una historia sobre Donato Bencosme, en la que consignó: "Tanto esplendor, tal poder y bien ganada fama despertaron la envidia de Trujillo y su séquito. A ello se agregaba el apellido del poderoso galán: Bencosme, una familia fichada por el régimen que ya tenía dos víctimas y un exiliado planificando una expedición para derribar al déspota: Toribio, al que Donato enviaba aportes para esa empresa. Se comentaba, además, que el hijo de Cipriano juraba que cobraría el daño moral y material causado a la parentela. Todo eso decidió su muerte el 18 de febrero de 1957, a los 49 años de edad". Como ocurría durante la Era de Trujillo, su caso fue presentado como "un accidente". **El DiarioLibre.com**

5.1 – "Una canción es, ante todo, expresión espiritual de un lugar y una época. Si bien hay canciones diferentes por su música y su letra, hay canciones que cobran un significado especial que las hace trascender la inmediatez del motivo por el cual fueron concebidas. Cuando Celia Cruz y Lola Flores grabaron "Burundanga" en Nueva York, no imaginaron que un joven dramaturgo pinareño las involucraría en una farsa titiritera, que no solo le serviría para situarlas en su merecido "canastillero" como diosas del panteón musical, sino que al usar el tema como pretexto para su obra, recrearía con ingeniosidad tradiciones y símbolos.

Burundanga (Lío con muñecos y actrices para una reina y una faraona), de Luis Enrique Valdés Duarte, publicada por Ediciones Aldabón en 2012, es una canción convertida en teatro para que dos *òrìṣà* de la cultura hispanoamericana bajen iluminadas a un retablo encantado y nos cuenten sus vivencias, no desde la verdad de sus vidas, sino desde la verosimilitud de sus espíritus. Poco importa ahora la exactitud de una anécdota en la que quizá se ha haya basado Oscar Muñoz Bouffartique para escribir una letra tan lúdica, tan sabrosa y tan *rellolla*.". **En Nueva York y en La Habana. Israel Domínguez.**

5.2 – **"**Luis Kalaff es uno de los más prolíficos y versátiles compositores dominicanos, que incursionó con éxito en diversos géneros populares (merengue, mangulina, salve, carabiné, bolero), manteniendo una extraordinaria vigencia en la autoría y en la interpretación de su música, que ha llevado como verdadero trotamundos por los más apartados confines del planeta. Es el feliz autor del bolero Aunque me cueste la vida y el merengue La Empalizá.

Este guitarrista y cantante nació en Pimentel en 1916, hijo de inmigrante libanés y dominicana, siendo músico precoz y carpintero de oficio en sus años mozos. Formó el trío Alegres Dominicanos, junto al también compositor Bienvenido Brens y a Pablo Molina, que se dedicó al rescate y difusión del folklore en las décadas del 40 y 50, vinculándose a La Voz del Yuna-Voz Dominicana y a las actividades culturales que promovía el poeta Héctor J. Díaz desde el Partido Dominicano.

A estos jóvenes y talentosos músicos de provincia (Brens y Molina eran de Pimentel) encabezados por Kalaff, de extracción social menos aventajada que los Alberti, Sánchez Acosta, Zouain, Sturla y deseosos de hacer una carrera profesional en el arte, se les bautizó "los Sabios" en el círculo de la farándula de La Voz Dominicana.

La relación del grupo con la editora musical Peer en el manejo de derechos autorales, fue clave para la colocación de sus temas en la floreciente industria del disco. La vocación empresarial estimuló su productividad, con un acertado sentido del mercado. Kalaff llegó a recibir en los años 50, como adelanto de la Peer en pago de regalías, la estimable suma de $1,500 dólares, dado el éxito de sus números, mientras otros autores recibían $75, a lo sumo $100. Desde 1958, Luis Kalaff se radicó en New York, plataforma de una incesante y fecunda labor.

Su bolero emblemático "Aunque me cueste la vida" fue grabado originalmente por Alberto Beltrán con la Sonora Matancera en 1954**". La Saga Romántica de Luis Kalaff , por José del Castillo Pichardo. Diario Libre.**

7.1 – Patria, Minerva y María Teresa Mirabal nacieron en Ojo de Agua, paraje perteneciente a la provincia Salcedo en la República Dominicana. Ellas tuvieron la valentía de luchar por la libertad política de su país, oponiéndose firmemente contra una de las tiranías más férreas que ha tenido Latinoamérica, la de Rafael Leonidas Trujillo. Actitud por la que fueron perseguidas, encarceladas varias veces y finalmente brutalmente asesinadas el 25 de noviembre de 1960. Seis meses después, empezaba a derrumbarse el régimen luego del asesinato de Rafael L. Trujillo el 30 de mayo de 1961.

En honor a estas valientes hermanas, cada 25 de noviembre se conmemora el Día Internacional de la No Violencia Contra la Mujer. Esto fue establecido en el Primer Encuentro Feminista Latinoamericano y del Caribe celebrado en Bogotá, Colombia en el año 1981.

Las hermanas Mirabal también se les conoce y representa como las "Mariposas", por ser ese el nombre secreto de Minerva en sus actividades políticas clandestinas en contra de la tiranía Trujillista. Años más tarde, Pedro Mir (poeta nacional dominicano) utilizó este nombre en su poema "Amén de Mariposas" donde expresa la tragedia que fue el asesinato de las tres heroínas. También, la destacada escritora Dominico-Americana Julia Álvarez titula su novela basada en la vida de las hermanas Mirabal, "En el tiempo de las mariposas". **Blog, Mi País, sección Biografías**

10.1 – El Ingeniero Zoilo Hermógenes García Peña (Mojito), nació el 21 de Diciembre del 1881 en la ciudad de La Vega, República Dominicana. Se graduó de Ingeniero Civil, en el instituto Industrial du Nord de la France, en Paris. En el 1911 inventó un tipo de avión al que llamó "Poliplano", porque presentaba varios planos que le impedían al aparato caer a tierra si le ocurría algún inconveniente o un paro en el motor. Su invento, fue aceptado en el famoso club de Aviación de Saint Louis en Estados Unidos. Ese aparato tenía características tan innovadoras que según las informaciones de la época, el diseño superaba el primer diseño de avión de los Hermanos Wright quienes se constituyeron en los pioneros en volar un aparato más pesado que el aire. El 13 de febrero de 1914, el norteamericano Frank Burnside fue el primer aviador en aterrizar en suelo dominicano. **Wikipedia**

10.2 – Ambrosia Ercilia Pepín Estrella fue la primera mujer dominicana en iniciar el movimiento feminista en República Dominicana elevando su voz en defensa de los derechos de la mujer. También profundizó su campaña patriótica y nacionalista, promoviendo el conocimiento de la enseñanza y los verdaderos valores morales y cívicos. A seguidas su biografía

Nació 7 de diciembre de 1886 en Santiago de los Caballeros, República Dominicana. Su modesta situación y orfandad dificultaron su asistencia a los escasos centros de enseñanza de la época, lo que no impidió que se auto educara y fuese nombrada en 1901, con apenas 14 años de edad, como Directora de la Escuela de Niñas de Nibaje. El éxito alcanzado por Ercilia en el desempeño de su labor le valió la designación, en 1908, como profesora de Ciencias Matemáticas, Física y Naturales del Colegio Superior de Señoritas de Santiago.

Comenzaba la Revolución Erciliana, que duraría toda su vida. Ercilia Pepín instituye el desayuno escolar, dota de laboratorio el plantel donde trabaja, impone el uniforme para los escolares a quienes exigía una veneración respetuosa cuando el Himno Nacional era interpretado. Ordena izar y arriar el pabellón nacional todos los días; hace respetar los símbolos patrios; se empieza a cantar en la escuela y las clases de inglés son regulares. Desde 1909 hasta 1916, se dedicó a impartir docencia privada a grupos de jóvenes, para formarlas como maestras normalistas y bachilleres en Ciencia y Letras, sin descuidar sus clases oficiales.

En 1920 funda el Colegio México de Señoritas. Ercilia ha sido distinguida y homenajeada por figuras intelectuales de la categoría de Fabio Fiallo, Luís C. del Castillo, Félix Evaristo Mejía y Arístides Fiallo Cabral. A ellos también se suman los hermanos Federico Henríquez y Carvajal y Francisco Henríquez y Carvajal, este último, esposo de la primera poetisa dominicana, Salomé Ureña, a quien Ercilia admiraba y glorificaba, que sin haberla conocido, se ha convertido en la continuadora de su patriótica y beneficiosa misión como educadora.

Y en el 1913 obtiene su título de Maestra Normal, haciéndose acreedora de los elogios del jurado examinador por la calidad de la tesis presentada. Desde el 1910 hasta 1920 luchó activamente en pro de los derechos de la mujer en relación con su capacidad natural para instruirse al igual que el hombre y ser apta para el desempeño de funciones públicas de responsabilidad, expresándose de la siguiente manera: "Hora es ya de que el legislador dominicano, inspirándose en los verdaderos fueros de la democracia, otorgue a la mujer, los privilegios que el Derecho Público va otorgando ya…" Se solidariza con actos patrióticos contra dictaduras y tiranías, repudiando enérgicamente la invasión norteamericana a República Dominicana.

Hace suyos los movimientos guerrilleros de países hermanos por la libertad y la democracia. Algo especialmente memorable es la carta que dirigió al General Sandino, al enviarle la bandera de Nicaragua, bordada por las niñas de su escuela. Y en 1927 colabora con el comité pro libertad y democracia de la República de Haití. En el año 1921, el Gobierno Militar de Ocupación yanqui, le extendió el nombramiento de Delegada de la República ante el Congreso Pan-Americano del Feminismo a celebrarse ese año en Baltimore. Ercilia se niega a aceptarlo y puntualiza: "No podría ir a representar a mi país al extranjero, llevando credenciales escritas por los jefes de las fuerzas invasoras de mi Patria." En reconocimiento a su labor docente y a su lucha librada contra la ocupación del país por los vecinos del norte, el Ayuntamiento de Santiago la declara Hija Benemérita de Santiago en el año 1925.

Trabajadora, decidida y enérgica, patriota ante todo, rechaza con valentía los desafueros tiránicos de Rafael L. Trujillo. Aquejada por una enfermedad terminal y previendo su próximo fin, solicita de su amigo, el Arq. Rafael Aguayo, la construcción de su tumba, cuyo diseño le entrega, para ser construida en el Cementerio Municipal. Una vez terminada, va a visitarla y a darle su aprobación. Esta portentosa mujer, Maestra de Maestras**,** fallece el 14 de junio de 1939.

El pueblo se volcó a desfilar detrás del carro fúnebre que la condujo a su lugar de descanso. Hoy día, varios centros educativos, parques de recreación, escuelas y calles dominicanas, se enorgullecen de llevar el ilustre nombre de Ercilia Pepín. **Wikipedia**.

10.3 – Chon García fue un negociante de Santiago. Su tienda, muy conocida en todo el Cibao, se llamaba "El reguero de Chon García" por la forma caótica en que estaban dispuestas las mercancías. Chon es el padre del conocido pintor José García Cordero, quien nació en el 1951 en Santiago de los Caballeros. Vive y trabaja en Francia desde el 1977. Colorista en grado superlativo y kafkiano en sus intenciones temáticas, García Cordero plasma en la mayoría de sus composiciones, un mundo angustioso, repleto de alucinaciones y de un onirismo pesadillesco. El mundo pictórico de José R. García Cordero es un universo para ser pensado, pero no con la lógica de nuestro tiempo ni con la que se encuentra en las propedéuticas tradicionales, sino con una lógica espiritual no escrita, simplemente sentida a través de mortificaciones existenciales. En su intensa trayectoria, José García Cordero ha llegado a plasmar con singular rigor y virtuosismo uno de los universos visuales más sugestivo e inquietante del arte latinoamericano de la actualidad. Él procede siempre con su humor cáustico, ironizando con notable originalidad y lucidez en torno a la historicidad, las mitologías identitarias y las circunstancias trágicas del sujeto en una sociedad frenéticamente abismada en los ritos cotidianos del terror, la violencia, la doble moral y la corrupción política. Por Amable López Meléndez. **Hoy Digital, 29 de mayo, 2009.**

10.4 – República Dominicana, víctima de la única tragedia aérea en la historia del béisbol "El domingo 11 de enero del año 1948, un bimotor de Cubana de Aviación, que volaba de Barahona a Santiago, la segunda ciudad del país en importancia, chocó contra las montañas de Río Verde, Yamasá, y murieron 30 personas, entre las cuales figuraban los integrantes del equipo representativo de la ciudad de Santiago. Ellos participaban en el Torneo Nacional de Béisbol Amateur 1947-1948, celebrado con clubes de todas las regiones del país y regresaban a su sede, tras una victoria. Ese equipo de Santiago ocupaba el primer lugar del torneo, porque estaba conformado por los mejores jugadores no profesionales de la época, entre ellos Toñito y Aquiles Martínez, hermanos del shortstop Horacio Martínez, el manager Pedro A. Báez, (Grillo A), los lanzadores Juan Ramón (Bombo) Ramos, Ventura (El Loro) Escalante, Francisco Del Villar, y el único que se salvó de morir esa vez, el receptor Enrique (El Mariscal) Lantigua. El Mariscal, uno de los mejores de su posición en la historia de Quisqueya, se negó a subir al avión, asegurando que una premonición le había anunciado la tragedia. Al día siguiente viajó por tierra y al llegar a su casa se enteró de la tragedia". **Juan Vené. The Huffington Post.** 20/03/2013

10.5 – **El *token*,** como es conocido (incluso entre hispano hablantes; literalmente, ficha) fue el medio de pago en el Metro neoyorquino entre 1953 y 2003, año en que éstos fueron retirados y totalmente sustituidos por la MetroCard, una tarjeta con banda magnética, debido a la popularidad de ésta y al coste que para la Autoridad de Tránsito representaba mantener los tornos, la emisión de la moneda y la poca flexibilidad que ofrecía este medio de pago en temas como los transbordos *interdivisión** y Metro-autobús/autobús-Metro (o autobús-autobús).

Hasta 1953, no se hizo necesario acuñar monedas específicas, puesto que el Metro costó, primero 5 centavos y posteriormente 10: con insertar la moneda de dólar correspondiente en el torno era suficiente. Con la creación de *New York City Transit Authority* el 15 de junio de 1953, eso cambió, pues la primera medida que tomó, diez días después, fue subir el precio del Metro a 15 centavos (moneda que no existe en EEUU) por lo que se vieron forzados a acuñar monedas específicas para la Autoridad, puesto que los tornos utilizados entonces no soportaban diferentes tipos y tamaños de monedas.

Estas monedas se convirtieron en un símbolo más de la ciudad, tan neoyorquino como lo son el Empire State o la Estatua de la Libertad y, por ejemplo, estaba bien visto dejar propinas con estas monedas.

Se realizaron cinco emisiones regulares y dos conmemorativas:

1953 - Corte en "Y" pequeña (*Small "Y" Cut*): 15 centavos de dólar.

1970 - Corte en "Y" grande (*Large "Y" Cut*): 30 centavos.

1979 - Emisión conmemorativa del 75 Aniversario del Metro (*Diamond Jubilee*): 50 centavos. Convivió un año con la anterior.

1980 - Latón sólido (*Solid brass*): 60 centavos. La única moneda que no tuvo ningún tipo de "corte".

1986 - Ojos de buey (*Bullet ó Bullets eye*): 1 dólar. La característica de esta moneda es que tenía en su parte central un agujero con rellenado con acero.

1988 - Emisión conmemorativa de la extensión del Metro a Archer Avenue (líneas E, J y Z a Jamaica, Queens). Similar a la anterior, salvo la mención *Archer Avenue Extension*; tremendamente dificil de conseguir.

1995 - Cinco Distritos (*Five Borough*). La última moneda en ser emitida. Tenía un agujero en medio, con forma de pentágono, representando Manhattan, The Bronx, Brooklyn, Queens y Staten Island. El precio del Metro era de 1.50 dólares.

Todas las monedas ponen en su anverso "New York City Transit Authority" y en el reverso "Good for One Fare (Válido para un viaje)", salvo las conmemorativas. Eso cambió en 1994 con la introducción de la MetroCard. Fuente **Metro de Nueva York. Noticias sobre el subway neoyorquino y otros transportes de la ciudad.**

17.1 – "El primer puente colgante del país se construyó sobre el Río Yaque del Norte, en el paso de Guayacanes. En ese momento era el más alto de las Antillas. Ese puente colgante con cables de acero fue construido por la empresa John Roehling's de Nueva York por la suma de 175 mil dólares. Lo inauguró el dictador Trujillo el 24 de septiembre de 1933, día de la virgen de las Mercedes. Antes de la construcción de dicho puente para vadear el río Yaque se utilizaba una rústica barca por la que se pagaba un peaje. Sobre las características del puente se escribió un libro. Era la forma como la dictadura trujillista mantenía el control de todo aquel que se desplazaba en el territorio nacional. El puesto de chequeo para registrar todos los vehículos que cruzaban por el puente fue una de las herramientas utilizadas por el Servicio de Inteligencia Militar (SIM) para descubrir el nacimiento del Movimiento Revolucionario 14 de Junio, ya que los participantes de todo el país fueron rastreados desde el inicio de sus viajes hasta Mao". **Isaías Ferreira Medina. Blog "Mao en el Corazón**

17.2 – "Trujillo utilizó la inauguración del puente para la promoción de su reelección pues apenas faltaban ocho meses para el certamen electoral a efectuarse en mayo de 1934. Ya para septiembre de 1933 el despotismo trujillista había eliminado sus principales opositores de lo que se encargó la banda de criminales conocida como la 42 y el Ejército. El despliegue extraordinario de recursos de todo género constituyó una muestra palmaria del endiosamiento de la figura del déspota. La gobernación de Santiago y el periódico *La Información* asumieron la principal tarea en la organización del pomposo acto. En los primeros meses de septiembre el diario santiagués publicó una invitación a todos los habitantes urbanos y rurales de la provincia de Santiago *"a las solemnes fiestas que tendrán efecto el próximo domingo, 24 del mes que cursa, en la villa de Mao, con motivo de la inauguración del gran puente colgante recién construido sobre el río Yaque, en el paso de Guayacanes, carretera Valverde-Esperanza"*. En la misma se informaba que el presidente Trujillo iría acompañado de 10 mil jinetes y todos los *"buenos santiaguenses"* debían aprovechar la oportunidad de disfrutar del honor de formar parte de esa comitiva ecuestre que escoltaría al jefe de Estado. Posteriormente circuló una invitación del propio presidente Trujillo invitando a la población.

El 6 de septiembre el Congreso Nacional promulgó un decreto que designaba con el nombre de San Rafael el puente tendido sobre el Yaque. El Comité responsable de la rimbombante inauguración recorrió todos los pueblos del Cibao invitando a la población. En la tarea de convocar a la población rural a participar en el acto laboraron de manera infatigable los alcaldes pedáneos de las secciones quienes coaccionaban a la misma para que asistiera. Debemos imaginarnos cómo se hallaba la pequeña ciudad de Mao que para la fecha contaba con menos de tres mil viviendas (2,447 contó el censo de 1935) y una población inferior a los 10 mil habitantes, con este inmenso y aparatoso despliegue cívico y militar de la dictadura. Todavía en 1950 en la ciudad apenas residían 7,146 que representaban el 25% de la población total de la provincia. Ahora bien, ¿a qué obedeció ese colosal acto propagandístico de la dictadura en Mao? La respuesta debemos buscarla en el asesinato del general Desiderio Arias en las lomas de Gurabo y la admiración que sentía todo el pueblo de Mao hacia el caudillo que desde 1924 había fijado su residencia en esta ciudad y era una persona dotada de un extraordinario carisma que mantuvo sólidos vínculos con importantes familias como la Madera (Feso, Panchito, Luis), Torres (Nano, Carmito, Emiliano), Rodríguez (Félix Chaco), Colón (Amado), Rodríguez (Alejandrito). Durante muchos años la dictadura trató con recelo a los maeños e incluso les impedía ingresar al Ejército. **Rafael Darío Herrera. Blog Mao en el Corazón**

21.1 – En 1937 el Dictador Trujillo ordenó la matanza de más de 30,000 haitianos y haitianas y luego como una forma de intensificar el nacionalismo en los habitantes de la frontera, creó una disposición mediante la cual se crearon varias colonias agrícolas en toda la línea fronteriza, ocupadas primero por dominicanos y luego por japoneses y españoles. En su afán de dominicanizar la zona, el dictador procuraba satisfacer una inclinación enfermiza por hacer desaparecer todo vestigio de la raza negra en la región. **Wikipedia**

23.1 – Durante los 31 años de la tiranía del dictador Rafael Leónidas Trujillo, la Universidad de Santo Domingo, como las demás instituciones del país, se vio privada de las libertades más elementales para el cumplimiento de su alta misión, llegando a convertirse en un instrumento de control político y propagación de consignas totalitarias, ante cuyos perjuicios nada valieron los escasos progresos materiales que alcanzó la Institución en esos años de gobierno despótico, como fue la adquisición de terrenos y la construcción de la Ciudad Universitaria. La Ley No.5778 del 31 de diciembre de 1961 dotó a dicha universidad de autonomía. **Boletín UASD**.

23.2 – El Cuerpo de Comandos de Hombres Rana, tiene su origen en el año 1957 cuando el Tirano Rafael Leonidas Trujillo decide crear una unidad especial para combatir ciertos enemigos del régimen dentro y fuera del país. De acuerdo al Vice Almirante Manuel Ramón Montes Arache, uno de los creadores y comandante de esa unidad, Trujillo decide eliminar a Rómulo Betancourt. Entre los instructores que llegaron en 1956 y se radicaron en la Base Naval de Las Calderas lo era el coronel Illio Cappoci, uno de los fundadores en Italia del cuerpo de comandos de hombres ranas que sirvió a su país a lo largo de la Segunda Guerra Mundial. La selección del personal que formaría la unidad se inicia en agosto de 1957. Aseguró Montes Arache, que fueron evaluados cerca de 2000 hombres que procedían del Ejército, Marina, Fuerza Aérea e incluso algunos de la clase civil. Luego de las evaluaciones y del riguroso entrenamiento al que fueron sometidos estos hombres, el resultado fue un pelotón de 27 combatientes compuesto por 1 oficial (Manuel Ramón Montes Arache, comandante), 1 sargento mayor, 3 sargentos, 6 cabos y 16 rasos. así ocurrió en las siguientes promociones que completaron 4, con un total de 97 comandos; Comparables con los mejores de las potencias que participaron en la Segunda Guerra Mundial. Esos gloriosos soldados demostraron con sus heroicas hazañas militares en las batallas de la Guerra de Abril de 1965, su alto espíritu combativo, su gran valor y su acendrado patriotismo.

Los hombres ranas se crearon con la misión de realizar operaciones especiales orientadas a eliminar a ciertos enemigos de Trujillo, pero muy especialmente para conducir una operación especial en Venezuela orientada a destruir las instalaciones petroleras en el Lago Maracaibo. Es importante señalar que los hombres rana no fueron utilizados para ejecutar la misión de Venezuela debido a que organismos internacionales se enteraron del plan original y Trujillo decidió no realizar el sabotaje a las instalaciones petroleras de Maracaibo sino eliminar físicamente a Rómulo Betancourt sin emplear directamente el Comando Especial.

Los hombres ranas se integraron a la Guerra de Abril del 1965, cuando su glorioso comandante decidió no aceptar la orden del jefe de Estado Mayor de la Marina de Guerra, contralmirante Francisco Javier Rivera Caminero, de alejarse del escenario de Santo Domingo, donde se había iniciado la revuelta y recibir el comando de la Base Naval de Calderas, a lo que Montes Arache se negó y decidió él, sin comprometer a los miembros del cuerpo de comandos en su determinación personal de ir a Ciudad Nueva para luchar por la libertad, la soberanía y la democracia de su amada patria. Cuando ese valiente guerrero se encontraba en las inmediaciones del Parque Independencia preparando la defensa de aquel sector, aparecieron 34 miembros del Cuerpo de Hombres Ranas, y el sargento mayor Pedro G. Ureña Ovalles, que comandaba en la ocasión a estos soldados, se dirigió a su respetado y admirado comandante, diciéndole: "Mi Comandante, el cuerpo de comandos presente para recibir sus órdenes". Aquí queda más que evidenciado el alto grado de respeto, de identificación y de autoridad que le dispensaban sus subalternos a este pundonoroso militar dominicano: vicealmirante Manuel Ramón Montes Arache. A partir de este dichoso momento, los constitucionalistas obtuvieron una fuerza militar, que sin ella, dudo mucho que se hubiera podido lograr desde los inicios de la contienda una resistencia tenaz, sin ser aplastada por ejércitos poderosos nacional y extranjero. Los hombres Ranas en medio de la Guerra de abril, abrieron una academia en donde entrenaron a cientos de combatientes en Guerra de guerrilla urbana y participaron en todos los combates de importancia como en asalto al palacio nacional (19 de mayo) en donde murió Illio Capocci uno de los entrenadores y el los combates del 15 y 16 de junio, en donde murió Andres Rivieri instructor francés. Esa unidad fue desarticulada en el año 1965 al finalizar la revolución. **Hoy Digital, 2006**.

24.3 – "La tarea política demandaba recuperar el visado americano para Bosch y de eso se encargaría el "periodista" del New York Times, Sacha Volman, tenía crédito de abrir puertas en el Departamento de Estado a favor de la causa dominicana anti-trujillista y había viajado a la República Dominicana acompañando a la misión de Silfa, Miolán y Castillo.

Volman hace contacto en Puerto Rico con el gobernador Luís Muñoz Marín para que interceda ante el presidente Kennedy por el visado de Bosch. Muñoz, aliado del exilio dominicano convence a Kennedy, quien solicita que Volman viaje a Washington, con la solicitud de Bosch y se la entregue al procurador de Justicia, su hermano Robert Kennedy, para "solucionar el problema.

Al presentarse Volman ante Robert Kennedy, este lo aguarda con un fólder repleto de informaciones sobre Bosch, con un pasado implicado en las aventuras militares anti-trujillistas de las que formó parte Fidel Castro, el temerario líder de la Revolución Cubana que se había declarado "marxista- leninista y lo seré hasta morir", de manera que el imperio quería poner las cosas claras con Bosch, exigiendo tres condiciones:

1. La firma de un manifiesto anticomunista que condenara la revolución comunista de Cuba y la expansión soviética en América, comprometiendo la alianza con los Estados Unidos en caso de una confrontación mundial.
2. Compromiso de preservar la estructura e institucionalidad de las Fuerzas Armadas Dominicanas.
3. Transferir al sector privado el gran patrimonio estatal de la familia Trujillo, con el objetivo de promover el desarrollo de la libre empresa.

Volman le dio seguridades a Kennedy de que el PRD aceptaría las condiciones exigidas, pero le solicitó dos semanas para viajar a Caracas, donde se encontraba Bosch, y redactar la documentación solicitada." **F. Espinal. El Nacional**

24.4 – Catalina Susan "Kitty" Genovese (07 de julio 1935 - 13 de marzo 1964) fue una mujer de Nueva York que fue apuñalada hasta la muerte cerca de su casa en el barrio de Kew Gardens en Queens, NY, el 13 de marzo 1964, por Winston Moseley.

Dos semanas después del asesinato, un artículo periodístico informó las circunstancias del mismo y la falta de reacción por parte de numerosos vecinos. La interpretación común de sus vecinos de ser plenamente conscientes pero completamente indiferentes ya ha sido criticado como inexacta. Sin embargo, se hizo una investigación sicológica de ese fenómeno social que se ha conocido como el efecto espectador o "síndrome Genovese". **Wikipedia**

25.1 – Rafael Leónidas Trujillo implantó un régimen de terror basado en un aparato policial y militar que practicaba sistemáticamente la persecución, la tortura y el asesinato tanto dentro y fuera del país junto a un implacable sistema de espionaje y vigilancia, conocido como el Servicio de Inteligencia Militar (SIM). Las primeras actividades del grupo comienzan en 1957, cesando cinco años después, tras la muerte de Trujillo. En orden cronológico, los jefes del SIM fueron los militares:

- General Arturo Espaillat, alias Navajita desde 1957 a 1959
- Coronel Johnny Abbes García, sin formación militar, a partir de 1959 al 1960
- Coronel Cándido Torres, alias Candito, desde 1960
- Coronel Roberto Figueroa Carrión desde 1961 hasta su disolución en 1962

Entre sus variadas funciones estaba la de vigilar atemorizando a la gente de la calle en general, y en particular, a los funcionarios públicos y los miembros de las fuerzas armadas. El objetivo era, esencialmente, obtener información y defender a toda costa los intereses de Trujillo, además de someter a los opositores al régimen.

Al integrante del SIM se lo conocía popularmente como "calié". Solían patrullar y desplazarse en autos VW modelo Beetle color oscuro llamados "cepillos" por la población.

El SIM tenía varios centros de torturas, como La Cárcel del 9 o La Cárcel de la 40, donde sus integrantes aplicaban a los prisioneros los más crueles e infernales suplicios introducidos por Johnny Abbes García, entre ellos, el "trono", como una especie de silla eléctrica armada con el asiento de un Jeep.

El SIM fue disuelto por el Gobierno de Joaquín Balaguer en 1962, después de la caída de Trujillo. Balaguer, al referirse a esa organización, afirmó que "los calieses del SIM, esa banda de facinerosos queda extirpada del estado dominicano", olvidando la utilidad personal que pudiera haber obtenido de sus actividades. Método que siguió utilizando a su manera en sus 12 años de gobierno. **Diferentes fuentes.**

25.2 – En 1949 muere aparentemente asesinado por sicarios de Trujillo el doctor Enrique Washington Lithgow Ceara. Se informó que murió ahogado cuando su carro se precipitó al río Ozama. Unos atribuyen su muerte a comentarios hechos por él sobre la supuesta enfermedad prostática de Trujillo y otros a un informe de Anselmo Paulino sobre la inconformidad pública del doctor Lithgow Ceara cuando se le ordenó que moviera su automóvil de la avenida George Washington donde estaba estacionado y por donde paseaba con frecuencia en horas de la tarde el generalísimo. **(Efemérides del Periódico Listín Diario, 3 de octubre del 2010)**

25.3 – El Movimiento Popular Dominicano (MPD) fundado por Máximo López Molina en 1960 aceptó la "invitación" de la dictadura para desarrollar sus actividades políticas abiertamente en el país. Y era que, asediado por la comunidad internacional y con graves problemas internos, Rafael L. Trujillo decidió realizar un simulacro de democracia, para lo cual decidió "permitir" el libre juego de las ideas.

López Molina y el MPD se tomaron las cosas en serio y se instalaron en la avenida José Trujillo Valdez (Hoy Duarte) entre la avenida Mella y Benito González. Diariamente, por medio de altoparlantes, el MPD denunciaba las condiciones crueles en que se encontraba el país y abogaba por el retorno a la democracia. Pero el juego no llegó lejos y el régimen reprimió con fuerza una y otra vez al partido el cual, sin embargo, se mantuvo firme. Tiempo después de la caída de la tiranía el MPD se proclamó partidario del marxismo-leninismo, convirtiéndose en el principal partido proletario del país. Incluso, fue la única organización de izquierda capaz de realizar una acción importante de envergadura internacional: el secuestro del coronel norteamericano Donald J. Crowley, por cuyo canje lograron la liberación de más de veinte dirigentes y militantes de su organización. Su tesis de "comandos clandestinos" y "lo mejor al campo" se convirtieron en una seria amenaza para el gobierno de los 12 años de Balaguer, por lo que fueron perseguidos sin piedad y muchos de sus dirigentes, aniquilados. Publicación del MPD.

25.4 – Juan Bosch, quien había llegado a Puerto Rico en 1938, invita a Juan Isidro Jimenes-Grullón a dar unas conferencias que auspicia la Asociación de Mujeres Graduadas en el Ateneo de la Universidad de Puerto Rico. Las conferencias versan sobre las ideas políticas y son recogidas en el libro Ideas y doctrinas políticas contemporáneas, San Juan: Talleres tipográficos Casa Baldrich, 1939. Entonces conoce Juan Isidro a Julia de Burgos que le presenta su poesía. El relato de ese amor pasa por el proceso de mitificación en que ha caído la figura de la poeta. La admiración es mutua, Juan Isidro admira a la poeta y Julia admira al teórico social y político.

La relación de Juan Isidro Jimenes-Grullón y Julia se inició en el curso que dictaba el primero y se anudó en ellos el lazo amoroso, la admiración literaria del uno por el otro y los intereses políticos. Para Juan Isidro, la vuelta a la democracia en la República Dominicana y para Julia, la independencia de Puerto Rico, que era para ella un deber de la mujer puertorriqueña. Las afinidades literarias entre estos amigos les llevó a vivir y viajar juntos a asistir a actividades. Julia viaja a Nueva York donde la espera Juan Isidro, juntos asisten a los mítines de los exiliados dominicanos. Había entre ellos una gran estimación por sus trabajos literarios.

Julia de Burgos describe la ciudad, deja inscrita su alegría; habla sobre la política cubana, de las elecciones de 1940, del coronel Fulgencio Batista y de la participación de los comunistas en las elecciones; escribe un poema a la ciudad de Trinidad que aparecerá en el libro póstumo El mar y tú y otros poemas (1954). De sus palabras no solamente podemos percibir su alegría, sino también el giro ideológico, y de cómo era Julia de Burgos una mujer que llevaba el pulso de los acontecimientos y del tiempo presente en un momento de alineamiento de las fuerzas del mundo.

En casa de Juan Bosch conoce Julia al poeta Pablo Neruda, quien le hace una invitación a asistir a un recital. Julia le hace copia de sus poemas y Neruda al leerlos le dice que será una de las grandes poetas de América. Pero la vida no fue color de rosas, los estilos de vida diversos y la separación (Juan Isidro trabajaba en el interior de la isla como visitador a médico), lo llevan a una separación dolorosa para ambos y es entonces cuando Julia regresa a Nueva York en 1942.

Durante su estancia en Nueva York, De Burgos no publicará otro libro, aunque lleva en su cuaderno El mar y tú, escrito durante su estancia en Cuba. Publica poesía política y en 1944, con motivo del encuentro de exiliados que festejan el primer centenario de la independencia de la República Dominicana, en Nueva York, se acerca a Jimenes-Grullón con el interés de leer a los allí reunidos el poema "Himno de sangre a Trujillo"; también escribió un poema a la Ciudad primada. Esa sería la última vez que se verían Julia y Juan Isidro.

En fin, la relación entre Juan Isidro Jimenes-Grullón y Julia de Burgos, que comenzó en Puerto Rico en 1939, tuvo como misión potencializar la poesía de Julia y la visión de la autora sobre temas políticos y sociales. Mientras dura la relación Juan Isidro trabajó, al menos, en la publicación de dos libros.

La vida de Julia de Burgos tomó otro rumbo al partir a Nueva York. La gran urbe que, nunca perdonan, se la tragó. Murió abandonada el 7 de julio. Su cadáver fue llevado a Puerto Rico en septiembre. Juan Isidro siguió recordando a Julia en el silencio de su vejez, en la admiración de su poesía. **Articulo de Miguel Angel Fornerín**.

25.5 – El Desembarco del 14 de Junio de 1959 fue una expedición armada llevada a cabo por un grupo de patriotas dominicanos con el objetivo de terminar con casi 30 años de dictadura impuesta en la República Dominicana por trujillo. La expedición tuvo su inicio el 14 de Junio con el aterrizaje en Constanza de un avión C-46 Curtiss dejando a 54 expedicionarios que se internaron en las montañas. Y se completa el 20 de Junio con el desembarco en las playas de Maimón y Estero Hondo de 2 lanchas con 144 combatientes más. La gesta no logró su objetivo y la mayoría de los miembros fueron apresados, torturados y asesinados por Trujillo. Sin embargo, muchos historiadores afirman que ese hecho marcó el principio del fin de la dictadura, que culmina con la muerte del dictador 15 días antes de cumplirse el 2do aniversario de la llegada de los expedicionarios a tierras dominicanas. Wikipedia

25.6 – En 1960 se inician las conversaciones para establecer un movimiento que agrupara y consolidara todos los espacios antitrujillistas que existían. Y en efecto, en el último encuentro para tratar ese tema, realizado en Mao, Valverde, se decidió fundar una "Organización Revolucionaria" de nombre *Movimiento Revolucionario 14 de Junio (1J4)*, en homenaje a los dominicanos de la *"Gesta de Constanza, Maimón y Estero Hondo"*, de quienes adoptaron también el "Programa Mínimo"

El 8 de julio el Movimiento Catorce de junio sale de la clandestinidad convirtiendo la organización en un partido. El 30 de junio de 1960 se organiza la asamblea constitutiva con delegados de todo el país. Manolo Tavares Justo fue elegido presidente del grupo. Rafael Miguel (Pipe) Faxas Canto secretario general y Leandro Guzmán, el tesorero. **Wikipedia**

25.7 – Asdrúbal Ulises Domínguez nació el 17 de septiembre de 1936, hijo del educador Francisco Ulises Domínguez Peres y Josefa Aurora Guerrero. Casó con Remigia Fiallo Cabrera, la madre de Fabio y Desirée.

Fue orador de verbo convincente que animaba multitudes. Combatió adolescente la tiranía de Trujillo y tuvo el coraje de pronunciarse reclamando en el Alma Máter la autonomía universitaria, desafiando el terror de los remanentes de la dictadura. Miembro del Movimiento Clandestino 14 de Junio, fundó el Grupo Estudiantil Fragua y la Federación de Estudiantes Dominicanos (FED), de la que fue primer secretario general.

Ingeniero civil fue, junto a Amín Abel, el más sobresaliente de esa carrera, delegado estudiantil ante el primer Consejo Universitario de la Universidad Autónoma de Santo Domingo. Desde 1962 militó en la célula "Julio Antonio Mella", del Partido Socialista Popular (PSP), convertido después en Partido Comunista Dominicano (PCD), del que fue uno de los principales dirigentes. Luchó del lado constitucionalista en la Revolución de Abril de 1965. Murió el 20 de octubre de 1987, a los 51 años.

El 14 de abril de 2005, acogiendo una solicitud del doctor Porfirio García, rector de la UASD, se designó "Asdrúbal Domínguez" la vía de Arroyo Hondo que comienza en la calle "F" y termina en la "Beethoven". El edificio de la FED, en la UASD, lleva también su nombre. **Ángela Peña, Periódico Hoy.**

25.8 – Rafael Francisco Taveras Rosario, (Fafa) nació en San José de Conuco, Salcedo el 21 de noviembre de 1938. Raúl fue el seudónimo usado dentro de su activismo político de izquierda. Fue entrenado en guerra de guerrillas en Cuba y uno de los fundadores del 14 de Junio en 1960 por lo que sufrió torturas. Se destacó en la guerra de abril luchando en el bando constitucionalista y en 1966 pasó al Movimiento Popular Dominicano (MPD) donde llegó a ser el Secretario General. Estuvo preso varios años durante los llamados "12 Años" del gobierno de Balaguer. Fundó el "Núcleo Comunista de los Trabajadores", "Concertación Democrática" y el "Bloque Socialista" hasta llegar a pertenecer al Partido Revolucionario Dominicano. Fue funcionario en el gobierno de Hipólito Mejía y Diputado por varios periodos. **Wikipedia**

25.9 – Guido Gil Díaz nació en Moca en 1935, su muerte esta registrada el 17 de Enero de 1967, hijo de Elpido Gil y Kaistila Díaz. Dirigente político, periodista y abogado. Laboró en la redacción de los periódicos La Nación y El Caribe. Se graduó de Doctor en Derecho en la Universidad Autónoma de Santo Domingo, en 1961, cuando ingresó a la Agrupación política.

Después del derrocamiento del Profesor Juan Bosch en 1963, fue perseguido por su oposición al régimen del Triunvirato. El 19 de agosto de 1964, el Dr. Guido Gil, puso en circulación su obra "Orígenes y Proyecciones de la Revolución Restauradora".

Participó en la Revolución de Abril de 1965, y al finalizar ésta abandonó su partido para ingresar al movimiento Popular (MPD). En el campo sindical se destacó como asesor del Sindicato Unido del Central Romana.

El 17 de Enero de 1967 agentes de la policía nacional lo apresan en San Pedro de Macorís, su detención y posterior desaparición generó una amplia campaña de opinión pública al Gobierno de Joaquín Balaguer, exigiéndole al Gobierno una explicación sobre el paradero de Guido Gíl.

Además de tres calles en Santo Domingo, fue designado "Guido Gil" el puente sobre el río Higuamo. **Wikipedia**

25.10 – Emma Tavares Justo, dirigente del movimiento Revolucionario 14 de junio. Estudió Derecho en la Universidad Autónoma de Sonto Domingo, donde se destacó como dirigente estudiantil. Posteriormente militó en el Partido Comunista Dominicano (PCD).

En abril de 1965 se incorporó a las fuerzas constitucionalistas y fundó un centro paro recibir combatientes heridos cuyos comandos no ofrecían condiciones para su convalecencia. Red Poder Popular. **Wikipedia**

25.11 – "Jacques Viau Renaud nació en Puerto Príncipe, Haití, en julio de 1942 era hijo del intelectual Alfred Viau. Llegó a la República Dominicana junto a sus padres cuando apenas tenía seis años de edad. Estudió en la ciudad de Santo Domingo y se integró a los grupos literarios juveniles, participando en tertulias, escribiendo poemas y participando en lecturas de los mismos, junto a muchos de los que luego integrarían lo que hoy conocemos como "generación del sesenta" y/o "generación de posguerra". Durante la revolución de Abril de 1965 formó parte del Comando B-3. Murió en la zona constitucionalista de la ciudad de Santo Domingo, cuando sólo tenía 23 años de edad, victima del disparo de un mortero lanzado por las trompas norteamericanas de ocupación, las que se encontraban presentes en el país desde el 28 de abril del mismo año. Su producción poética se encuentra dispersa en diarios y revistas de la época, mientras que el Frente Cultural, agrupación constitucionalista constituida en la "Zona Rebelde", publicó póstumamente su obra *Permanencia del llanto*". A. Paulino

25.12 – Clara Zetkin . Política feminista alemana. Nació el 5 de julio de 1857 en **Wiedenau (Sajonia).** Mientras realizaba estudios de magisterio en Leipzig, contrajo matrimonio con un estudiante ruso, Osip Zetkin, y se afilió al **Partido Socialdemócrata** en el año 1881. Se exilió en Suiza y vuelve a Alemania en 1890, como organizadora de la sección femenina del partido.

En 1907 se organiza la primera conferencia internacional para mujeres, y en 1910, durante la conferencia de mujeres socialistas celebrada en Copenhague, propone la resolución que convirtió al 8 de marzo en el **Día Internacional de la Mujer,** propuso homenajear así a las 129 trabajadoras de la **fábrica Sirtwood Cotton** de Nueva York, que, tras encerrarse en su lugar de trabajo para reivindicar un salario digno y la reducción de la jornada a 10 horas, murieron carbonizadas en el interior del recinto tras un incendio que provocó su patrono en respuesta a esta pacífica huelga.

A partir de 1914, año en que Alemania entró en la **I Guerra Mundial**, trabaja junto a Rosa de Luxemburgo en actividades para detener la guerra, se une a los **espartaquistas** y es encarcelada en numerosas ocasiones.

En 1918 es miembro del primer **Comité Central del Partido Comunista**, y lo representó en el Reichstag desde 1920 hasta 1932, aprovechando su última intervención para hacer un llamamiento a la unidad contra el auge de los nacionalsocialistas. Cuando éstos alcanzaron el poder en 1933, se exilia en la Unión Soviética, falleciendo en **Moscú** el día 20 de junio del mismo año. **Wikipedia**

25.13 – Oscar Santana, miembro de la **agrupación Revolucionaria 14 de Junio** Nació el 26 de enero de 1943 y murió asesinado el 11 de agosto de 1965, a los 22 años de edad.

Dirigente estudiantil y juvenil del 1J4, sobresalió por su decisión y valentía en la revolución constitucionalista que estalló el 24 de abril de 1965. Siendo Comandante de una unidad de combate, fue asesinado en la plaza del Mercado Modelo por un maleante que poco después fue abatido. **Wikipedia**

25.14 – La destacada periodista dominicana Margarita Cordero en su libro "Mujeres de abril" analiza el papel jugado por mujeres tanto de aquellas que participaron activamente en las acciones de resistencia como fueron: Yolanda Guzmán, Sindicalista y militante del Partido Revolucionario Dominicano (PRD), Hilda Gautreau, Emma Tavárez Justo, Piki Lora y Aniana Vargas que pertenecían al Movimiento Revolucionario 14 de Junio, como de aquellas que todavía no descollaban en las luchas y vieron interrumpida la cotidianidad con el ruido de los fusiles, otras lucharon en el anonimato y sus aportes quedaron en el silencio. Todas venían de una larga dictadura con muchas ansias de libertad.

Tareas tradicionales como organizar el suministro de comida; tareas audaces como entrenarse en el manejo de las armas y luego impartir instrucción a otros combatientes; tareas diversas de logística, como procurar fondos y comida en el interior del país mediante contactos e incursiones fuera de la zona de guerra; servir de correo clandestino, tipificar sangre, organizar la atención a las personas heridas en los hospitales, distribuir documentos, trasladar armas, procurar combustible y enterar a los muertos. **Wikipedia**

25.15 – Francisco Alberto Caamaño Deñó, nació el 11 de Junio de 1932 en Santo Domingo, hijo del Teniente General Fausto Caamaño Medina y Enerolisa Deñó (Nonin). Francis, como le llamaban sus allegados, fue desde pequeño dueño de un carácter fuerte y autoritario.

Inicia su carrera militar en la Marina de Guerra, a la cual ingresa en 1949. Es transferido a la Policía Nacional en 1960 con el rango de Mayor. En 1962, es nombrado Jefe del Cuerpo contra motines (cascos blancos), por aquellos días el principal aparato represor con que contaba la Policía.

El 27 de Febrero del 1963, asume como Presidente de la República Dominicana el Profesor Juan Bosch, quien había sido elegido en diciembre de 1962, en las primeras elecciones libres después de la desaparición de Trujillo. Sin embargo, luego de una confabulación entre sectores poderosos locales y extranjeros dieron un golpe de Estado a Bosch el 25 de septiembre del mismo año. Tras el golpe, y la imposición en el poder de un Triunvirato (gobierno de tres), se dan las condiciones propicias para que un grupo de militares inicien labores conspirativas para restablecer el gobierno legítimo.

El líder de esos militares era el Coronel Rafael Tomas Fernández Domínguez, quien en diciembre de 1964, deja al Coronel Caamaño comprometido en el movimiento, y sobre sus hombros reposaba la encomienda de sublevar a la Policía Nacional en el momento del alzamiento constitucionalista.

El 24 de abril sorprende al Coronel Fernández Domínguez en Chile donde había sido enviado como agregado militar de la Embajada dominicana en ese país. Debido a la ausencia del líder de la sublevación, había quedado al mando el Coronel Hernando Ramírez, quien abandonó el liderazgo de la revuelta desde el 26 de Abril.
Debido a estas circunstancias, el Coronel Francisco Alberto Caamaño Deñó, asume la responsabilidad y el liderazgo militar de la Revolución, y junto a un sin número de oficiales, cabos, rasos y civiles (mujeres y hombres), organizan la resistencia armada contra las fuerzas del CEFA (Centro de enseñanza de las

Fuerzas Armadas), lideradas desde San Isidro por el General golpista Elías Wessin y Wessin.

La Batalla del Puente Duarte y la intervención norteamericana: El 24 de Abril, luego de la sublevación de los campamentos militares 16 de Agosto y 27 de Febrero, y del anuncio formal del estallido de la Revolución, reina la confusión, el caos y la desorganización de las fuerzas. Se inician los bombardeos sobre Santo Domingo y con estos la renuncia y asilamiento del Presidente provisional Molina Ureña, del jefe del movimiento constitucionalista Coronel Ramírez, y de la mayoría de los comprometidos con la lucha; el Coronel Caamaño desorientado y aturdido, pasa la noche del 26 de Abril en calidad de asilado en la Embajada de El Salvador.

A la mañana siguiente sale de la embajada y asume el mando militar de la Revolución, reorganiza las fuerzas que están dispersas en Santo Domingo, y se dirige a la cabeza del Puente Duarte a impedir junto a un grupo de valientes la entrada a la ciudad de los tanques y los soldados golpistas del CEFA.

El combate fue desigual en número y armas. El puñado de militares combatió con ferocidad por la libertad de la Patria. El pueblo enfrentó las fuerzas numerosas y bien equipadas con los puños, con piedras, con palos, con pedazos de hierro. Allí brillo el Coronel Caamaño por vez primera, allí hizo una alianza con el pueblo que no se rompería nunca más. Allí nació el Coronel de Abril.

De todas las batallas de la guerra de Abril, la del puente Duarte fue la más importante, porque evitó la entrada de los de San Isidro a la capital.

Tras el desembarco de los marines norteamericanos, el 28 de abril, los constitucionalistas fueron obligados a replegarse en la ciudad intramuros, donde a partir de entonces el pueblo y los militares al mando de Caamaño establecieron una lucha hombre a hombre y casa por casa contra el ejército invasor y su contraparte golpista dominicana.

Últimos días del Comandante: Dos años después del estallido de la revolución, se trasladó a Cuba en octubre de 1967. Fue recibido por Fidel Castro, con quien llegó a acuerdos de colaboración. Preparó el viaje en forma secreta dado que pensaba retornar a Europa, pero al darse cuenta de que había trascendido su presencia en Cuba, decidió permanecer en la isla. Allí se propuso crear una fuerza estratégica para producir una expedición.

No logró un acuerdo formal con el Partido Comunista Dominicano ni con el Partido Revolucionario Dominicano, quedando básicamente aislado en Cuba. Pero sí llegó a un acuerdo con un sector del Movimiento Revolucionario 14 de Junio, encabezado por Amaury Germán Aristy, que recibió el nombre de Los Palmeros. Se convino en que se trasladarían militantes a Cuba para recibir formación militar con vistas al desencadenamiento de la insurrección en mayo de 1970. Decenas de militantes palmeros y de una rama del PRD se trasladaron al campamento de entrenamiento en Pinar del Río. Esos planes no pudieron plasmarse.

El pequeño contingente guerrillero protagonizó la hazaña de internarse en cosa de días en el corazón de la Cordillera Central, en la zona de Valle Nuevo. Como no había grupos internos advertidos de la expedición, no se produjo respaldo alguno, pese al ascendiente de que seguía gozando Caamaño. En la tarde del 16 de febrero, mientras descansaba en la zona de Nizaíto, el grupo guerrillero fue ubicado por un destacamento del ejército. Dos de los guerrilleros, Eberto Lalane José y Alfredo Pérez Vargas, resultaron muertos. Caamaño decidió no abandonarlos, por lo que fue capturado herido y fusilado. **Listín Diario 24 de abril, 2013**.

25.16 – "Manuel Montes Arache, nació el 29 de noviembre de 1927. Ingresó a la Marina de Guerra el 1ero de octubre de 1946. Tuvo una notable participación en la insurrección cívico militar de abril de 1965, que buscaba reponer en el poder a Juan Bosch, desplazado del poder mediante un golpe de estado en septiembre de 1963.

Cuando estalló la revolución, Montes Arache era jefe del cuerpo de élite conocido como "Hombres Ranas" de la Marina de Guerra y de inmediato se integraron a la lucha por el retorno de la Constitución de 1963. Esa participación fue decisiva para derrotar en la Batalla del Puente Duarte al Centro de Enseñanza de las Fuerzas armadas (CEFA) que comandaba el Coronel Elias Wessin y Wessin". **Juan F. Matos. Noticiario Barahona**

25.17 – "La ***Cárcel de Victoria*** mantuvo prisioneros políticos durante varios años. En la década de 1970, fue usada en varias oportunidades como centro de castigo, al que eran traídos presos políticos de cárceles de otras regiones del país. Al ingresar eran recibidos con golpes por los gendarmes, asignándoles un número e incomunicándolos. En 1973 presos políticos fueron trasladados desde esta *Cárcel* al *Batallón No. 4*, para ser interrogados y torturados, regresando en muy malas condiciones físicas y anímicas. Después del primer mes de llegada, los prisioneros eran mantenidos durante el día en un patio de 10 por 12 metros. Según el reglamento, los presos políticos no podían andar con las manos en los bolsillos, sentarse en el suelo, ni fumar, en ocasiones no los dejaban conversar ni caminar, obligándolos a permanecer en lo que se denominaba metro cuadrado, espacio de ese tamaño del que no podían moverse sin permiso del funcionario a cargo. Tampoco estaba permitido trabajar, escuchar radio o leer diarios. Existían excepciones en que se les permitía escribir una carta una vez al mes y recibir también una vez al mes la visita de familiares por 15 o 20 minutos. Algunos testimonios antes consignan haber sufrido sesiones de gimnasia consistentes en golpes e insultos y ejercicios violentos, como arrojarse en tierra, pararse, sentarse, hacer sapitos, punta y codo, etc. Esos ejercicios forzados debían ejecutarse con rapidez, si no, se les golpeaba y se les humillaba obligando a los prisioneros a recoger del suelo con la boca pitos o guantes, a gritar insultos contra sí mismos o contra el resto e incluso golpear a otros presos, todo esto bajo constantes amenazas'. **Informe Rettig; CODEPU; Informe Valech; Memoria viva.**

25.18 – Amín Abel Hasbún nació en Santo Domingo, el 12 de octubre de 1942, de familia de ascendencia árabe, hijo de Mahoma Abel y Liliana Hasbún. Desde 1960 se integró a la lucha contra Trujillo, pero ajusticiado el tirano, Abel Hasbún se unió al Movimiento Revolucionario 14 de Junio (1J4). En 1964 es elegido secretario general de la Federación de Estudiantes Dominicanos (FED), la cual dirigió en tres ocasiones, incluyendo la lucha presupuestaria del medio millón para la UASD. Obtuvo su título de bachiller con honores en el Colegio Dominicano De la Salle. Fue estudiante de la Facultad de Ingeniería y Arquitectura de la UASD, recibiendo póstumamente el título de Ingeniería Civil con altas calificaciones (Magna Cum Laude).

El 24 de abril, día en que estalló la Revolución de Abril, contrajo matrimonio con Mirna Santos. Abandona su luna de miel para retornar a la Capital y unirse al movimiento.

Amín Abel sufrió una tenaz persecución tras ser sindicado como uno de los autores del secuestro del Coronel Donald J. Crowley, ocurrido el 24 de marzo de 1970, que sirvió de canje para liberar a Maximiliano Gómez y una veintena de presos políticos del gobierno de Balaguer.

La Facultad de Ingeniería y Arquitectura de la UASD, una estación del Metro de Santo Domingo y numerosas calles en los principales pueblos y ciudades de República Dominicana han sido nombradas "Amín Abel" en su honor, mientras que en la universidad del Estado está instituido el premio "Amín Abel Hasbún" a la excelencia estudiantil. **Periódico Digital Hoy**.

25.19 – Maximiliano Gómez Horacio, mejor conocido como *El Moreno* (5 de mayo de 1943-

23 de mayo de 1971), fue un líder revolucionario dominicano. Estaba casado con Carmen Massara, y tenía dos hijos: Guido Orlando y Fabricio Ernesto.

Desde muy joven trabajó en el Ingenio Consuelo como tornero, además a temprana edad se inicia en las labores políticas, tras una breve militancia en el Movimiento Revolucionario 14 de junio pasó al Movimiento Popular Dominicano (MPD) en 1963, organización dentro de la cual desarrollaría un fuerte liderazgo y pondría en ejecución sus principales ideas sobre la revolución dominicana. Fue Secretario General del Movimiento Popular Dominicano MPD.

Muere en Bruselas, Bélgica el 23 de mayo de 1971 a la edad de 28 años, envenenado por manos de la CIA cuando se encontraba exiliado fuera del país. **Wikipedia**.

25.20 – Otto Morales Efres nació en Santiago de los Caballeros el 23 de mayo de 1945, hijo de Aquiles Morales y Noris Livia Efres, maestra. La familia se trasladó a Santo Domingo y a Otto lo inscribieron en la escuela Argentina, donde inició estudios secundarios que no concluyó porque el Consejo de Estado lo deportó en 1962. "Entendía que había que salir de esos estudiantes que se habían constituido en un problema incendiando la ciudad todos los días".

Fue desterrado hacia México mientras los dirigentes del MPD eran encarcelados y otros enviados a París. Desde la adolescencia, Otto Morales Efres se convirtió en un gran movilizador de masas en San Antón, Villa Francisca, San Miguel, San Lázaro y Ciudad Nueva, pero fue en San Antón donde transcurrió su juventud pues allí levantaba pesas, jugaba baloncesto y béisbol y al terminar los deportes se dirigía a escuchar los discursos que pronunciaban dirigentes del Movimiento Popular Dominicano en su local de la avenida Duarte.

El arrojo y la determinación de Otto Morales se pusieron de manifiesto durante la Revolución de Abril cuando ya se había convertido en uno de los líderes más jóvenes, carismáticos y de mayor audacia en la formación de comandos, búsqueda y entrega de armas a la población, asalto a cuarteles, toma de fortalezas, orientación a campesinos para futuras guerrillas, participación en combates y misiones.

Ayudó al sector femenino de la agrupación en la defensa de los presos políticos, hizo contacto con los sindicatos y organizó sucesivas huelgas como forma de presión "alegrándose cuando el grupo de los no deportados salió de nuevo al ruedo político.

Hay una calle con el nombre de "Otto Morales" ubicada en el sector "Los Frailes". **Historia Dominicana en Gráficas 18 de mayo, 2015**.

25.21 – El Primer Encuentro Internacional de la Nueva canción "Siete días con el pueblo" fue un festival político-musical que se llevó a cabo en la República Dominicana del 25 de noviembre al 1ero de diciembre de 1974 convocado por la Central General de Trabajadores (CGT) del país.

Durante ese festival se realizaron cinco conciertos masivos en Santo Domingo, uno en Santiago de los Caballeros y otro en San Pedro de Macorís. En el Estadio Olímpico de Santo Domingo se efectuaron los conciertos de apertura y cierre. En el Palacio de los Deportes de Santo Domingo se realizaron otros dos conciertos y un quinto concierto en el parque *Eugenio María de Hostos.* El concierto de Santiago de los Caballeros se llevó a cabo en el Estadio Cibao y el de San Pedro de Macorís se efectuó en el Esta dio Tetelo Vargas.

En esos conciertos se contó con la participación de los argentinos Mercedes Sosa y Bernardo Palombo, los Boricuas Danny Rivera, Antonio Cabán Vale (El Topo), Lucecita Benítez y Estela Artau, los cubanos Silvio Rodríguez y Noel Nicola, los españoles Víctor Manuel y Ana Belén, el catalán Francesc Pi de la Serra, el grupo venezolano Los Guaraguaos, el mexicano Guadalupe Trigo y el uruguayo Roberto Darwin. También se destacó la participación de los grupos locales como el Combo Show de Johnny Ventura, Los Virtuosos de Cuco Valoy, Expresión Joven, el grupo Nueva Forma y Convite. **Wikipedia.**

25.22 – "El Frente Democrático Anticomunista y Antiterrorista, mejor conocido como la Banda Colorá, fue un grupo para-policial al servicio de Joaquín Balaguer, que operó en Santo Domingo con fama nacional e internacional en la década de 1970. Fue creado por el asesino Mayor General Enrique Pérez y Pérez para romper huelgas y también para entrenar al personal de los "servicios de seguridad" que se encargaría luego de perseguir, reprimir, torturar y desaparecer jóvenes revolucionarios. Durante la permanencia de esa banda perdieron la vida: Amín Abel Hasbún, Flavio Suero, Orlando Martínez, Gregorio García Castro, Amaury Germán Aristy, entre otro muchos.

Uno de los actos más bochornoso y repudiado de "La Banda" fue el asesinato de cinco jóvenes que residían en Barrio 27 de febrero y eran parte del Club Héctor J. Díaz y que fueron encontrados torturados y mutilados. Eso ocasionó que Balaguer para acallar las protestas y aparentar no estar de acuerdo con los hechos, cambió al jefe de la policía el General Pérez y Pérez y nombró en su lugar al también General Neit Nivar Seijas". **Wikipedia**

25.23 – El Colegio Escuela Nueva fue fundado por un grupo de mujeres pedagogas y cientistas sociales en 1973, entre estas Magaly Pineda, y Mechy Hernández Caamaño. Los fundamentos básicos que dieron origen a esa entidad educativa, que Purita Sánchez por tantos años dirigió, fueron innovadores en la educación dominicana, ya que se basaron en estimular seres humanos más capaces, creativos y democráticos, dentro del referente de las Escuelas Nuevas. **Folleto de Escuela Nueva**.

25.24 – 1975: La Comisión de la Condición Jurídica y Social de la Mujer instó a organizar la primera conferencia mundial sobre la mujer en ocasión del Año Internacional de la Mujer. Posteriormente se celebró la Conferencia Mundial del Año Internacional de la Mujer en Ciudad de México; participaron en ella representantes de 133 gobiernos, al tiempo que 6.000 representantes de ONG asistían a un foro paralelo, la Tribuna del Año Internacional de la Mujer. En la Conferencia se definió un plan de acción mundial para la consecución de los objetivos del Año Internacional de la Mujer, que incluía un amplio conjunto de directrices para el progreso de las mujeres hasta 1985. ONU-Mujeres

25.25 – La Revista Ahora sacó su primera edición en 1962 y se mantuvo cada semana cubriendo reportajes, análisis, entrevistas objetivas y comentarios precisos durante 40 años hasta febrero del 2004. Recogió con claridad e ingenio objetivo, el movimiento social, económico y político ocurrido luego de la caída de la tiranía de Rafael Leonidas Trujillo Molina, circulando tanto en el mercado nacional como en el internacional. **Wikipedia**

25.26 – Se conoce como **Revolución Popular Sandinista** o **Revolución Nicaragüense** al proceso abierto en Nicaragua entre julio de 1979 hasta febrero de 1990, protagonizado por el Frente Sandinista de Liberación Nacional, FSLN, llamado así en memoria de Augusto César Sandino que puso fin a la dictadura de la Familia Somoza, derrocando al tercero de los Somoza Anastasio Somoza Debayle, sustituyéndola por un gobierno democrático de perfil progresista de izquierda.

El nuevo gobierno, formado por un amplio espectro ideológico con presencia socialdemócrata, socialista, Marxista-leninista y con una influencia muy grande de la teología de la liberación, trató de introducir reformas en los aspectos socioeconómicos y políticos del Estado nicaragüense, tratando además los problemas relativos a la sanidad, la educación y reparto de la tierra que el país sufría. Dichas reformas lograron avances significativos, reconocidos internacionalmente. **Wikipedia**

25.27 – José Rafael "Fefel" Varona Berríos: símbolo de la solidaridad estudiantil latinoamericana, joven estudiante muerto en Vietnam por la aviación yanqui cuando representaba a la Organización Continental Latinoamericana y caribeña de Estudiantes (OCLAE) y a la Federación Universitaria Pro Independencia (FUPI).

Fefel Varona Berríos nació en Puerto Rico el 6 de septiembre de 1946. Se inicio en la lucha política cuando estudiaba en la escuela secundaria "Juan José Osuna" en San Juan, donde fundo junto a varios compañeros de estudios un capitulo de la Federación estudiantil Pro Independencia (FEPI). La FEPI, fundada en 1962, es una organización que trabajaba por la integración de los estudiantes de escuelas secundarias a la lucha por la independencia de puerto Rico y por el desarrollo del movimiento estudiantil de ese nivel.

El 8 de marzo de 1967 partió desde La Habana integrando una delegación de la OCLAE, con los objetivos de participar en la reunión del comité ejecutivo de la Unión Internacional de Estudiantes(UIE), a celebrarse en Praga, y el IX Congreso de esa misma organización a celebrase en Ulan Bator, Mongolia; y terminando dicho congreso, partir hacia Hanoi a cumplimentar una invitación de la Unión Nacional de Estudiantes de Vietnam (UNEV), momentos en que ese país era blanco de criminales e intensos bombardeos por parte de la aviación yanqui.

La delegación cumplió las primera dos etapas de su viaje normalmente. Llegaron a Hanoi el 10 de abril donde fueron recibidos por el presidente de la UNEV y otros dirigentes de esa organización, entre ellos, Nguyen An Hao, quien se les uniría como guía y traductor. An Hao había estudiado en Cuba y se mostraba muy interesado en conocer la problemática latinoamericana, sentía un gran cariño hacia la Revolución Cubana.

El 18 de abril mientras se dirigía a visitar una escuela preuniversitaria en la provincia de Tahn Hoa, a unos 30 kilómetros de la misma, fueron objeto de un salvaje ataque aéreo. La delegación fue perseguida y atacada reiteradamente por dos aviones yanquis, fue un ataque criminal pues no había en los alrededores objetivo militar alguno, solo una pequeña aldea a unos 50 metros con no más de una docena de casas. Como resultado de la agresión, murió en el acto el dirigente de la UNEV, Nguyen An Hao; un dominicano integrante de la delegación resultó con un brazo mutilado y Varona con una profunda y sangrante herida en la cabeza.

"El puertorriqueño y yo caímos juntos y juntos fuimos bañados por el fango y la hierba que nos cubría la cabeza con el primer impacto, que había caído muy cerca levantado verdaderamente columnas de fango rellenos de metralla. Inmediatamente otro de los aviones disparó una ráfaga de muerte, picando también a 15 o 20 metros de donde nos encontrábamos

El 25 de mayo del mismo año llegó a Moscú, procedente de Hanoi, un avión conduciendo al estudiante puertorriqueño gravemente herido. A bordo del mismo se encontraba el doctor Xuong, notable medico vietnamita, jefe del departamento de neurocirugía del Hospital Universitario de Hanoi; un cirujano auxiliar, un anestesista y una enfermera, con el equipo necesario para el caso de que hubiese sido preciso operar durante la travesía aérea.

El 24 de marzo de 1968 falleció Varona en Moscú a los 21 años de edad. Decenas de declaraciones se emitieron en distintas partes del mundo condenando aquel crimen especialmente en Vietnam, la Unión Soviética, Cuba y Puerto Rico. **Tomado de la Revista Oclae No. 4-5-1980.**

d. Anexo.

Formulario de consentimiento

Formulario de consentimiento para divulgar información.

Yo____,

(Nombre y apellido)

autorizo a Miriam Mejía Campos, Graciela de la Cruz Bourdier y Venecia Pineda Blanco, para que divulguen las informaciones sobre la historia de mi vida. Entiendo que todo el material que compartí en una entrevista y que luego revisé su transcripción verificando que estaba redactado conforme a lo expresado en la misma, será usado junto al de otras mujeres de edad parecida a la mía, como parte del contenido del libro: **"ExtraOrdinarias y GranDiosas; heroínas de la cotidianidad".** De igual manera, autorizo el uso de una foto que me fue tomada durante ese proceso, para los fines que sean de lugar (formal y/o judicial).

Mi firma: _______________________________________

Firma de la persona que me hizo la entrevista:

____

CUADRO 1

Adultas mayores por lugar de nacimiento según año en que nacieron, y persona que realizó la entrevista.

Adulta mayor	Lugar de nacimiento	Fecha de nacimiento	Nosotras las entrevistadoras
Dominga María Aracena (Chichí)	Mao	06/11/1917	Miriam Mejía
Trina Santos Cordero	Baní	07/04/1922	Venecia Pineda
Antolina Martínez Rivera	Cambita Uribe, San Cristóbal	13/10/1933	Miriam Mejía
Luz Patria Estévez	Santiago	17/11/1924	Miriam Mejía
Catalina Altagracia Reyes (Cacán)	Maimón, Esperanza	25/11/1924	Miriam Mejía
Rhina Soto Viuda Castillo	Baní	08/02/1925	Venecia Pineda
Australia Mercedes Jiménez (Chicha)	Guayacanes Adentro, Mao	25/01/1925	Miriam Mejía
María del Carmen Santana (Nena)	Haina, San Cristóbal	02/01/1930	Graciela de la Cruz
Lelia Caterina Galiotto	Vallorca, Vicenza, Italia	14/08/1929	Miriam Mejía
Petronila Catalino (La Reverenda)	Villa Mella, Santo Domingo	18/05/1930	Graciela de la Cruz
Ramona Ureña (Ramonita)	Santiago	20/04/1930	Miriam Mejía
María Mercedes Castillo	Loma de los Palos, Jánico	09/24/1931	Venecia Pineda
Hilda Merán (Chinchín)	Pan de azúcar, Las Matas de Farfán	10/13/1931	Miriam Mejía
Josefina de la Caridad Cabral	Azua	07/11/1933	Venecia Pineda
Juana González	Ojo de Agua, Salcedo	30/04/1034	Miriam Mejía
Bienvenida Diogracia Torres Cabrera	Santiago de la Cruz , Dajabón	22/03/1934	Miriam Mejía
Ana Antonia Almánzar	La Guásuma, Moca	1936	Graciela de la Cruz

Adulta mayor	Lugar de nacimiento	Fecha de nacimiento	Nosotras las entrevistadoras
Arias			
Manuela Agramonte*	Las Yayitas, Loma de Azua	13/06/1941	Venecia Pineda
Lidia Dolores Gómez (Yoyó)	Hato Nuevo, Mao	27/03/1942	Miriam Mejía
María Ignacia de la Cruz (Nany)	Sabana de Caballero, Cotuí	31/01/1943	Graciela de la Cruz
Magaly Pineda**	Santo Domingo	21/03/1943	Miriam Mejía
Yaniris Antonia Urbáez	Restauración, Dajabón	08/09/1945	Miriam Mejía
Celeste Ramona Ulloa Rodríguez	La Vega	1945	Miriam Mejía
Norma María Cid de la Cruz	Montecristi	05/10/1945	Miriam Mejía
Rosalía Campusano (Seita)	Piedra Blanca, San Cristóbal	3/9/1942	Graciela de la Cruz

* Manuela Agramonte falleció el 11 de septiembre del 2014.

**Magaly Pineda falleció el 29 de marzo del 2016.

e. Apéndice

Derechos humanos y personas de edad.
Naciones Unidas

2. Políticas aprobadas internacionalmente en relación con las personas de edad
En 1982, la Asamblea Mundial sobre el Envejecimiento adoptó el Plan de Acción Internacional de Viena sobre el Envejecimiento. En 1991, la Asamblea General adoptó los Principios de las Naciones Unidas en favor de las Personas de Edad [...]. Estos principios están divididos en cinco apartados [...].

"Independencia" que incluye el acceso a la alimentación, al agua, a la vivienda, al vestuario y a la atención sanitaria adecuados. Derechos básicos a los que se añaden la oportunidad de un trabajo remunerado y el acceso a la educación y a la capacitación.

Por "participación" se entiende que las personas de edad deberían participar activamente en la formulación y aplicación de las políticas que afecten directamente a su bienestar, y poder compartir sus conocimientos y habilidades con las generaciones más jóvenes, y poder formar movimientos o asociaciones.

El apartado titulado "cuidados" declara que las personas de edad deberían poder beneficiarse de los cuidados de la familia, tener acceso a los servicios sanitarios y disfrutar de sus derechos humanos y libertades fundamentales cuando residan en hogares o instituciones donde les brinden cuidados o tratamiento.

Con respecto a la "autorrealización", los "Principios" afirman que las personas de edad deberían poder aprovechar las oportunidades para desarrollar plenamente su potencial a través del acceso a los recursos educativos, culturales, espirituales y recreativos de la sociedad.

Por último, el apartado titulado "Dignidad" afirma que las personas de edad deberían poder vivir con dignidad y seguridad y verse libres de explotación y malos tratos físicos o mentales, ser tratadas dignamente, independientemente de la edad, sexo,

En 1992, la Asamblea General de las Naciones Unidas aprobó cuatro objetivos globales sobre el envejecimiento para el año 2001 y una guía para establecer los objetivos nacionales. En 1992, [...] la Asamblea General aprobó la Declaración sobre el Envejecimiento en la que pide encarecidamente el apoyo de iniciativas nacionales sobre el envejecimiento de **manera que las mujeres de edad avanzada reciban el apoyo adecuado por la contribución, aún no reconocida, que han prestado a la sociedad** y que se aliente a los hombres de edad avanzada a desarrollar aquellas capacidades sociales, culturales y emocionales que puedan no haber potenciado durante los años de sostén de la familia. [...]. También declaró el año 1999 como el Año Internacional de las Personas de Edad en reconocimiento de la "longevidad" demográfica de la humanidad.

3. Los derechos de las personas de edad en relación con el Pacto Internacional de Derechos Económicos, Sociales y Culturales

La terminología utilizada para describir a las personas de edad es muy diversa, incluso en documentos internacionales. [...] El Comité optó por utilizar el término de "personas de edad" (personnes âgées, en francés; personas mayores, en español). El Pacto Internacional de Derechos Económicos, Sociales y Culturales no hace referencia explícita a los derechos de las personas de edad, aunque el artículo 9 que trata sobre "el derecho de todos a la seguridad social, incluido el seguro social", reconoce implícitamente el derecho a los subsidios de vejez.

4. Obligaciones generales de los Estados Partes

Las personas de edad conforman un grupo tan heterogéneo y variado como los demás grupos de población. [Las personas de edad se encuentran] entre los grupos más vulnerables, marginales y desprotegidos. En épocas de recesión y reestructuración de la economía, las personas de edad son un grupo especial de riesgo. Incluso en momentos de graves limitaciones de recursos, los Estados Partes tienen el deber de proteger a los miembros vulnerables de la sociedad. [...] En 1992, la Asamblea General hizo un llamamiento para la creación de infraestructuras de apoyo nacional encaminadas a promover políticas y programas sobre el envejecimiento en los planes y programas de desarrollo nacionales e internacionales.

5. Disposiciones específicas del artículo 3 del Pacto.

Igualdad de derechos para hombres y mujeres

[...] El Comité considera que los Estados Partes deberían prestar una atención especial a las mujeres de edad avanzada que, habiendo dedicado toda o parte de su vida al cuidado de sus familias sin una actividad remunerada que les de derecho a percibir una pensión de vejez, y que tampoco tienen derecho a una pensión de viudedad, se encuentran con frecuencia en situaciones críticas. [...] Los Estados Partes deberían crear subsidios no contributivos u otro tipo de ayudas para todas las personas, independientemente de su género, que carezcan de recursos al alcanzar una edad especificada en la legislación nacional. [...]

Derechos en relación con el trabajo

[...] El Comité, considerando que los trabajadores de edad avanzada que no hayan alcanzado la edad de jubilación, tienen con frecuencia problemas para encontrar y mantener sus empleos, resalta la necesidad de adoptar medidas que eviten la discriminación por cuestión de edad en el empleo y la profesión. Es especialmente importante [garantizar] que los trabajadores de edad avanzada disfruten de unas condiciones seguras de trabajo hasta su jubilación. En particular, es deseable dar empleo a trabajadores de edad avanzada en las circunstancias que permitan hacer el mejor uso de su experiencia y conocimientos.

Derecho a la seguridad social
El artículo 9 del Pacto dispone de manera general que los Estados Partes "reconozcan el derecho de toda persona a la seguridad social", sin especificar el tipo o nivel de protección que se deberá garantizar. [...] Los Estados Partes deben adoptar medidas adecuadas que permitan establecer regímenes generales para un seguro de vejez obligatorio, a partir de una determinada edad, prescrita en la legislación nacional.

Protección de la familia
[...] Los gobiernos y organizaciones no gubernamentales tienen el deber de crear servicios sociales en apoyo de la familia cuando existan personas de edad en el hogar, y aplicar medidas especialmente destinadas a las familias de bajos ingresos que deseen mantener en el hogar a las personas de edad avanzada.

Derecho a un nivel de vida adecuado
[...]"Las personas de edad deberían tener acceso a la alimentación, al agua, a la vivienda, al vestuario y a la atención sanitaria adecuados mediante la provisión de ingresos, el apoyo de sus familias y la comunidad y su propia autosuficiencia." [...]

Derecho a la salud física y mental
Con miras a la realización del derecho de las personas de edad a disfrutar de un nivel satisfactorio de salud física y mental, [...] [es necesario] centrar la atención [...] en facilitar directrices de política sanitaria encaminadas a preservar la salud de los mayores, partiendo de una visión de conjunto que vaya desde la prevención y rehabilitación a los cuidados del enfermo terminal. [...] Los Estados Partes deberían tener presente que el mantenimiento de la salud en la vejez requiere inversiones durante toda la vida, esencialmente mediante la adopción de estilos de vida saludables (alimentos, ejercicio, eliminación de tabaco y alcohol).

Derecho a la educación y la cultura
[...] En el caso de las personas de edad, este derecho debe ser abordado desde dos ángulos diferentes y a su vez complementarios: (a) el derecho de las personas de edad a disfrutar de programa educativos; y (b) poner sus conocimientos y experiencia a disposición de las generaciones más jóvenes. Respecto al primero, los Estados Partes deberían tener en cuenta [...] (i) [...] que las personas de edad deberían poder acceder a programas de educación y capacitación adecuados y, por tanto, en base a su preparación, capacidades y motivación, deberían poder acceder a diversos niveles de educación mediante la adopción de medidas adecuadas en lo referente a alfabetización, educación durante toda la vida,

acceso a la universidad, etc.; y (ii) [...] programas para personas de edad, no estructurados, basados en la comunidad, y orientados al esparcimiento, con el fin de desarrollar un sentido de autosuficiencia y de responsabilidad de la comunidad. Con respecto al uso de los conocimientos y experiencia de las personas de edad, [...] "Se deberían desarrollar programas de educación en los que las personas de edad sean los maestros y transmisores de conocimientos y de valores culturales y espirituales [...] .

Una sociedad para todas las edades. Año Internacional de las Personas de Edad 1999

Extracción de un Folleto redactado por Astrid Stuckelberger, Presidenta del Comité Organizador de las Naciones Unidas para la Conmemoración del Año Internacional de las Personas de Edad, en colaboración con la Secretaría del Comité de Derechos Económicos, Sociales y Culturales, Oficina del Alto Comisionado de las Naciones Unidas para los Derechos Humanos y del Servicio de Información de las Naciones Unidas, Ginebra
Para mayor información: http://www.unog.ch

Servicio de Información de las Naciones Unidas, Ginebra 8-14, avenue de la Paix 1211 Geneva 10, Suiza

f. Bibliografía.

- Academia Dominicana de la Lengua. *Diccionario del Español Dominicano.*

- Alméras, Diane. Lecturas en torno al concepto de imaginario: apuntes teóricos sobre el aporte de la memoria a la construcción social.

- Castro, Salvador. El cuerpo de Comandos de hombres Ranas. Hoy Digital, 23 de abril 2006.

- El Caribe, Redacción. ¿Fue Sacha Volman un agente de la C.I.A? Acento.com.do, 16 de abril 2013

- Freixas Farré, Anna. La vida de las mujeres mayores a la luz de la investigación gerontológica feminista. Universidad de Córdoba

- Gerónimo, Jenifer. Memorias, recuerdos y torturas imborrables en la cárcel La 40. Diario Digital Hoy, 13 de Julio 2013.

- Inoa, Orlando. Diccionario de dominicanismos.

- Lagarde de los Ríos, Marcela. Para mis socias del alma. Artículo: Identidad de Género y derechos humanos. La construcción de las humanas.

- Periódico Hoy Digital. ¿Cómo encuentra el día de las personas de edad a los adultos mayores en RD?. 1ero de octubre 2014.

- Shinoda Bolen, Jean. Las Brujas no se quejan.

- Wilson, Anne. Meditaciones para mujeres que hacen demasiado.

www.ingramcontent.com/pod-product-compliance
Ingram Content Group UK Ltd.
Pitfield, Milton Keynes, MK11 3LW, UK
UKHW041949190726
13854UKWH00004B/1869

9 780983 448259